高职高专
旅游大类专业
新形态教材

旅游礼仪

主 编 张海玲 袁 平
副主编 张彦歌 孙冬玲

U0361722

清华大学出版社
北京

内 容 简 介

本书包括五大模块、十个项目,模块一为礼仪基础知识,包括旅游礼仪基础知识和旅游职业道德两个项目。模块二为个人形象设计,包括个人形象礼仪和日常交往礼仪两个项目。模块三为旅游接待服务,包括旅游接待服务礼仪和旅游商务宴请礼仪两个项目。模块四为仪式综合礼仪,包括旅游商务活动礼仪和旅游涉外礼仪两个项目。模块五为知识拓展,包括中国习俗礼仪和外国习俗礼仪两个项目。

本书可作为高职高专旅游管理等相关专业旅游礼仪课程的教材,也可作为旅游行业的岗位培训教材和人们学习社交礼仪的自学读物。

图书在版编目(CIP)数据

旅游礼仪 / 张海玲,袁平主编. -- 北京 : 清华大学出版社,2024.12.
(高职高专旅游大类专业新形态教材). --ISBN 978-7-302-67582-2

Ⅰ. F590.63

中国国家版本馆 CIP 数据核字第 2024DD8553 号

责任编辑:孟毅新
封面设计:傅瑞学
责任校对:袁 芳
责任印制:丛怀宇

出版发行:清华大学出版社

  网 址:https://www.tup.com.cn,https://www.wqxuetang.com

  地 址:北京清华大学学研大厦 A 座   邮 编:100084

  社 总 机:010-83470000   邮 购:010-62786544

  投稿与读者服务:010-62776969,c-service@tup.tsinghua.edu.cn

  质量反馈:010-62772015,zhiliang@tup.tsinghua.edu.cn

  课件下载:https://www.tup.com.cn,010-83470410

印 装 者:三河市龙大印装有限公司

经 销:全国新华书店

开 本:185mm×260mm   印 张:15.25   字 数:348 千字

版 次:2024 年 12 月第 1 版   印 次:2024 年 12 月第 1 次印刷

定 价:49.00 元

产品编号:101342-01

前　言

为更好地适应高职高专教学需要,编者结合多年来对旅游礼仪课程的教学经验,本着理论必须、够用为度的原则,在强调实用性、实践性和应用性的基础上编写了本书。在本书编写过程中,着重体现了以下特色。

(1) 注重培养学生的职业素养。本书体现教改精神,突出职业引导功能,在书中对教师教学演示内容进行建议并配合案例与实训内容,注重对学生礼仪的养成教育与培养,鉴于旅游礼仪中大部分礼仪规范内容和生活密切结合的特点,倡导课堂讨论、课下练习,建立以技能为本位的符合人际交往需要的礼仪知识体系,使本书更加符合旅游行业对高职高专人才培养的要求。

(2) 突出实用性、实践性。按照高职高专教育人才的培养目标,要求学生具有一定的理论知识,重能力、重应用,在礼仪理论的介绍过程中,针对目前高职高专学生的理解能力及未来可能涉及的人际交往情况进行礼仪内容介绍,对礼仪的历史发展、沿革及原则等基础知识点到为止,对常见、实用的内容进行详细介绍,注重具体的操作细节,便于学生课下自学。

(3) 遵循认知规律,在内容编排和体系结构建立的过程中,以"从静态礼仪到动态礼仪,从自身礼仪要求到对客服务礼仪要求,从国内礼仪到涉外礼仪,从一般礼仪到民俗礼仪"的礼仪认知顺序和规范养成规律作为编排依据,力求既符合行业运用的客观规律,又遵循实践过程的逻辑性。

(4) 注重与职业证书考试的密切结合,使学生能够顺利完成持双证毕业的要求。在全书编写过程中,吸收了近年来高职院校在探索培养技能型人才方面所取得的成功经验和教学改革成果,精选教学内容,注重加强与旅游行业实际的联系,力求简明易懂和更具启迪性。

(5) 注重对学生素质的培养:规范礼仪应用习惯,理解礼仪的重要性,自觉礼仪行事;形成良好的旅游职业行为准则,自尊自爱,真诚友好,具有大局意识。

本书既可作为高职高专旅游管理等相关专业旅游礼仪课程的教材,也可作为旅游行业的岗位培训教材和人们学习社交礼仪的自学读物。

本书由张海玲、袁平担任主编,张彦歌、孙冬玲担任副主编,具体分工如下:项目一、项目二、项目五由开封大学袁平编写,项目三、项目四由开封大学张海玲编写,项目六、项目七、项目八由漯河职业技术学院孙冬玲编写,项目九由开封大学张彦歌编写。全书由张海玲统筹并定稿。

　　本书在编写过程中查询、参阅了大量相关著作和资料,吸收和采纳了部分观点和材料,并多次听取有关专家、教师的意见,在此表示真诚的感谢!

　　由于编者编写水平所限,书中难免存在缺点和不足之处,敬请广大专家、同行和读者指正,以臻完善。

编　者
2024 年 10 月

目　录

模块一　礼仪基础知识

模块二　个人形象设计

模块三　旅游接待服务

模块四　仪式综合礼仪

模块五 知 识 拓 展

模块一　礼仪基础知识

项目一　旅游礼仪基础知识
项目二　旅游职业道德

项目一

旅游礼仪基础知识

项目引入

中国素有"文明古国""礼仪之邦"的美称。纵观中国上下五千年的灿烂历史,"礼"是中国文化的根本特征和标志,是中国古代文化的核心。中国传统文化的核心人物、儒家学说的创始人孔子曰:"不学礼,无以立。"儒家另一代表人物荀子也曾说过:"人无礼则不生,事无礼则不成,国无礼则不宁。"就连法国的启蒙学者孟德斯鸠也说:"中国人的生活完全以礼为指南。"今天,礼仪在人们的生活和工作中的作用同样重大——礼仪可以使人们之间相互尊重、沟通感情、以礼相待、调节关系、加深友谊、促进文明。作为旅游从业人员,了解并掌握礼仪知识是做好工作的前提。

知识目标

能熟记礼仪的起源与发展、礼仪的概念、礼仪的基本原则、礼仪的基本特征,能描述礼仪的功能作用。

技能目标

具有能够在实际生活中加强礼仪的实践与培养的能力。

单元一　礼仪的概念

礼初文作"豊",始见于商代甲骨文,源于古代人类的祭祀活动。《辞海》对礼的解释为:第一,本谓敬神,引申为表示敬意的通称;第二,为表敬意或表隆重而举行的仪式;第三,泛指奴隶社会或封建社会贵族等级制度的社会规范和道德规范。由此可见,礼仪的含义非常丰富,它是表示敬意的通称,也是人们在社会生活中处理人际关系并约束自己行为以示他人的准则。"礼"的含义主要可以概括为以下四个方面。

第一,礼本来的含义是敬神,后引申为表示敬意的统称,所以礼首先是一种发自内心的对人对己的尊重和敬意。如敬礼、礼貌。

第二,礼是为表示敬意或表示隆重而举行的仪式、通过多样性的仪式。表现出行礼人对人对己的敬意和重视。如典礼、婚礼、丧礼。

第三,礼是使内在敬意的态度外在表现化的动作,泛指社会生活中的某种社会规范和道德规范。

第四,礼是用来表示庆贺或敬意的物品。如送礼、礼品、礼单。

随着历史的发展,"礼"的内涵有了进一步延伸和扩展,在许多场合它已成为"礼仪""礼貌""礼节""礼宾"等的代名词。

一、礼仪

礼仪是行礼的过程和仪式,是指在日常交往中人们所认同和必须遵循的表示尊重和友好的一系列行为、道德、社会规范和惯用形式。礼仪的三要素为语言、服饰器物、行为表情。一般情况下,任何重大典礼活动都需要同时具备这三种要素才能完成。对个人而言,礼仪是一个人的内在修养和素质的外在表现;对于社会而言,礼仪是社会文明程度、道德风尚和生活习俗的反映。人类在不同的历史时期有不同的行为规范,不同的民族、不同的地域有着各自不同的行为规范,所以礼仪在不同的民族、不同的国家、不同的时代有着不同的表现方式。礼仪主要体现为礼貌、礼节、礼宾。

二、礼貌

礼貌是指一个人在人际交往中的言谈举止,是人们在交往时相互表示敬重和友好的行为规范。它体现了时代的风尚与道德水准以及人们的文化层次和文明程度。礼貌的具体要求是:诚恳、谦恭、和善和有分寸。在日常工作与生活中,礼貌表现在人们的举止、仪表、语言上,表现在服务的规范、程序上,表现在对游客的态度上。一个微笑,一个鞠躬,一声"您好",一句"祝您旅途愉快",这些都是礼貌的具体表现。礼貌的主要内容包括:遵守秩序,言必有信,敬老尊贤,待人和气,仪表端庄,讲究卫生,与他人交往时应面带微笑,心存真诚,举止有礼。

日常生活中,我们提倡的礼貌语言为:您好、请、谢谢、对不起、再见。

三、礼节

礼节是礼貌的具体表现形式,是人们在日常生活中互致问候、表达祝愿、相互帮助以及相互交流表示尊重的惯用形式。从形式上看,它具有严格的仪式;从内容上看,它反映着某种道德原则,反映着对他人的尊重和友善。如相互表示尊敬、祝颂、问候、致意、哀悼、庆典等。在对外交往中,礼节也是各式各样的,虽然现代社会的礼节有从简及趋向一致或相通的趋势,但是,各个国家的文化特征的区别是客观存在的。所以,要了解各国、各民族的礼节,了解各民族的风俗习惯,以免在工作和社交活动中出现失礼行为。

四、礼宾

礼宾是指按一定的礼仪接待宾客,多用于外交场合。礼宾要求基于道德观念和风俗习惯接待宾客,要考虑接待规格、接待流程等事项。酒店礼宾部的基本要求就是做好消费宾客的迎、送接待工作。

总之,礼仪就是随着社会的发展而发展的社会道德准则和全体社会成员共同认可并且自觉遵守的行为规范,以及体现这些准则和规范的各种礼、礼貌和礼节的综合体,是对礼貌、礼节、礼宾、礼仪的统称。

单元二　礼仪的起源与发展

礼仪作为人类社会生活的行为规范,是与人类社会同时产生并同步发展的。从人类社会的礼仪现象分析,大多数礼仪形式的诞生都是约定俗成的,都有一个从无到有的过程,而这个过程往往是在下意识、不自觉的行为中产生的。

一、中国礼仪的起源与发展

关于中国礼仪的起源说法不一,归纳起来大体有五种起源说:一是天神生礼仪;二是礼为天地人的统一体;三是礼产生于人的自然本性;四是礼为人性和环境矛盾的产物;五是礼生于理,起源于俗。而根据现代人类学、考古学的研究成果,礼仪起源于人类最原始的两种信仰:一是天地信仰;二是祖先信仰。天地信仰和祖先信仰的产生源于人类初期对自然界的变幻莫测的敬畏和无助。由于当时人们认识水平的局限,认为上有天神,下有地神,所以才有了天神与地神控制的日月星辰、电闪雷鸣、地震洪水等。他们对自然现象充满了神秘感,充满了敬畏和恐惧,由此产生了各种崇拜祭祀活动,拜天地、祭神明、祈求神明和祖先保佑风调雨顺,祈祷降福免灾。随着人类社会的发展,人们表达敬畏、祭祀神明的活动日益频繁,逐步形成了各种固定的模式,并最终成为相应的礼仪规范。

中国自古就以交际礼仪之邦著称于世,其漫长的礼仪发展史大致可以分为礼仪的萌芽时期、礼仪的草创时期、礼仪的形成时期、礼仪的发展和变革时期、礼仪的强化时期、礼仪的衰落时期、现代礼仪时期和当代礼仪时期八个时期。礼仪的形成和发展,经历了一个从无到有、从低级到高级、从零散到完整的渐进过程。

(一)礼仪的萌芽时期(前5万—前1万)

礼仪起源于原始社会时期,在长达100多万年的原始社会历史中,人类逐渐开化。在原始社会中、晚期(约旧石器时期)出现了早期礼仪的萌芽。例如,生活在距今约1.8万年前的北京周口店山顶洞人,就已经知道打扮自己。他们用穿孔的兽齿、石珠作为装饰品,挂在脖子上。而他们在去世的族人身旁撒放赤铁矿粉,举行原始宗教仪式,这是迄今为止在中国发现的最早的葬仪。

(二)礼仪的草创时期(前1万—前22世纪)

公元前1万年左右,人类进入新石器时期,不仅能制作精细的磨光石器,还开始从事农耕和畜牧。在其后数千年岁月里,原始礼仪渐具雏形。例如,在今西安附近的半坡遗址中,发现了生活距今约五千年前的半坡村人的公共墓地。墓地中的坑位排列有序,死者的身份有所区别,带殉葬品的仰身葬,无殉葬品的俯身葬等。此外,仰韶文化时期的其他遗址及有关资料表明,人们当时已经注意尊卑有序、男女有别。而长辈坐上席,晚辈坐下席;男子坐左边,女子坐右边等礼仪也日趋明确。

(三)礼仪的形成时期(前21世纪—前771)

公元前21世纪至公元前771年,中国由金石并用时代进入青铜时代。金属器的使用,使农业、畜牧业、手工业生产跃上一个新台阶。随着生活水平的提高,社会财富除消费外有了剩余并逐渐集中在少数人手里,因而出现阶级对立,原始社会由此解体。

公元前 21 世纪至公元前 15 世纪的夏代,中国开始从原始社会末期向早期奴隶社会过渡。在此期间,尊神活动升温。

在原始社会,由于缺乏科学知识,人们不理解一些自然现象。他们猜想,照耀大地的太阳是神,风有风神,河有河神……因此,他们敬畏"天神",祭祀"天神"。从某种意义上说,早期礼仪包含原始社会人类生活的若干准则,又是原始社会宗教信仰的产物。礼的繁体字"禮",左边代表与神(包括对大自然的崇拜活动和心理)有关,右边代表向神进贡的祭物。因此,汉代学者许慎说:"礼,履也,所以事神致福也。"

以殷墟为中心展开活动的殷人,在公元前 14 世纪至前 11 世纪活跃在华夏大地上。他们建造了中国第一个古都——地处现河南安阳的殷都,而他们在婚礼习俗上的建树,则被其尊神、信鬼的狂热所掩盖。

将殷王朝取而代之的周朝,对礼仪建树颇多。特别是周武王的兄弟、辅佐周成王的周公,对周代礼制的确立起了重要作用。他制作礼乐,将人们的行为举止、心理情操等统统纳入一个尊卑有序的模式之中。全面介绍周朝制度的《周礼》,是中国流传至今的第一部礼仪专著。《周礼》(又名《周官》),本为一官职表,后经整理,成为讲述周朝典章制度的书。《周礼》原有 6 篇,详细介绍六类官名及其职权,现存 5 篇,第六篇用《考工记》弥补。六官分别称为天官、地官、春官、夏官、秋官、冬官。其中,天官主管宫事、财货等;地官主管教育、市政等;春官主管五礼、乐舞等;夏官主管军旅、边防等;秋官主管刑法、外交等;冬官主管土木建筑等。

春官主管的五礼即吉礼、凶礼、宾礼、军礼、嘉礼,是周朝礼仪制度的重要方面。吉礼指祭祀的典礼;凶礼主要指丧葬礼仪;宾礼指诸侯对天子的朝觐及诸侯之间的会盟等礼节;军礼主要包括阅兵、出师等仪式;嘉礼包括冠礼、婚礼、乡饮酒礼等。由此可见,许多基本礼仪在商末周初已基本形成。此外,成书于商周之际的《易经》和在周代大体定型的《诗经》中,也有一些涉及礼仪的内容。

在西周,青铜礼器是个人身份的表征。礼器的多寡代表身份地位的高低,形制的大小显示权力等级。当时,贵族佩戴成组饰玉为风气。而相见礼和婚礼(包括纳采、问名、纳吉、纳徵、请期、亲迎等"六礼")成为定式,流行民间。此外,尊老爱幼等礼仪也已明确。

(四) 礼仪的发展、变革时期(前 770—前 221,东周时期)

西周末期,王室衰微,诸侯纷起争霸。公元前 770 年,周平王东迁洛邑,史称东周。承继西周的东周王朝已无力全面恪守传统礼制,出现了所谓"礼崩乐坏"的局面。

春秋战国时期是我国的奴隶社会向封建社会转型的时期。在此期间,相继涌现出孔子、孟子、荀子等思想巨人,发展和革新了礼仪理论。

孔子(前 551—前 479)是中国古代大思想家、大教育家,首开私人讲学之风,打破贵族垄断教育的局面。他编订的《仪礼》,详细记录了战国以前贵族生活的各种礼节仪式。《仪礼》与前述《周礼》和孔门后学编的《礼记》,合称"三礼",是中国古代最早、最重要的礼仪著作。

孔子认为,"不学礼,无以立"(《论语·季氏篇》);"质胜文则野,文胜质则史。文质彬彬,然后君子"(《论语·雍也》)。他要求人们用道德规范约束自己的行为,要做到"非礼勿视,非礼勿听,非礼勿言,非礼勿动"(《论语·颜渊》)。他倡导的"仁者爱人",强调人与人之间要有同情心,要互相关心,彼此尊重。总之,孔子较系统地阐述了礼及礼仪的本质与功能,把礼仪理论提高到一个新的高度。

孟子(约前372—前289)是战国时期儒家主要代表人物。在政治思想上,孟子把孔子的"仁学"思想加以发展,提出了"王道""仁政"的学说和民贵君轻说。在道德修养方面,他主张"舍生而取义"(《孟子·告子上》)和"以德服人",讲究"修身"和培养"浩然之气"等。

荀子(约前298—前238)是战国末期的大思想家。他主张"隆礼""重法",提倡礼法并重。他说:"礼者,贵贱有等,长幼有差,贫富轻重皆有称者也。"(《荀子·富国》)荀子指出:"礼之于正国家也,如权衡之于轻重也,如绳墨之于曲直也。故人无礼不生,事无礼不成,国家无礼不宁。"(《荀子·大略》)荀子还提出,不仅要有礼治,还要有法治。只有尊崇礼,法制完备,国家才能安宁。荀子重视客观环境对人性的影响,倡导学而至善。

(五)礼仪的强化时期(前220—1796)

秦王嬴政统一中国,建立起中国历史上第一个中央集权的封建王朝,在全国推行"书同文""车同轨""行同伦"。秦朝制定的集权制度,成为后来延续两千余年的封建体制的基础。

西汉初期,叔孙通协助汉高帝刘邦制定了朝礼之仪,突出发展了礼的仪式和礼节。而西汉思想家董仲舒(前179—前104),把封建专制制度的理论系统化,提出"唯天子受命于天,天下受命于天子"(《汉书·董仲舒传》)的"天人感应"之说。他把儒家礼仪具体概况为"三纲五常"。"三纲"即"君为臣纲,父为子纲,夫为妻纲"。"五常"即"仁、义、礼、智、信"。汉武帝刘彻采纳董仲舒"罢黜百家,独尊儒术"的建议,使儒家礼教成为定制。

汉代时,孔门后学编撰的《礼记》问世。《礼记》共计49篇,包罗宏富。其中,有讲述古代风俗的《曲礼》(第1篇);有谈论古代饮食居住进化概况的《礼运》(第9篇);有记录家庭礼仪的《内则》(第12篇);有记载服饰制度的《玉澡》(第13篇);有论述师生关系的《学记》(第18篇);还有教导人们道德修养的途径和方法,即"修身、齐家、治国、平天下"的《大学》(第42篇)等。总之,《礼记》堪称集上古礼仪之大成,上承奴隶社会、下启封建社会的礼仪汇集,是封建时代礼仪的主要源泉。

盛唐时期,《礼记》由"记"上升为"经",成为"礼经"三书之一(另外两本为《周礼》和《仪礼》)。

宋代时,出现了以儒家思想为基础,兼容道学、佛学思想的理学,程颐兄弟和朱熹为其主要代表。程颐兄弟认为,"父子君臣,天下之定理,无所逃于天地之间"(《二程遗书》卷五);"礼即是理也"(《二程遗书》卷二十五)。朱熹进一步指出,"仁莫大于父子,义莫大于君臣,是谓三纲之要,五常之本。人伦天理之至,无所逃于天地之间"(《朱子文集·癸未垂拱奏札·二》)。朱熹的论述使程颐兄弟"天理"说更加严密、精致。

家庭礼仪研究硕果累累,是宋代礼仪发展的另一个特点。在大量家庭礼仪著作中,以撰《资治通鉴》而名垂青史的北宋史学家司马光(1019—1086)的《涑水家仪》和以《四书集注》名扬天下的南宋理学家朱熹(1130—1200)的《朱子家礼》最为著名。明代时,交友之礼更加完善,而忠、孝、节、义等礼仪日趋繁多。

（六）礼仪的衰落时期（1796—1911）

满族人关后，逐渐接受了汉族的礼制，并且使其复杂化，导致一些礼仪显得虚浮、烦琐。例如清代的品官相见礼，当品级低者向品级高者行拜礼时，动辄一跪三叩，重则三跪九叩（《大清会典》）。清代后期，清王朝政权腐败，民不聊生，古代礼仪盛极而衰。而伴随着西学东渐，一些西方礼仪传入中国，北洋新军时期的陆军便采用西方军队的举手礼等，以代替打千礼等。

（七）现代礼仪时期（1912—1948）

1911年年末，孙中山先生和战友们破旧立新，用民权代替君权，用自由、平等取代宗法等级制；普及教育，废除祭孔读经；改易陋俗，剪辫子、禁缠足等，由此正式拉开现代礼仪的帷幕。

民国期间，由西方传入中国的握手礼开始流行于上层社会，后逐渐普及民间。

20世纪三四十年代，中国共产党领导的苏区、解放区，重视文化教育事业及移风易俗，进而谱写了现代礼仪的新篇章。

（八）当代礼仪时期（1949年至今）

1949年10月1日，中华人民共和国成立，中国的礼仪建设从此进入一个崭新的历史时期。此间摒弃了昔日束缚人们的"神权天命""愚忠愚孝"以及严重束缚妇女的"三从四德"等封建礼教，确立了同志式的合作互助关系和男女平等的新型社会关系，而尊老爱幼、讲究信义、以诚待人、先人后己、礼尚往来等中国传统礼仪中的精华，则得到继承和发扬。

1978年党的十一届三中全会以来，改革开放的春风吹遍祖国大地，中国的礼仪建设进入新的全面复兴时期。从推行文明礼貌用语到积极树立行业新风，从开展"18岁成人仪式教育活动"到制定市民文明公约，各行各业的礼仪规范纷纷出台，岗位培训、礼仪教育日趋红火，讲文明、重礼貌蔚然成风。《公共关系报》《现代交际》等一批涉及礼仪的报刊应运而出，《中国应用礼仪大全》《称谓大辞典》《外国习俗与礼仪》等介绍、研究礼仪的图书、辞典、教材不断问世。广阔的华夏大地上再度兴起礼仪文化热，具有优良文化传统的中华民族又掀起了精神文明建设的新高潮。

近代以来，西方侵略者的入侵，使中国在进入半殖民地半封建社会的同时，也受到了西方的政治、经济、文化以及资本主义的道德利益礼仪的影响。西方文明和文化对中国传统秩序和伦理秩序形成了巨大的冲击。由于西方文化体现了"自由、民主、平等、尊重"等思想，所以深受中国进步阶层的欢迎，并逐步推广到各个阶层和社会生活的各个方面。资本主义礼仪规范在中国的推广和实施，为中国传统礼仪注入了新的活力，简化了中国传统礼仪中的繁文缛节，客观上促进了世界各国礼仪道德文化之间的交流和相互取长补短。所以，中国现代礼仪是对古代礼仪的继承和发展，是吸收了中国古代礼仪的精华、融入了时代精神、兼收并蓄了不同的文化而形成的，是现代社会人与人之间共同遵守的行为准则和规范。中国现代礼仪与古代礼仪无论是从内容上还是特征上都有很大的不同。

中国古代礼仪的发展，基本上与中国文明的进程同步。它规定秩序，制定仪式，曾是中国礼治的基础，并被视为社会法制的必要补充，对于促进中国社会文明的发展起到了重要的作用。

中国现代礼仪是在继承和弘扬中华民族传统美德的基础上,逐步形成了符合国际惯例、具有时代特点的社会主义现代礼仪规范。与古代礼仪的繁文缛节相比,现代礼仪的礼节仪式更趋于简单化,易于保持人与人之间的交往关系,更多地体现了相互尊重的原则,而不必再恪守等级森严的封建礼教。

二、西方礼仪的起源

"西方礼仪"一词,最早见于法语,原意为法庭上用的一种通行证。这种通行证上面记载着人们进入法庭应遵守的注意事项,后来被引用到其他公共场合,成为大家都愿意共同遵守的礼仪。西方的文明史在很大程度上表现着人类对礼仪追求及其演进的历史。人类为了维持与发展血缘亲情以外的各种人际关系,避免战争,逐步形成了各种与战争有关的动态礼仪。如:为了表示自己手里没有武器,让对方感觉到自己没有恶意,创造了举手礼,后来演进为握手。为了表示自己的友好与尊重,愿在对方面前"丢盔卸甲",于是创造了脱帽礼,等等。在古希腊的文献典籍中,如苏格拉底、柏拉图、亚里士多德等先哲的著作中,都有很多关于礼仪的论述。中世纪更是礼仪发展的鼎盛时代。西方资产阶级登上历史舞台以后,不仅在经济基础,而且在上层建筑的各个领域都进行了伟大的变革。在这一时期,西方礼仪有了重大的发展,属于少数贵族专利品的封建礼仪习俗,逐步被社会文明规范的礼仪所取代。如今国际上通行的一些外交礼节,绝大部分都是在这个时期形成并延续下来的。如鸣放礼炮礼仪起源于英国。英国曾是世界航海业最发达的国家,英国海军舰队在驶入别国海域之前,为了表示对对方没有敌意,就把军舰上火炮内的炮弹放空;在遇到别国的航船时,也同样把炮内的炮弹放掉,以向对方表示友好。后来,鸣放礼炮便成了国际上接待国家元首和政府首脑的礼节。

三、东西方礼仪的特点

(一)东方礼仪及其特点

东方的礼仪文化主要是指以中国、日本、朝鲜、泰国、新加坡等亚洲国家为代表的具有东方民族特点的礼仪文化。

古老的东方,是人类历史的发源地,以其富有人情味的传统礼仪向世人展示了悠久的历史文化和无穷的东方魅力。与西方礼仪相比,东方礼仪具有以下特点。

1.重视亲情和血缘关系

东方民族信奉"血浓于水"这一传统观念,所以人际关系中最稳定的因素是血缘关系。当多种利益发生矛盾和冲突的时候,大多数人都会选择维护有血缘关系的家族利益。

"老吾老以及人之老,幼吾幼以及人之幼。"在重视家族和血缘关系的东方,敬老爱幼,蔚然成风。很多中国传统的大家庭,四世同堂,家长维系着家庭成员的关系,并具有绝对的权威性。家长终生操劳,养育子孙,不仅不以此为苦,还能尽享天伦之乐。大家庭中虽然也会产生一定矛盾,但"人丁兴旺、儿孙满堂"是人们最大的愿望。西方国家的家长注重培养儿女的独立性和自理能力。儿女一旦成年,理所当然地要依靠自己的能力去求生存。另外,像"父母在,不远游"等传统思想,也体现出东方人强烈的家庭宗族观念。西方人提倡个性自由,崇尚个人力量,对家庭、孝顺老人、哺养孩子等看得比东方人"淡"得多。他们将责任、义务分得很清楚,责任必须要尽,义务履行则完全取决于实际能力,绝不勉强。

2. 谦逊、含蓄

与坦诚、直率的西方人相比,东方人通常显得更加含蓄、谦逊、委婉、拘谨。以送礼为例,西方人总是对受礼人直截了当地表明:"这是我精心为你挑选的礼物,希望你喜欢",或者说"这是最好的礼物"之类的话;受礼方则总是当着送礼者的面将礼物打开并赞美一番,以表示谢意和礼貌。而东方人则不同,中国人及日本人在送礼时尽管也曾费尽心机、精心挑选,但送礼方却总是谦逊而恭敬地说"微薄之礼,不成敬意,请笑纳"之类的话。东方人在受礼时,往往只说"谢谢"而并不马上打开礼物,唯恐礼物过轻或不尽如人意而有失对方的面子,或显得自己重利轻义,有失礼貌。中国人在性格方面表现得比较含蓄、谦虚。如请游客吃饭,尽管菜肴丰盛、好酒相待,体现出主人热情备至,主人却还对游客自谦说:"随便吃点便饭,没点什么菜。"这符合中国传统的礼貌礼节。然而,若有西方游客在场,游客就觉得奇怪了:一是没什么菜,还请什么客;二是菜肴如此丰盛,还说招待不周,未免太不实事求是了。西方人请游客到酒店吃饭,一开始主人就会介绍:"这是本地最好的酒店做的最好的菜";请游客到他家里吃饭,则会说:"这是我太太最拿手的菜!"西方游客在性格特征上表现为:开诚布公,直截了当,不加任何掩饰。

3. 承认现实、满足现状

大多数东方人随着年龄的增长,心态上逐渐趋于平稳。这一特点表现在他们对于"老"字的心安理得的认可和怡然自得的心态上。"老"在东方,尤其在中国多是褒义,在称呼前面冠之以"老",是一种尊称。如称经验丰富的技术工人为"老师傅";有的人尽管年龄不老,却被人冠之以"老",而心理上却非常"受用"。所以,德高望重的学者被人称为"某老",如"赵老、钱老"等;即使一般的年长者,也被尊称为"老大爷""老大娘";而"老当益壮""姜还是老的辣"等词语,则更是对"老"字的一种赞美。西方人独立意识强,不服老,不愿别人说自己老。如女性不喜欢别人称自己为"老太太"。有一次,一家酒店接待了一个澳大利亚来华旅游团。一位员工赞扬其中一位82岁的老太太说:"您这么大年纪了,还能到中国来旅游,真不容易啊!"按照中国人的文化传统和习俗,老太太得到如此恭维之后,一定眉开眼笑,乐滋滋的。而这位异国老妪一听,脸色由晴转阴,颇不高兴地说:"你认为老人出国旅游是稀罕事吗?"这位员工后来一打听,才知道自己在称呼上犯了大错,用"老"来称呼西方女性,当然会引起她们的反感。

4. 强调共性

东方人非常注重共性,国民有较强的民族感。这一点在日本表现得尤为突出。不论是国家的、民族的,还是企业的凝聚力都非常强。所以,日本人为企业做事时,有很强的"敬业精神"。很多企业在管理中表现对工人的尊重,经营管理中充满了家庭式的色彩,极富人情味,人人都以能为集团谋事出力而感到光荣。西方礼仪处处强调个人为本,个人至上,个人在法律允许的范围内拥有绝对的自由。在社会交往中,强调以个人为单位,个人为对象,将个人的尊严看得神圣不可侵犯,十分注意维护个人的自尊。

5. 礼尚往来

礼是人际交往的媒介和桥梁。这里的"礼",主要指礼物。其实,礼物本身并不重要,重要的是渗透其中的人的情感。中国有句古语"礼轻情义重",讲的即是这个道理。"来而不往非礼也"意思是说,接受了别人的礼物而不懂得回赠,是很不礼貌的行为。东方人送礼的名目繁多,除了在重要的节日里相互拜访需要送礼外,平时的婚、丧、嫁、娶、生日、升职、加薪都可以作为送礼的理由。西方人则不同,他们一般不轻易送礼物给别人,除非相互间建立了较为稳定的人际关系。西方人在选择礼品时,既要考虑收礼人的爱好、习惯和禁忌,又要考虑礼品的意义和价值。

(二)西方礼仪及其特点

在西方礼仪文化中,尤其强调规范人的行为,注重一个人良好的教养。如尊重女性,强调女士优先的原则;男士要有绅士风度、女士要有淑女风度等。综合来说,西方礼仪具有以下特点。

1. 简单实用

西方礼仪是西方各国人民在长期社会实践活动中形成的,因此西方礼仪具有很强的现实性。

2. 崇尚个性自由,注意保护个人隐私

在不违反法律的前提下,西方礼仪处处强调个人拥有绝对的自由,将个人的尊严看得神圣不可侵犯;崇尚个人的力量,追求个人利益。所以,在西方,冒犯对方"私人的"所有权,是非常失礼的行为。与西方人交往,忌问"吃饭了吗""你夫人好吗""你的衣服多少钱""你工资多少""近来生活如何"等,因为西方人尊重别人的隐私权,同样也要求别人尊重自己的隐私权。

3. 惜时如金

西方人常随身携带记事本,记录日程的安排等。赴约须提前到达,至少要准时,且不宜随意改动。这一点在德国人的思想观念中表现得尤为突出。他们与人约会时,常将时间掌握到分秒不差。所以,与德国人约会迟到,对方是不会容忍的。尽管在我们看来只不过是几分钟的区区小事。

西方人不仅惜时如"金",而且常将交往对方是否遵守时间,当作判断"其工作是否负责、是否值得与其合作"的重要依据。在他们看来,这直接反映出一个人的形象和素质。

遵守时间秩序,养成了西方人严谨的工作作风,办起事来井井有条。西方人工作时间和业余时间区别分明,下班和休假时间不打电话谈论工作,甚至在休假期间断绝非生活范畴的交往。一些中国人无时间概念,迟到、失约对他们来讲根本不算什么,上班时间忙私事,休息时间忙工作很不可取。西方人严格的时间观念,值得东方人学习和借鉴。

4. 自由、平等、开放

从古希腊开始,西方人在与自然的抗争中,就形成了独立进取的乐观精神。他们提倡人人平等、积极参与竞争,对待家庭血缘的态度与东方有很大不同。西方礼仪强调,一切人生而平等自由,在交往中提倡人人平等,包括男女平等、尊重老人、爱护儿童。对儿童不是溺爱和娇惯,助长儿童的依赖性,而是尊重和培养儿童的自主精神。对儿童也如对成人一样,尊重它们,有事以商量的口气同他们说,不在儿童不理解时武断地下命令,儿童有错误时如实指出,一般不训斥打骂。在交往中,西方人士一般思想活跃、兴趣广泛、幽默风趣、开放自然,敢于发表自己的意见,富于竞争精神,具有外向型倾向。

单元三　礼仪的特点与原则

一、礼仪的特点

礼仪文化在其发展过程中，形成了自己独特的特点，主要表现在规范性、传统性与时代性、国别性与民族性、针对性与等级性等方面。

（一）规范性

礼仪和道德、法律一起被称为人类社会的三大规范。礼仪规范是约定俗成、相沿成习的，其对人们在交际场所的约束性，在某种意义上等同于法律规范。人们自觉或不自觉地在遵守礼仪规范，并用礼仪规范来衡量和判断他人，所以礼仪的规范性是客观存在的。

（二）传统性与时代性

礼仪的形成和完善是历史发展的产物。任何国家的现代礼仪都是从本国传统礼仪的继承和发展而来。礼仪经历不同的发展阶段，经过不同时期的"过滤"，逐渐形成相对固定的内容。而且，礼仪一旦形成，通常会世代相传，经久不衰。当然，礼仪不是一成不变的，它随着社会的发展而不断变化更新。一方面，礼仪随着时代、本国、本民族的发展而产生变化；另一方面，由于国家间的交流日益频繁，不同国家的政治、文化、经济、思想、观念等因素的渗透作用，也会对一个国家的礼仪文化产生或多或少的影响。如今，我们国家的礼仪规范已融合了国际交往礼仪的内容，变得日益现代化。

（三）国别性与民族性

对于不同国家、不同民族，因其历史与文化的不同，其所形成的礼仪的表现形式和思想观念也各不相同。这种民族差异性使得不同国家、不同民族的礼仪文化各具特色、丰富多彩。如东方民族的含蓄、深沉，西方文化的坦率、开放；东方人见面习惯拱手、鞠躬，西方人见面习惯握手和拥抱。所以，当我们与不同国家、不同民族的人接触时，应先入乡问俗、入乡随俗。

（四）针对性与等级性

针对不同的时间、场合、对象，礼仪内容有着不同的要求，如：问候时对男士和女士回礼的规范要求就不尽相同；对于婚礼、葬礼的礼仪仪式要求也大相径庭。同时，在礼仪规范中，不同的组织和个人处于不同的礼仪尊末位置，如年长者、上级、女士被列为尊位，相对的年幼者、下级、男士被列为末位；在礼宾次序上具有严格的等级性，如握手礼的伸手顺序、服务过程中的服务次序等。

二、礼仪的原则

礼仪在不同的地区有着不同的表现方式，但礼仪的本质是相同的，日常交际中的礼仪原则是相通的。礼仪原则是指人们在社会交往过程中，为对他人表示尊敬约定俗成并共同遵守的基本要求和规范。要想在日常交往中赢得他人的好感，就应遵守以下礼仪原则。

（一）相互尊重原则

礼仪源起敬神，后发展演变为尊重他人，由此说明：尊重是礼仪的核心宗旨。在人际交往中，尊重他人是自身良好品质和素养的体现，也是建立良好人际关系的基础；不尊重他人则是失礼的表现，同时也会失去他人的尊重。掌握了尊重原则，就等于掌握了礼仪的灵魂。社会交往中要人人平等，不能以权取人，以貌取人。在现实生活中，越有修养的人往往越懂得尊重他人，也越能得到他人的尊重。他们待人随和，善于倾听，乐于助人。在社会交往中，尊重他人应当体现在尊重他人的意见，尊重他人的正当权利，尊重他人的人格，尊重他人的劳动，尊重他人的爱好和习惯，尊重他人的隐私权。尊重他人更应该体现在尊重老人，照顾老人，爱护女性和儿童上。

（二）遵时守信原则

遵守时间、恪守信用是现代人应有的最基本、最重要的礼貌修养。在当今社会，时间就是效率，不违时、不失约已成为人们共识的礼貌准则。失信于人或不遵守时间是对别人极大的不尊重。在快节奏的人际交往中，凡事都应事前预约，并准时赴约。如果不能如约到达，就应提前通知对方，以便让他心中有数或另作安排。答应别人的事，一定要认真地去做，并且尽力做好。如果是没有能力做到的事，就不要随便答应别人。如果答应了别人而又办不到，这比不接受别人的请求更没面子，而且很失礼。

（三）理解宽容原则

人与人之间如果缺乏理解，就难以沟通感情，交往双方会存在距离，产生思想隔膜，使关系难以持续甚至僵化。在人际交往中，人与人之间可能会因为文化层次、风俗习惯、职业、年龄等原因的差异，而产生一方失礼行为、冒犯了另一方的情况。这时，失礼的一方应主动道歉，另一方也应以宽容的态度原谅对方，避免出现心存怨恨、过后报复的现象。理解宽容原则要求人们在交际活动中应严于律己，宽以待人。在交际活动中，除了应遵守共同的法律规范和行为原则外，还应尊重和理解他人的思想和行为，尤其要尊重和理解与自己观点、立场、态度不同的人。理解别人时，要尽量设身处地站在对方的角度去考虑问题，为对方着想，体谅对方。只有让对方体会到你真正地理解他，才可能使对方与你推心置腹，从而结成相互信赖的关系。如果一出现意见相反或听着不顺耳、看着不顺眼的事，就针锋相对，得理不让人，势必会挫伤彼此的感情，以致使双方产生强烈的矛盾和对抗心理，破坏了关系的继续发展。在对方不理智的时候，也要忍让，待对方冷静下来再有理、有据、有节地处理问题，并以宽容大度之心予以谅解。宽容大度可以化解矛盾、和谐关系，可以增强凝聚力和团队精神，可以推动工作的顺利进行。

（四）真诚自信原则

在人际交往中应以礼相待，真诚待人。做到真心实意，言行一致。避免表里不一，只行礼仪之事，而无真诚之心。真诚是建立良好人际关系的基础，是一个人外在行为与内在道德的有机统一。待人真诚的人会很快得到别人的信任，而表里不一、口是心非的人，即便一时不会被识破，但终究还是会失去人们的信任。同时在社交场合中，唯有心理健康，对自己充满信心,才能如鱼得水,得心应手。自信是社交场合中一种很可贵的心理素质。一个有充分自信心的人,会在交往中不卑不亢、落落大方,遇到强者不自惭,遇到艰难不气馁,遇到侮辱敢于挺身反击,遇到弱者会伸出援助之手;而一个缺乏自信的人,则会处处碰壁。

(五)热情适度原则

热情是对别人的一种真挚热烈的感情,一种待人积极主动的态度。热情的人使人觉得容易接触,能给人以亲切感,使别人愿意与之交往,使其本人能获得良好的人缘。热情适度原则是要求人们在使用礼仪时,根据具体情况,针对不同对象注意技巧。待人冷若冰霜、拒人于千里之外,会被认为是高傲或故意摆架子,但过度的热情也是一种失礼的行为。过度的热情会让别人十分尴尬,也会让人觉得你很轻浮。热情要以尊重对方为前提,以实事求是为依据。例如在与人交往时,恰当称赞对方会让人感到惬意,可以拉近彼此的关系,但过度的赞誉反而让人觉得你虚情假意;交往中赠送礼品本无可厚非,但如果礼品价值过重,会成为别人的心理负担,令人怀疑你别有用意。

(六)女士优先原则

女士优先原则是男士与女士交往过程中,能够体现男士绅士风度的国际通用原则。其核心精神是要求男士无论在任何时候、任何情况下,都要从各个方面尊重女士、照顾女士、帮助女士、保护女士。不仅对熟识的女士如此,对陌生的女士也应当如此。面对男士的尊重与关心,女士应大大方方地表示感谢,而不应该表现出扭扭捏捏或受宠若惊的状态。一般来讲,女士优先原则主要体现在以下方面。

(1)男女一同外出且条件不允许并行时,男士应让女士先行一步,但在开门、下车、上楼、遇到障碍和危险时,男士应当走在女士前边,为其开道。

(2)在路上行走时,男士应走在女士的外侧,以保护女士安全,防止女士被车辆惊吓。

(3)陪伴女士乘公共汽车时,男士应当设法为女士找到座位,然后再替自己寻找尽可能靠近她的座位。如果找不到合适的座位,则应当站在女士附近,以便照顾。在车上有座位的男士,一般要给站在自己身边的女士让座。

(4)乘坐轿车时,男士应将右侧后门拉开,协助女士先坐进去。到达目的地之后,男士应先下车,为女士拉开后门,协助其下车。

(5)在门口、楼梯口、电梯口以及其他狭窄的通道上遇到女士,不管是否相识,均应侧身站立一旁,让其先行。

(6)陪伴女士时,未经女士许可,男士不允许吸烟。

(7)参加社交聚会,男宾见到男女主人时,应先向女主人问好;女宾入室时,先到达的男士应当起立迎接;男士不能坐着同站着的女士交谈。

(8)出外用餐,男士应帮助女士入座,即先将椅子从桌子下拉出来,等女士就座后自己再坐在女士左侧(多人时)或对面(两人时)。点菜时,应先把菜单递给女士,请女士先点。

(9)同女士一起外出时,男士应主动帮助提拿背包、文件及外衣等物品,但不要求帮她提拿随身的手提包,因为其中通常装有女性专用品。

单元四　礼仪的功能

礼仪是人们在社会生活中用以调整、处理相互关系的手段。具体来说,礼仪有以下几个方面的作用。

一、教育功能

礼仪是现代文明的集中体现。宏观来看,礼仪可以衡量一个国家的文明程度和国民素质的高低。落实到个人,国民是否讲礼节、懂礼貌,则是衡量一个国家综合素质高低的一个重要标准。礼仪蕴含着丰富的文化内涵,体现着社会的要求与时代的精神。让国民都来接受礼仪教育,可以从整体上提高国民的综合素质。礼仪一经形成和巩固,就成为社会传统文化的重要组成部分,世代相继,世代相传。在人类社会的发展和进步中,礼仪具有重要的教育功能。新加坡国民素质之高赢得了世界的公认,这与新加坡长期在国民中大力开展礼仪教育有着密切的关系。20 世纪 70 年代后期,当时的新加坡总理李光耀提出,要把新加坡建成一个"富而有礼"的国家。他们在大力推进国民经济建设的同时,将以"礼仪"教育为中心的国民素质教育提高到了一个非常重要的位置,甚至将"忠、孝、仁、爱、礼、义、廉、耻"八种美德列入政府必须贯彻的"治国之纲"。

二、沟通功能

维系人与人之间沟通与交往的礼仪,是十分重要的"润滑剂"。只有交流双方的行为规范符合"礼仪"的要求,人际交流才能得以正常进行和延续。热情的问候、亲切的微笑、友善的目光、文雅的谈吐、得体的举止等,可以唤起人们沟通的欲望,使彼此建立起信任关系和好印象,促成人们之间沟通和交流的成功。

三、调节功能

人际关系是人类社会生活中极为重要的关系。一个人如果没有良好的人际关系,就无法满足个人的归属感、受尊重感。同样,社会的稳定与发展、家庭的和谐与安宁、邻里的和睦与团结、同事之间的信任与合作,都依赖于人们共同遵守礼仪的规范和要求。礼仪作为一种规范、程序和一种凝固下来的文化传统,对人们之间的相互关系模式起着固定维护和调节的作用。例如,人们在家庭生活中的关系,各自的权利和义务都受到传统或现实的礼仪规范的约束。父母爱子女,但更要教育好子女绝不能溺爱;子女则要尊敬老人,孝顺父母;夫妻之间地位平等,应相敬如宾,白头偕老;朋友之间要以诚信为先,受人点滴之恩,当涌泉相报。如果人际关系中出现了不和谐,需要做出新的调节,往往要借助某些礼仪形式或礼仪活动,如宴请、联谊联欢等,这些活动将促进人们之间健康、良好人际关系的建立和发展。

四、约束功能

礼仪作为行为规范,对人们的社会行为具有很强的约束力。礼仪一经制定和推行,便会成为社会行为规范和习俗,人们都应遵守和服从。礼仪将自觉或不自觉地约束人们的行为动机,指导人们处事的行为方式,从而更好地协调人与人之间的关系、人与社会的关系,使人们在相互理解、相互尊重的前提下友好相处,社会秩序井然有序。如果一个人我行我素,不能遵守社会上普遍的礼仪要求,他就会受到道德和舆论的谴责,甚至被施以法律的制裁。

五、服务功能

旅游业优质服务的标准是最大限度地满足游客的需求,尤其是满足游客的精神需求。在游客的各种需求中,希望得到尊重的需求始终处于第一位,而礼仪的敬人原则恰好满足了游客的这种需要。所以,在旅游行业中,礼貌服务是优质服务的主要内容。从业人员通过良好的仪容、仪表、仪态,规范得体的礼仪服务用语与标准的服务操作程序,以及亲切的微笑、耐心的态度、细致而周到的体贴与关心,将"游客是上帝"这一服务理念演绎得淋漓尽致。

单元五　礼仪在旅游行业的运用

礼仪普遍存在于旅游行业中的对客服务和旅游商务交往活动之中。因旅游行业的特点,礼仪的运用格外为人们所重视。

一、礼仪在旅游行业中的作用

(一) 有利于塑造企业的良好形象

在现代社会中,形象对于一个组织来讲是非常重要的。形象的好坏会直接影响到组织的社会效益和经济效益。礼仪是大家共同遵守的、对他人表示尊重的行为规范,所以在人与人之间的交往中,仪表整洁、彬彬有礼之人会给他人留下良好的印象;相反,不拘小节的无礼之人不仅使自己形象不好,还会影响其所在的组织的整体形象。作为旅游从业人员,其个人的言谈举止给游客留下的总体印象,不仅会影响其个人的职业形象,还会直接影响其所在企业的形象。

(二) 有利于沟通协调与游客的关系

人们在交往中,会产生错综复杂的人际关系;同时由于每个人的文化程度、成长环境以及性别、性格、职业、年龄等方面的差异,导致人们在交往中往往有不同的角色取向。人们为了维护自己的利益,在行为方式上往往带有不同程度的"排他倾向",这样势必会产生矛盾和冲突。而礼仪具有沟通协调的作用。礼貌服务和规范的仪式运作,可以使旅游从业人员与游客之间获得友好与尊敬,感情得到进一步的沟通,彼此建立起好感和信任,促成旅游服务的成功。

(三) 有利于传播中华文明,促进企业文化建设

中国是四大文明古国之一,礼仪文化源远流长。"礼"作为中国文化的核心,自古而今,对人类的生活都产生着重要的影响。我国古代关于礼的论著论述都是宝贵的文化财

富,现代礼仪也是在对古代礼仪的基础上发展而来的,礼仪文化也在不断地更新和发展。所以,学好礼仪、用好礼仪,不仅是自身良好素质和美好品质的体现,还是对中华文明的继承和发扬。特别是在涉外旅游接待服务和商务交往活动中,旅游从业人员的礼仪行为会越来越多地使外国人更加了解中国、认识中国。同时,旅游企业要求其员工按照企业认同的礼仪标准来调整自己的言行,使员工自觉地唾弃陋习,尊重他人,帮助他人,这也有利于营造相互理解、信任、关心和友爱的良好企业文化氛围,有利于企业组织秩序的稳定和融洽,有利于促进企业文化建设。

二、旅游行业中礼仪运用的特殊性

在旅游行业中,做好对客服务是行业礼仪的基本要求。游客购买的旅游产品大多为服务类无形产品,游客无法事前体验和参与产品生产过程,而对产品的陌生又会使之产生求安全、求便利、求时效的心理特点。因此,服务人员必须综合掌握服务礼仪的基本理论和技能,将之灵活运用于工作实践当中,这样才能更好地满足游客的需求,做好旅游服务工作。在具体运用中,应注意把握以下几点。

(一) 客我关系的特殊性

旅游服务即是旅游从业人员同游客之间为了沟通思想、交流感情、表达意愿、解决在旅游活动中共同关心的某些问题,相互施加各种影响的过程。旅游服务人员所处的特定角色,以及游客所处的特定地位,使客我双方的交往关系具有一系列特殊性。如:旅游服务是人对人的活动,人走茶凉,具有不稳定的特性;游客登记时提供的信息可以为服务人员的针对性服务提供有利条件;游客对酒店的陌生与服务人员对酒店许多事物的熟视无睹会对服务礼节评价产生很大反差的情况等。这些都要求旅游从业人员从游客的心理状态出发,随机应变地采取对策,调整自我的言行,认真按照礼仪规范进行服务。

(二) 准确进行角色定位

旅游从业人员在工作岗位上应确定自己的社会角色,而不是自己的生活角色或性别角色。旅游从业人员所扮演的社会角色是服务角色,他的作用和任务是从物质和心理上满足游客的需求。因此,就服务礼仪的等级性而言,游客永远处于尊位。

(三) 相互补位整体服务

游客对旅游服务的评价不是具体针对一个项目、某一位服务员;如果游客不满意,那就是对整个企业不满意。因此,全体员工要明确自己的地位——个人的礼节礼貌程度代表着整个旅游企业的形象。不管自己在任何岗位,碰到任何问题时,都必须在企业的整体立场上去努力满足游客的需求。作为旅游从业人员,个人不可能包容一切服务,即使是对他的本职岗位工作也难免有个别的疏漏之处。所以,在同一个工作区域的全体员工要有强烈的整体补位意识。

(四) 无 NO 服务

无 NO 服务即绝不在游客面前使用"没有"和"不"这两个词。游客提出某项服务,总是从他的需要出发的,并不希望听到否定的回答。即使因客观条件所限,一时无法提供游客所需要的服务,也不能说"不"和"没有"。这时,可使用礼貌的言行与游客有效沟通,提示游客转向其他服务,如:言明积极办理,让游客等候。在此期间,劝说游客自己提出取消该项服务;提供相类似的服务,给予游客心理补偿;不回答可否,让游客看到你已尽心尽力,感到不好意思而主动取消要求;用微笑式的反问,请教游客自己提出变通办法等方式进行解决。

三、旅游从业人员礼仪修养培养途径

礼仪修养是通过有意识的学习、仿效、培养而逐步形成的。它专指一个人在待人处事的礼貌素质和能力方面,经过不断地学习和磨炼所达到的较高水平。我国当前旅游发展急需高素质旅游人才,而其中重要的一项便是旅游人才应具有较高礼仪修养、道德高尚。

(一)培养礼仪修养的途径

礼仪修养是一个自我认识、自我养成、自我提高的过程,需要有高度的自觉性。一名服务人员,在工作中只是迫于规定才对宾客致意问好,似乎彬彬有礼,而换了环境,就举止轻浮,谈吐不雅,这实际上是缺乏礼仪修养的表现。礼仪修养是完美人格的组成部分。一个人只有具备了礼貌礼节,才会真正有自觉意识和主动性。培养良好的礼仪修养可以通过以下途径来进行。

1. 自觉加强道德修养是培养礼仪修养的基础

《礼记·大学》有云:"诚于中,形于外。"礼貌待人绝对不是简单地学习、模仿,更不是讲究形式的例行公事。礼节、礼貌是一个人内心世界的外在表现和真实感情的自然流露。那种举止大方、谈吐不俗、温文尔雅、彬彬有礼的风度,绝不是一时伪装所能实现的,而必须以良好的个人修养为基础。一个缺乏修养的人,无论怎样"包装"自己,终究只能给人一种粗俗、浮浅的感觉和印象。因此,讲究礼仪规范,既是人际交往中增进友谊、联络感情的行为准则,也是一个人内在修养的外在表现。要想全面、综合地提高自身素质,就必须加强礼节、礼貌知识的学习,不断提高自身的道德修养。

道德是依靠人们内在主动性和自觉性,并主要通过社会舆论、传统习惯、内心信念起作用。因此,道德修养强调主动性和自觉性。一个人有了道德素养,就会主动地指导自己的行为,自觉地实施礼貌礼节。一个对职业充满敬重与热爱,有着强烈责任感与事业心的从业人员,一定会驱使自己想方设法为游客提供最佳的礼貌服务;一个真心尊重别人、热情诚恳、道德高尚的从业人员,他在服务工作中也一定会真诚和蔼、表里如一、全心全意地为游客服务。因此,我们要真正地礼貌待人,而不是做表面文章。要做到这一点,就必须有较高的思想道德修养。

2. 努力学习礼仪知识是培养礼仪修养的直接途径

旅游从业人员懂得的礼貌礼节知识越广博越深入,在待人接物时越能应付自如。作为"礼仪之邦"的中国,在各种书文典籍中有着丰富的礼貌礼仪知识,因此加强对国内外礼貌礼节知识的学习,日积月累,对自己礼仪修养的提高是十分必要的。有的人也具有较高的道德修养和良好的品质,但在涉外场合和旅游服务工作中因对其他国家或某一具体活动的礼仪知识不了解,仅凭经验办事,轻则闹笑话,重则影响工作效果,甚至造成误解。不同国家具有不同的习俗和礼貌礼节;就我国的 56 个民族而言,各个民族的礼节习俗也是各不相同的,而在我国几千年文明的各个历史阶段也都有浩瀚的礼仪知识。故而,我们应注意收集、学习，久而久之，不但能使自己在礼仪方面博闻多识，而且在礼仪修养的实践上也能提高到新的高度。

3. 提高文化素养是培养礼仪修养的间接途径

现代科学文化发展速度很快，要适应社会进步，仅仅满足于一般水平是远远不够的。学识广博一些，艺术作品接触多一些，可以使自己拥有较丰厚的文化积淀。"胸藏文墨虚若谷""腹有诗书气自华"是提高自身修养和良好人际交往的需要。因为，文化素养的高低决定了人们精神活动层次的高低。文化素养高的人大多是学识较高的人，这类人往往思考问题周密，分析问题透彻，处理问题有方，能注意自己的仪表仪容，在人际交往中具有独特的魅力。而文化素养低的人往往给人以浅薄的印象，容易在人际交往中遇到一些障碍。

所以，旅游从业人员应培养自己对知识的广泛兴趣，努力涉猎多方面的知识，提高文学、艺术的欣赏能力，提高审美水平，这样就会有意无意地按照美的规律来认识生活和改造周围的环境，同时，也使自己在人际交往中的言行更具美感。

4. 积极实践是培养礼仪修养的根本

实践是动机和效果由此及彼的桥梁。我们掌握了礼仪知识，就要到实际社交活动中去加以运用。离开实践，修养就成了无源之水、无本之木，"纸上谈兵"式的修养是无法成功的。有的人说起话来头头是道，但一到实际社交场合，就因害怕出"洋相"而紧张、羞涩，这都是缺乏实践锻炼所造成的。所以，只有投身到实践之中，才能发现自己的优势和弱点，也才能对症下药。只有在社交活动中多听、多看、多想、多学，自己的礼仪修养才会不断提高。因此，我们要在学校、家庭、工作岗位等场合，时时处处自觉地从小处着眼，小处入手，从现在做起，以礼仪的准则来规范自己的音容笑貌和言谈举止。

在实践中多多锻炼，有助于礼貌修养的提高，尤其在文明气氛较浓的环境中直接熏陶，更有利于培养良好的礼仪习惯，使自己在交际活动中越来越受欢迎。总之，礼仪修养是一个自我认识、自我养成、自我提高的长期渐进过程，涉及人们的思想与道德、认识与情感、意志与行为等诸多方面。为了促进这个过程，就必须自觉地善于学习、勇于实践，并持之以恒。一个称职的旅游从业人员只要肯下功夫，是能够达到礼仪修养的理想境界的。

（二）礼仪修养的重要意义

礼仪修养贯穿于整个旅游服务过程之中，并对旅游服务质量的效果有着重要的影响。

1. 礼仪修养可以反映一个国家的形象

旅游服务行业是我们国家的窗口行业，具有涉外性和服务对象的广泛性。旅游者来自五湖四海，不可能有较长的时间来了解某一个地区或国家，他们往往通过与其接触的旅游服务人员来判断和评价一个国家、地区所具有的文明程度和精神风貌，旅游服务人员的服务效果甚至会直接增加或减少他们对这个国家或地区的喜爱程度。所以，有人把旅游服务工作者比喻为一个国家或地区的镜子，这面镜子是否光洁照人，可以使这个国家或地区在游客心中留下不同的印象。具有良好礼貌修养的旅游服务工作者不仅会受到旅游者的欢迎，还能为其所在企业、城市、国家树立良好的形象，赢得荣誉。反之，不注意礼仪修养所造成的影响远比一般的人际交往大得多，甚至会影响到国家与国家之间的关系。

2. 礼仪修养可以给旅游者带来美的享受

旅游是一种审美活动。旅游涉及审美的一切领域，又涉及审美的一切形态。旅游活动就是达到精神上的审美愉悦，它不但把自然景观作为审美客体，而且把旅游工作者本身也作为审美客体进行审视。所以，旅游工作者是旅游者审美活动中不可缺少的一部分。

在旅游者的审美活动中，旅游景观是客观存在的、相对静态的，而旅游工作者的言行举止在整个服务过程中却是动态的。服务人员的服务过程是旅游者的接受过程和审美过程。如果旅游服务人员传递给旅游者的信息是温暖的微笑、优雅的风度、得体的打扮、动听的语言，那么不仅能使旅游者达到"悦耳悦目"的审美效果，而且能唤起旅游者心灵深处的情感力量和道德力量，使之进入悦志悦神的审美境界。所以，旅游工作者的礼貌修养可以强化旅游者的审美感受，对其整个旅游活动是否满意产生重要的影响。

3. 礼仪修养是解决旅游服务纠纷的润滑剂

旅游服务工作的接触面广，不同国家、不同民族甚至不同个人的信仰和生活习惯都各不相同，旅游服务工作要使每个旅游者都满意，这确实十分困难。在旅游服务过程中，发生一些纠纷事件也是不可避免的，重要的是如何去对待纠纷、处理纠纷。无论纠纷是物质性服务引起的还是精神性服务引起的，也不管是我方的问题还是旅游者本身的问题，处理纠纷的第一条原则是有理有节地进行处理。任何与旅游者的争吵、打斗都是不礼貌的，也是不允许的。服务人员的不礼貌言行只会激化矛盾。如果是我方存在的问题，要向旅游者道歉，并尽快认真处理好；如果是对方的问题，也不要得礼不让人，先耐心听其讲完，再有礼貌地做解释说明工作。有一些旅游者，当你态度和蔼地听他讲完抱怨之时，他的情绪也会逐渐平静下来，甚至还会发现自己的不对之处，不需要你再做什么，他就满意了。这种游客往往只需要找个宣泄对象，如果他找到的投诉对象态度生硬，甚至冷嘲热讽，则会加剧其激动的情绪，说不定真成了较难解决的纠纷。

所以，礼仪修养在处理纠纷时显得比平时更重要，当然做起来也比平时更困难。有时接待硬件稍差一些，但如果能提供良好的礼仪服务，也可以进行一定的弥补，得到游客的谅解。

4. 礼仪修养可以改进旅游企业内部的经营管理

一个旅游企业往往由多个分工不同的部门组成，各部门之间存在着相互协作、相互支持的关系，即使是每个旅游从业人员之间也需要互相支援、互相体谅。如果大家遇事能多从对方的角度着想，在沟通方面注意礼仪和分寸，不仅可以调节旅游从业人员之间、部门之间的关系，形成相互尊重、团结协作的风气，而且可以减少工作内耗，提高工作效率，为企业创造更多的经济效益和社会效益。

讨论案例

一天某酒店接待了一个旅游团队，地陪导游办理入住手续时，团队游客在大堂休息等待。由于正值旅游旺季，团队又提前到达，团队预订的房间原入住游客还没有全部退房，所以，前台接待人员只好临时为团队进行房间调整。这时，团队中一些游客由于旅途非常疲劳急于入住而变得越来越烦躁。一位游客到前台大声嚷道："还有完没完，怎么这么慢？还让住不让？！"接待员小张也正为房间调整非常困难而弄得手忙脚乱，听到游客的话后小声地嘟囔道："急什么急，眼又没瞎，看不到正忙着吗？"谁知，声音虽然很小，还是被游客听到了。游客开始大声与小张争吵起来，其他团队游客也过来围观帮腔。顿时，大堂里一片混乱。经过一阵争吵,游客怒不可遏地将小张投诉到值班经理处。结果,小张不仅要公开向游客道歉,还被扣发了当月奖金。

分析提示

礼仪贯穿于组织各项工作的始终,在旅游行业中尤为如此。旅游从业人员应时刻明确自己的角色,无论游客表现出什么状态,都应体现对游客的尊重原则,礼貌服务。同时,也应认识到重视礼仪对改善组织形象的积极作用,同时也应认识到礼仪效应也会为组织赢得良好的经济效益和社会效益。

课堂演练

以自己的亲身经历谈谈礼仪在生活中的作用。

课外思考

1. 什么是礼仪、礼貌、礼节、礼宾? 试分析它们之间的关系。
2. 试述礼仪的起源与发展。
3. 礼仪的特点与原则是什么?
4. 试述旅游礼仪的特殊性。

旅游职业道德

项目引入

职业道德是社会道德体系的重要组成部分,一方面具有社会道德的一般作用,另一方面又具有自身的特殊作用,比如调节职业交往中从业人员内部以及从业人员与服务对象间的关系,促进行业发展,提高社会的道德水平等。作为旅游从业人员,要明确旅游职业道德的要求,注重自身职业道德的养成。

知识目标

能理解职业道德的概念和特点;能掌握社会主义职业道德要求。

技能目标

能够根据旅游职业道德规范和培养要求提升个人职业道德。

单元一　旅游职业道德的要求

一、职业道德的含义和形成

(一)职业道德的含义

人们的生活可以分为社会生活、职业生活和家庭生活三大类,道德在其中都发挥着作用。对应上述三类生活的道德分别是社会道德、职业道德和家庭道德。

道德是社会意识形态之一,是人们共同生活及其行为的准则和规范,它通过社会的或一定阶级的舆论对社会生活起约束作用。职业道德是指从事一定职业的人们在职业劳动中形成的道德观念以及应当遵守的道德规范。职业道德属于职业范围内的特殊道德要求,是一般社会道德和阶级道德在职业生活中的具体体现。不同的职业人员在特定的职业活动中形成了特殊的职业关系,包括职业主体与职业服务对象之间的关系、职业团体之间的关系、同一职业团体内部人与人之间的关系,以及职业劳动者、职业团体与国家之间的关系。细化到具体职业领域,它包括政治工作者道德、商业工作者道德、工业工作者道德、农业工作者道德、科学工作者道德、新闻工作者道德、文艺工作者道德、军人道德、医生道德、教师道德等。职业道德的基本要求是职业劳动者必须忠于职守。

(二)职业道德的形成

职业道德是随着社会分工的发展,并出现相对固定的职业集团时产生的。人们的职业生活实践是职业道德产生的基础。

职业道德产生于奴隶社会,它的形成有两个基本条件。

1. 生产的发展和社会分工的出现是职业道德形成的历史条件

在原始社会末期,随着生产和交换的发展,出现了农业、手工业、畜牧业等职业分工,职业道德开始萌芽。进入阶级社会以后,又出现了商业、政治、军事、教育、医疗等职业。在一定社会的经济关系基础上,这些特定的职业不但要求人们具备特定的知识和技能,而且要求人们具备特定的道德观念、情感和品质。各种职业集团为了维护职业利益和信誉,适应社会的需要,就在职业实践中根据一般社会道德的基本要求逐渐形成了职业道德规范。随着生产的发展,人类的职业和行业产生了错综复杂的职业关系。这种职业关系对人们的道德意识和道德行为,乃至对整个社会的道德习俗和道德传统,都有着重大影响。各种职业间的相互交往及其表现出来的道德意识和道德行为,常因职业不同而呈现出种种差异,这些差异实际上就是道德向着职业领域分化。

2. 人们从事的各种职业活动是各种职业道德形成和发展的实践基础

人们对自然、社会的认识,是依赖于实践的。人们对人与人之间的道德关系的认识,也同样依赖于实践。人们在各种职业生活实践中逐步认识自然的规律性、认识人与自然的关系,同时也逐步认识了人与人之间、个人与社会之间的道德关系,从而形成自己与职业实践相联系的道德心理、道德观念、道德标准和道德理想。通过职业活动,人们的道德品质和社会的道德风尚趋于一致,不仅被打上了阶级的烙印,而且也带有鲜明的职业色彩。在古代文献中,早有关于职业道德规范的记载。例如,公元前 6 世纪的中国古代兵书《孙子兵法·计》中,就有"将者,智、信、仁、勇、严也"的记载。智、信、仁、勇、严这五德被中国古代兵家称为将之德。明代兵部尚书于清端提出的封建官吏道德修养的六条标准,被称为"亲民官自省六戒",其内容有"勤抚恤、慎刑法、绝贿赂、杜私派、严征收、崇节俭"。中国古代的医生,在长期的医疗实践中形成了优良的医德传统。"疾小不可云大,事易不可云难,贫富用心皆一,贵贱使药无别",是医界长期流传的医德格言。公元前 5 世纪古希腊的《希波克拉底誓言》,是西方最早的医界职业道德文献。一定社会的职业道德是受该社会的分工状况和经济制度所决定和制约的。在封建社会,自给自足的自然经济和封建等级制不仅限制了职业之间的交往,而且阻碍了职业道德的发展。只是在某些工业、商业的行会条规以及从事医疗、教育、政治、军事等业的著名人物的言行和著作中包含有职业道德的内容。在这一社会的行业中,也出现过具有高超技艺和高尚品德的人物,他们的职业道德行为和品质受到广大群众的称颂,并世代相袭,逐渐形成优良的职业道德传统。

人类的职业实践,不仅对个人的道德行为和道德品质的形成有着重大的作用,而且也反映着社会道德的状况,影响着个人道德行为发展的趋向。首先,由于职业分工,使从事不同职业的人对社会所承担的义务不一样。他们的职业活动必然影响着人们对生活目标的确定和生活道路的选择,形成不同的职业理想。职业理想的差异,又不同程度地影响着人们的人生观和职业行为。其次,不同的职业有着不同的社会地位和基本利益,有着不同的权利和义务。通过职业实践,必然影响人们的道德传统。最后,各种职业的对象、活动条件和生活方式的特殊性,也必然影响人们的兴趣、爱好和情操,形成特殊的品格和作风,进而决定人们行为发展的特殊方向。

商品经济的发展,促进了社会分工的扩大,职业和行业也随之日益增多、复杂。各种职业集团为了增强竞争能力,增加利润,纷纷提倡职业道德,以提高职业信誉。许多国家和地区还成立了职业协会,制定协会章程,规定职业宗旨和职业道德规范,从而促进了职业道德的普及和发展。

二、职业道德的特点

(一)行业性

职业道德往往都是与某个职业的行业特点结合在一起的,因此这是职业道德区别于一般道德的最显著特点。例如,爱岗敬业是一条最基本的职业道德规范,但在不同的行业却表现出不同的行业性特征。作为电话接线员,应该做到三声铃响,必有应声;而作为餐厅领位员,则应该做到对游客进行迎接、引座和告别服务。这些规范要求都反映了该行业的特点,体现出该行业如何能够更好地为游客服务的职业道德。

(二)广泛性

职业道德不只是对某些职业提出的要求,也不只是对职业中的某些人提出的要求,而是对所有从业人员提出的要求。无论你从事什么职业,无论你在职业活动中扮演什么角色,在职业活动中都应该讲职业道德,这是社会进步和个人职业生涯发展的基本要求。

(三)实用性

各种职业从本行业的要求出发,概括提炼出十分明确具体的道德准则(如以职业规范、工作守则、生活公约、行为须知等),并简明的形式公之于众,用以规范和约束本职业的从业人员。这种实用性的特点体现出:职业道德要适应职业岗位的具体条件和从业人员的实际接受能力;如果离开或脱离职业岗位的特点以及从业人员的实际接受能力,那么任何职业道德在实际应用中都无法有效地发挥作用。

(四)时代性

职业是随着社会的发展而变迁的,职业的存在与否是和社会分工紧密相连的。因而,职业道德也会出现变化;而且,同一职业在不同的时代也会表现出不同的特点。

(五)继承性

在长期实践过程中形成的职业道德,会被作为经验和传统被继承下来。即使在不同的社会经济发展阶段,同一种职业因服务对象、服务手段、职业利益、职业责任和义务的相对稳定,职业道德要求的核心内容将被继承和发扬,从而形成被不同社会发展阶段普遍认同的职业道德规范。

三、社会主义职业道德

社会主义职业道德是为了适应社会主义物质文明和精神文明建设的需要,在共产主义道德原则的指导下,批判地继承了历史上优秀的职业道德传统的基础上发展起来的。在社会主义社会,各行各业没有高低贵贱之分,在职业内部的从业人员之间、不同职业之间以及职业集团与社会之间没有根本的利害冲突。因此,不同职业的人们可以形成共同的要求和道德理想,树立热爱本职工作的责任感和荣誉感。我国各行各业制定的职业公约,如商业和其他服务行业的"服务公约"、人民解放军的"军人誓词"、科技工作者的"科学道德规范"以及企业的"职工条例"中的一些规定,都属于社会主义职业道德的内容。它们在职业生活中已经发挥了巨大的作用。

四、旅游职业道德基础知识

(一)旅游职业道德的含义

旅游职业道德即从事旅游接待服务的工作人员在开展职业活动时,应该遵守的与旅游职业活动相适应的道德观念、道德情操和道德品质等。

旅游职业道德规范是旅游从业人员在旅游职业活动中必须遵守的道德规范,即旅游从业人员"应该"做什么,"不应该"做什么;"应该"怎么做,"不应该"怎么做。为了贯彻落实国家关于社会主义精神文明建设相关文件的精神,大力推动旅游行业的精神文明建设,我国"旅游行业精神文明建设指导委员会"已经成立,并提出了《旅游企业一线工作人员职业道德规范》。根据国家精神文明建设文件的精神和旅游业的实际情况,旅游行业精神文明建设的目标是:以全心全意为旅游者服务为宗旨,立足岗位做奉献,全面提高从业人员的政治和业务素质,逐步规范行业行为,树立起积极、健康、文明的旅游行业新风尚。

(二)旅游职业道德的特点

社会主义旅游职业道德除具有一般职业道德的特点外,还具有以下四个方面的特点,即历史的进步性、崇高的目的性、高度的自觉性和实践性。

1. 历史的进步性

社会主义旅游职业道德批判地继承了中华民族历史上优秀的道德遗产,从我国旅游业职业道德的形成和发展情况来看,社会主义旅游职业道德主要是旅游从业人员在长期的旅游服务实践中总结概括出来的,最能代表和反映人民群众和旅游者的利益。例如,在旅游工作中要热爱社会主义旅游事业,全心全意为旅游者服务,发扬爱国主义和集体主义等道德要求,这是代表多数人利益的职业道德,是一种先进的职业道德。同时,社会主义旅游职业道德最能适应和推动社会主义旅游业的发展。这是因为,只有社会主义旅游职业道德,才能够提倡识大体、顾大局,才能妥善地调整行业之间和行业内部的关系,正确处理个人利益、集体利益和国家利益三者之间的关系,最终实现三者利益的根本一致,从而进一步加强旅游业的内部团结,增强社会主义旅游业的向心力和凝聚力,推动社会主义旅游业的顺利发展。

2. 崇高的目的性

在我国,职业道德规范和职业目的是一致的。社会主义旅游业的根本宗旨是全心全意为旅游者服务。社会主义旅游业的基本方针是:友谊为上,经济受益。这决定了它的职业目的是既获得经济效益,又获得社会效益。我们提倡的旅游职业道德与职业目的是完全一致的。我们努力为游客提供尽善尽美的服务,赢得游客对我国旅游业的信赖,既广交朋友,又赚取利润,为国家创造经济效益。这是我们职业道德的要求,也是旅游业的职业目的。

在我国,职业道德规范和职业地位是一致的。社会主义旅游业,既能为国家建设积累资金,推动国民经济的发展,又能通过接待工作,对外宣传,广交朋友,让世界各国人民了解中国,从而提高我国在国际上的地位。旅游工作者对自己担负的这一任务,应该感到自豪和光荣。因此,热爱社会主义旅游事业,努力做好本职工作,为发展我国旅游事业做出贡献,也就成了旅游从业人员的自觉要求。

在我国,职业道德规范和职工利益是一致的。在社会主义社会,集体内部个人利益和集体利益是根本一致的,企业的兴衰直接关系到每个职工的切身利益,全体旅游从业人员的命运都与旅游业的兴衰休戚相关。旅游业的发展也取决于全体旅游从业人员的工作状况。旅游从业人员是企业的主人,这种主人翁的地位反映在职业道德上就是主人翁精神。正是这种主人翁精神,大大提高了员工们的自觉性和自信心,增强了他们的责任感和义务感,使他们在工作中能自觉地、真诚地对待每一位旅游者,做到热情友好、文明礼貌、谦虚谨慎、不卑不亢。在企业内部,人员之间虽有上下级之分,但是基于共同的目的,大家只是分工不同,地位是平等的,都有管理、监督和改进自己企业的权利和义务这就在旅游业中形成了相互尊重、相互关心、相互帮助、相互爱护的新型人际关系。而这些本身就是社会主义旅游职业道德的主要规范,是全体工作人员的自觉要求和职业活动的需要,所以充分体现了社会主义旅游职业道德的崇高的目的性。

3. 高度的自觉性

同其他行业职业道德相比,社会主义旅游职业道德包含更多的社会公德。旅游业的服务对象是国内外广大的旅游者,他们的身份、年龄、性别、国籍、政治态度、宗教信仰、风俗习惯、语言文字、品德修养、兴趣爱好、消费水平等往往各不相同。要想接待好这些旅游者,为他们提供优质服务,旅游从业人员除了需要过硬的专业技能外,还需要有高尚的职业道德。另外,旅游服务内容极为丰富,如观光旅游、休闲旅游、研学旅游等,同时旅游从业人员还有提供吃住行游购娱的活动,在服务中面对的各种状况都要提供高质量服务,这些都需要从业人员具有高度自觉性。

4. 实践性

旅游业是以旅游资源为吸引物的。而旅游资源既不能向旅游者出售,也不能转移。所以,旅游者只能前来游览观赏。旅游者支付的是货币,带走的是一种美的享受或美好的印象。旅游资源只要得到有效的保护和管理,即可无限地重复使用。这样,旅游资源能否吸引旅游者关键在于旅游从业人员的服务。旅游业作为以提供服务为主的行业,其职业道德强调以人为本,既要体现旅游者的主体地位,又要体现旅游服务者的主体地位。因此,旅游从业人员要时时刻刻为旅游者着想,经常做换位思考,"假如我是旅游者我需要什么?"只有这样,才能做到"心中有旅游者",在实践中才能以娴熟的服务技巧、良好的服务质量、高尚的旅游职业道德情操,赢得旅游者的称誉。

(三)旅游职业道德的作用

1. 有助于提高旅游从业人员的素质

旅游从业人员的良好素质是德、智、体、美的全面发展和统一,其标准是成为有理想、有道德、有文化、有纪律的社会主义旅游工作者。德是素质中第一位的,是基本要求,它包括政治素质和品德素质。旅游从业人员品德素质的提高,有赖于不间断地实施旅游职业道德教育和礼仪教育。

2. 改善经营管理,提高经济效益和社会效益

旅游业的经营管理,不仅依靠法律、制度和奖惩条例,还必须结合职业道德教育,使员

工有职业责任心和道德责任感。社会主义旅游职业道德在正确调节企业与旅游者的利益关系、旅游企业与其他行业之间的关系、旅游企业内部各种关系时所起的作用，往往比法律手段和行政手段范围更广泛，影响更深刻。

3. 改善服务态度和提高服务质量

旅游职业道德不仅能够改善经营管理，提高旅游企业的经济效益和社会效益，还能够大大改善旅游服务态度和提高服务质量。各行业的生存与发展依赖于自身工作效率的不断提高，而工作效率又依赖于所有从业人员的共同努力与奋斗。要做到这一点，离不开旅游职业道德这个强有力的精神支柱。因为从业人员如果能够自觉履行职业道德规范，并拥有较高的职业理想和职业荣誉感，就会以积极的态度和较高的热情对待自己的本职工作，提高工作效率。所以，旅游职业道德是推动旅游业发展，提高工作效率和经济效益的精神保证。

4. 有利于推动良好社会风气的形成

社会风气的好坏、社会道德水准的高低，都与职业风气的好坏、从业人员的道德水准的高低息息相关。可以说，各行各业的风气是从业人员的职业道德水平和面貌的总的体现。加强旅游职业道德建设，有利于建设社会主义精神文明和推动良好社会风气的形成；对抵制精神污染，反对和纠正带有行业特点的不正之风具有重要作用。

旅游业是社会主义事业的重要组成部分，是社会主义精神文明建设的重要窗口之一。旅游活动带来广泛的人际交往和文化交流，促进民族文化发展，使人民群众的精神生活得以丰富，开阔其眼界，增长其知识。旅游业是面向世界的行业，社会主义旅游职业道德不仅关系到旅游业的发展，而且直接影响我国的社会风气和国际声誉。

5. 抵制精神污染，反对并纠正行业的不正之风

改革开放后，随着国际旅游业的发展，西方某些消极或腐朽的文化影响并冲击着我国优良的传统道德观念。社会主义旅游职业道德能有效地规范旅游从业人员的行为，提高他们的道德认识水平和抑制能力，培养良好的道德品质，反对并纠正旅游行业的不正之风。

单元二　旅游职业道德的培养

一、我国旅游职业道德原则

任何一种道德体系，其主要部分都是由该道德的基本原则和基本规范构成的。我国旅游职业道德原则和要求主要体现社会主义职业道德的基本精神，其基本原则表现为以下几个方面。

（1）热爱社会主义旅游事业原则，全心全意为中外旅游者服务。

（2）集体主义原则，发扬爱国主义和国际主义精神，它既是社会主义道德的基本原则，也是旅游职业道德的基本原则。

（3）社会主义人道主义原则。在工作服务中要求尊重人格，维护每个人员的基本权利，团结协作，促进个体全面发展。

（4）严格遵守组织纪律的原则。严格的组织纪律是做好旅游服务接待工作的保证。旅游工作是为人民服务的工作，而旅游者构成又具有多样性和复杂性的特性，这使旅游部门在实施服务的过程中需要借助一定的组织纪律来约束员工的言行；旅游工作的分工很细，不同岗位、不同部门的工作内容、规范要求不同，需要借助一定的组织纪律来协调；旅游业属于劳动密集型行业，人员众多，如何使员工按照规范要求进行工作，也需要借助组织纪律来保证。严格遵守组织纪律的原则主要有两点，即忠于职守的工作作风和自觉的服从意识。

这些基本原则都体现了社会主义道德的基本要求和社会主义旅游职业范围内各种道德关系的本质，是每个旅游从业者道德品质的核心和道德行为的准则。在21世纪，要把我国建设成为富强、民主、文明的社会主义强国，研究和发展职业道德，开展职业道德教育，具有重要的现实意义。一方面，职业道德是建设社会主义现代化的一种重要牵引力量，是改造社会风尚的重要因素；另一方面，它是人们实现人格完善的必要条件。

二、社会主义旅游职业道德的要求

（一）爱国爱岗，忠于职守

首先，要做到爱国。热爱社会主义祖国是高尚的道德情感，也是旅游职业道德的基本要求。爱岗就是指敬重所从事的旅游服务业和自己的本职工作，正确认识并喜爱自己的岗位工作。

然后，要做到忠于职守。忠于职守是道德责任和道德义务的体现。忠于职守就是指严格遵守职业纪律，尽职尽责，具有强烈的职业责任感和事业心。

爱国爱岗，忠于职守，是旅游职业道德体系中最重要、最基本的规范，也是从事各种行业的人都应遵守的共同的、基本的道德规范。旅游工作者和旅游企业只有做到爱国爱岗、忠于职守、敬业，才能树立良好的声誉。

（二）热情友好，宾客至上

旅游职业道德中最具特色的道德规范表现为：热情友好，宾客至上。热情友好既是一种道德情感，又是一种道德行为。中华民族自古为礼仪之邦，"有朋自远方来，不亦乐乎"是我国古代人民热情好客的道德情感的真实体现。朋友是可以相互信赖、相互帮助的人，实质上体现出一种友谊。热情友好作为一种道德情感，它建立在旅游从业人员对道德义务和道德价值认知的基础之上，在服务中倾注满腔热情，真诚友好地接待每一位旅游者。宾客至上是旅游从业人员应尽的职业责任和道德义务。我国旅游业的根本宗旨是"全心全意为旅游者服务"。也就是说，在旅游职业活动中，要把宾客服务放在首位，一切为宾客着想，一切使宾客满意。所以充分满足宾客需要，既是服务企业一切工作的出发点，也是工作的归宿点。

树立"热情友好，宾客至上"的服务观念，是正确处理客（旅游者）和我（旅游企业）的关系，时时处处把宾客放在首位，热情友好，从而体现出的一种道德责任和义务。首先，宾客是旅游业"真正的主人"，旅游业产生并发展的前提就是有各种需求的旅游者。从这个意义上讲，旅游者付款购买旅游产品是旅游业的基本经济活动。同时应注意，旅游者是人，是有个性的人。他们的人格需要得到尊重，利益需要得到维护。所以，把宾客放在首位是客观存在的，否则旅游业不可能生存。其次，要在日常接待中，特别是在工作遇到困难和挫折时，在个人利益与他人利益、集体利益发生矛盾时，克服自己的情绪，顾全大局，处理好客我关系。最后，要保持良好的工作情绪，把旅游者当作朋友、亲人。每个人的情绪都会有起伏，在服务中要保持专业水准，控制不良情绪。旅游从业人员在职业活动中，在长时间烦琐的服务活动中，在遇到困难时或被旅游者投诉时，要始终保持良好的理智情绪，做好旅游接待工作。

（三）真诚公道，信誉第一

真诚，真心实意，坦诚相待，从心底感动他人，从而获得他人的信任。这要求旅游从业者尊重他人、关心他人、心地纯洁、与人为善，互助友爱、扶弱济贫。在职业活动中，要真诚对待宾客，把宾客看成是朋友，更是亲人。旅游从业人员要有一颗善良的心，正确合理地处理宾客意见，以实事求是的态度去解决问题。任何时候都不可以指责宾客，而要通过沟通解决问题。

公道既是道德范畴，也是法律范畴。它要求待人处事时有合情合理的态度，合乎人的正当情感和道义之理，不违反道德和公正的原则，办事公平，不偏向某一方。在服务和商业道德中，公道体现着商品等价交换的基本准则。

信誉第一要做到最基本的是守信。守信是有力量的表现，也是为人处世的根本。公平守信是社会主义商业和服务业的重要道德要求。每个旅游企业和从业人员要以对国家、对游客负责的精神，认真维护旅游者的利益，做到遵守合同、遵守信用，不欺骗或刁难旅游者。坚持质量标准，做到收费公道，买卖公平，货真价实。

（四）文明礼貌，优质服务

文明礼貌既是社会公德的基本内容和重要规范，又是旅游业职业道德的基本规范。在人们交往时，礼貌最基本的要求是诚恳、谦恭、和善、有分寸，做到待人"德诚于中，礼形于外"。在人际交往时，特别是提供旅游服务过程中更要注重礼节、礼仪。讲究文明礼貌，必须注意"以我为主，尊重他人"的施礼原则。在施礼的过程中，以中国的礼节、礼仪为行为准则。在此前提下，当我们的礼节、礼仪与宾客的习俗矛盾时，要参考并适当地运用对方的礼节、礼仪，以表示对宾客的敬重和友好，做到尊重他人但不卑不亢。在交际或服务中，不在他人面前失身份，不低三下四，更不丧失人格和国格，做到交往的相互尊重。

优质服务，作为服务行业共同的规范，是旅游业职业义务的集中表现，也是每一个旅游工作者最重要的道德义务。它要求旅游工作者在接待工作中，态度友善，服务周到，满足游客的合理要求，急游客之所急，想游客之所想，使游客有宾至如归之感。要坚决克服旅游服务中"冷、硬、顶"，粗心大意，不负责任，办事拖拉，互相推诿等消极现象。

（五）不卑不亢，一视同仁

不卑不亢是爱国主义和国格、人格的具体体现。不卑，就是不自卑；不亢，就是不高傲。不卑不亢就是要求旅游服务人员既要做到礼貌友好，谦虚谨慎，尊重游客，热情接待，尽到自己的职业责任，又要自尊自爱，端庄稳重，大大方方，堂堂正正，体现出社会主义旅游工作者的主人翁精神和国格、人格。

一视同仁是社会主义人道主义的体现。一视同仁，就是对待所有人都一样看待。一视同仁要求旅游服务人员对不同国籍、不同民族、不同肤色的所有旅游者,以同样友好的态度相待,尊重他们的人格,维护他们的合法权益,关心他们的切身利益,真诚地为他们服务,体现出职业责任感和人道主义精神。

旅游从业人员要做到"六个一样":①高低一样,即对高消费游客和低消费游客一样看待;②内外一样,即对国内游客和国外游客一样看待;③华洋一样,即对华人游客(包括华侨、外籍华人和中国港、澳、台地区的游客)和外国游客一样对待;④东西一样,即对东方国家(指第三世界的发展中国家)和西方国家(指发达国家)的游客一样看待;⑤黑白一样,即对黑色人种游客和白色人种游客一样看待;⑥新老一样,即对新来的(第一次接待的游客)和老游客(回头客)一样看待。

在同样条件下,还必须做到"六个照顾":①照顾先来的游客;②照顾外宾和华侨、外籍华人和中国港、澳、台地区的游客;③照顾贵宾和高消费游客;④照顾黑人和少数民族游客;⑤照顾常住游客;⑥照顾妇女、儿童和老弱病残的游客。旅游服务工作中的傲慢自大、盲目崇拜、厚此薄彼、低三下四等不良行为都应予以纠正。

一视同仁、不卑不亢的核心是平等。旅游从业人员与旅游者之间在人格上是平等的。强调"不卑不亢",一是要反对民族自卑感,二是要反对大国沙文主义。强调"一视同仁",是要反对以貌取人、以消费高低取人,反对以钱的多少分贵贱,要以同样的态度和应该达到的服务水准对待任何游客,热情友好、文明礼貌、周到细致地服务。

在面对不同国度民族的服务对象时,还应做好自尊自信。自尊是表示人们尊重、维护自己的尊严和人格的道德概念。自尊表现的是个体或群体的自我意识,并以特定的方式指导着人们的行为。在《导游人员管理条例》中规定:"导游人员进行导游活动时,其人格尊严应当受到尊重,其人身安全不受侵犯。导游人员有权拒绝旅游者提出的侮辱其人格尊严或违反其职业道德的不合理要求。"自信、自立、自强是一种道德情感,指对自己的能力和行为所产生的信任感,是一种足以让各种肤色的旅游者尊重的力量。

(六)团结协作,顾全大局

团结是指人们为了共同的利益和目标,在信念上一致和在行动上统一的相互关系和行为规范。这里的团结主要是指在旅游企业内部建立起团结、友爱、平等、互助的社会主义新型关系。协作是指在目标实施过程中,部门与部门之间、个人与个人之间的协调与配合。协作应该是多方面的、广泛的,只要是一个部门或一个岗位实现承担的目标必须得到的外界支援和配合,都应该成为协作的内容,包括资源、技术、配合、信息方面的协作。不论是否存在社会分工,劳动者都必须通过协作把个人的力量联结成集体的力量,以实现生产活动的预期目的。作为旅游从业人员,要具有补位意识、整体意识、服从安排。在工作中要以社会主义事业和广大人民群众的利益为主,在个人利益服从于社会主义利益和人民利益的前提下,把个人利益和集体利益有机结合起来,坚持集体利益与个人利益的一致性。全体旅游从业人员为了旅游业共同发展的目标,要摆正个人、集体、国家三者的关系,自觉做到个人利益服从集体利益、局部利益服从整体利益、眼前利益服从长远利益,并以此准则处理职业活动中的各种问题。

顾全是照顾到事物的完整,不让其受到损害;大局,是事物的全盘或整体,通常是指国家、民族、人民和企业的根本利益。要顾全大局,就是要求旅游从业人员在处理问题时以高尚的品德选择符合全局利益的道德行为,一切言论和行为,都从国家、旅游业和企业的大局出发,要识大体、顾大局,从而保证大局不受损害。同时注重在工作中发扬爱国主义精神。旅游业从业人员要了解中华民族悠久的历史,了解中华民族优秀的传统文化,了解党的基本路线和社会主义现代化建设的成就,了解中国国情,了解我国的法律和法规;要坚持祖国利益高于个人的一切,自觉维护祖国的完整和统一,自觉维护祖国各族人民的安定团结,自觉为祖国的繁荣昌盛奋发进取。

在向游客提供服务的过程中,旅游企业内部、旅游企业之间不可避免地会发生一些矛盾。这就要求必须按"团结协作,顾全大局"的规范处理问题,解决矛盾。在处理问题时,坚持顾全大局,要以旅游企业之间的合同或协议规定为依据,重合同,守信誉;旅游企业之间要坚持互惠互利的原则,要考虑利益相关者分享利益;在处理问题的方法上,要内外有别,即不当着旅游者公开指责、贬低对方企业。旅游行业人员要学会相互理解、谅解;要相互支持,要补台,而不是拆台;要与人为善,有解决问题的诚意;处理问题时要多向领导请示报告,要通过组织系统,严格规范地处理问题。

(七)遵纪守法,廉洁奉公

遵纪守法是指要重视并遵守职业纪律和法律法规。其中,职业纪律是根据各种职业的需要和工作规律制定的既有社会共性,又有职业特点的规章制度、条款。旅游从业人员必须遵守《旅游涉外人员守则》和不得在旅游活动中私自收受回扣和索要小费等纪律规定。

廉洁是清廉、高洁;奉公是以公事为重,不徇私情。廉洁奉公要求旅游从业人员不贪污受贿,不假公济私,不化公为私,不利用职权谋私利,不搞特殊化,更不能徇私枉法;要求旅游从业人员在旅游职业活动中廉洁清正、秉公办事,自觉以国家和集体利益为重,模范地遵守国家的法律法令,认真执行旅游业的行纪行规,坚决与一切贪污浪费、损公肥私的行为做斗争,抵制要回扣、索取小费礼品等不正之风,维护旅游业的声誉,促进社会风气的好转。在工作中除了要廉洁奉公,还要处理好私人利益和集体利益的关系。在社会主义道德中,社会整体利益和广大人民群众的利益高于私人利益,正确处理公与私的关系,公私分明,是一种道德境界。

旅游活动的接触面广、流动性大、享受性强、消费档次高,有各种各样的需求。旅游从业人员在这样的特殊环境中接触各类人群,经手的钱物多,甚至有单独活动的空间和时间,每个人原有的思想基础、道德品质、文化修养不同,加上有些境外的旅游者带着资产阶级的政治观点、道德意识、价值观念和腐朽的生活方式来中国,有意或无意地影响着旅游从业人员的思想和行为。如果旅游从业人员思想觉悟不高,法制观念淡薄,抵御能力不强,其思想就会受到污染和侵蚀。我们的从业人员一定要坚持原则,同违法乱纪的现象做斗争,提高觉悟,抵制精神污染。加强旅游职业道德建设,倡导公私分明、廉洁奉公,是对旅游从业人员提高思想认识、政治觉悟和道德水平的基本要求。

(八)钻研业务,提高技能

刻苦钻研业务,掌握专业技能和本领,这是由正确的人生价值目标所决定的职业道德规范。旅游从业人员只有具有丰富的业务知识和熟练的职业技能及过硬的基本功,才能为旅游者提供优质服务,才能尽到自己的职业责任,才能取得预期的目标。"业精于勤"在学习和工作中的具体表现是勤奋、刻苦、慎思、认真,是人们治学、立业中形成的优良品德和作风,也是取得知识、成就学业、做好工作、获得成绩的重要保证。

钻研业务、提高技能的前提是具有探求知识的进取心,有努力学习、热爱学习的品格和精神。提升技能的方式主要有:一是通过书本和资料向前人学习,学习经典案例,学习理论知识;二是虚心向同事、教师学习,获取别人的经验教训;三是向旅游业发展较快的地区和单位学习,通过线上线下学习培训提升技能。学习要虚心,做到虚怀若谷,善于听取别人的意见,做到不耻下问,理论联系实际,知行统一。旅游从业人员只有不断学习,提升自我,才能深刻理解服务要求,提高服务意识,提供让游客满意的高质量服务。

旅游服务人员不但要有自觉履行职业责任的愿望,还应具有丰富的业务知识和高超的职业技能,学以致用,将自己学到的知识运用在旅游职业活动中,并且做到服务工作精益求精,使知识和技能发挥作用。每个旅游服务人员都要把掌握和提高职业技能作为自己义不容辞的道德义务,对自己高标准、严要求、干一行、爱一行、专一行,不断提高服务水平,并坚持创造求新的精神。对于那些在工作中不思进取、不求上进和满足于一般化的思想,都应在职业道德建设中加以克服。

三、旅游职业道德的形成

(一)提高对职业的认识,培养职业情感

职业是指人们在社会生活中,对社会所承担的特定职责和从事的专门业务。古人云:"知之深、爱之切、行之坚。"也就是说,只有具备深刻的职业道德认识,才能产生强烈的职业道德情感,形成良好的职业道德行为,才能自觉增强履行旅游职业道德的自觉性。

1. 认同职业

职业认同是一个心理学概念,是个体对所从事的职业的目标、职业的社会价值及其他因素的看法。有职业认同感的个体在内心里认为自己所从事的职业是有价值、有意义的,并能够从中找到乐趣。职业认同是人们努力做好本职工作,达成组织目标的心理基础。旅游服务从业人员对自身职业的认同同样对他们做好本职工作和促进职业发展具有基础性的作用。如果旅游服务从业人员没有"旅游服务是一种职业"的思想,不能从心理上认同旅游服务,服务的角色意识不到位,就很难保持一种良好的服务态度,进而提供令游客满意的服务。

正确认识旅游事业的性质。我国的旅游事业,既是经济事业,又是外事工作的一部分;既要为祖国建设积累,赚取外汇,又要扩大我国的政治影响,增进同各国人民之间的相互理解和友谊,所以我国的旅游事业是社会主义现代化建设事业的组成部分。职业认同要求旅游服务从业人员从内心认同旅游服务工作,看到旅游服务工作的意义和价值,对工作热情,有积极性和创造性,把从事旅游服务工作看成是实现人生价值的过程,而不仅仅是为了养家糊口而来赚钱的手段,能够把在旅游服务工作方面的登峰造极作为自己终生追求的目标。职业认同越来越成为旅游服务从业人员职业发展和自我成长的内在动力。

2. 尊重自己的职业

常见的职业状态有两种,一种是将职业作为谋生的手段,没有很好的职业认同,工作和忙碌只是源于外在的职业要求,一旦工作及其相关因素(比如工作环境、工作状态、工作

人际关系)不利于个人,个体的工作满意度就会降低。另一种是将职业作为追求的事业,以此实现人生的价值。在这样的职业状态下,人员有较高的职业认同感,能够在旅游服务中实现自己的人生价值,在工作中实现自我,在内心里认为旅游服务工作是很有价值、很有意义的事情,真心愿意投身于旅游服务工作,会对自己的职业充满热情和动力;即使工作及其相关因素不利于个人,个体的工作满意度也不会随之大幅度降低。因此,旅游从业人员要明确:每个人都是在为自己而工作,而薪水不是工作的全部,在工作中每一件事情都值得做好。作为旅游从业人员,要敬重从事的旅游事业,要有职业荣誉感,以业为荣,为自己的职业自豪。旅游从业人员要从更广的范围内认识旅游服务,看到旅游服务工作的本质内涵,看到从事旅游行业的广阔前景和服务工作对自身素质的锤炼;认识到自己的劳动成果是被大多数游客尊重的,个体可以通过从事服务工作实现自己的人生价值;认识到旅游服务工作是一种创造快乐和给他人带来愉悦心情的工作,通过自己的劳动为旅游者带来快乐和享受是一件非常有意义的事情,进而不断增强从事旅游服务行业的自豪感。

3. 热爱自己的职业

旅游服务从业人员热爱自己从事的旅游服务工作,"我工作,故我快乐",就是以主人翁的姿态,热爱旅游事业,乐于为广大旅游者服务,并且以做好本职工作为自己最大的快乐。热爱可以为旅游服务从业人员提供强大的心理暗示和抚慰。只要热爱自己的工作,就可以在不好的工作环境中保持乐观,勇于面对各种现象,准确地对待周围环境中的一切人和事,有针对性地对自己进行心理控制,并尽量与周围环境保持积极的平衡,成为自身行动的主人。同样,也将更有利于从业者保持良好的旅游服务工作态度,有一个良好的职业形象自我定位,产生强大的工作内驱力和工作动机,积极面对各种挑战,努力解决问题,成就自我。

4. 做好职业规划

职业生涯规划是在对一个人职业生涯的主客观条件进行测定、分析、总结的基础上,对自己的兴趣、爱好、能力、特点进行综合分析与权衡,根据自己的职业倾向,确定其最佳的职业奋斗目标,并为实现这一目标做出行之有效的安排。旅游服务从业人员应确定自己的工作兴趣和职业倾向,确立自己的职业发展目标,坚定从事旅游服务工作的信心,保持职业追求的稳定性,制订相应的培训、教育和工作计划,并按照职业生涯发展阶段实施具体行动。在规划实施中,要坚定自我,保持平常心态,敢于直视职业发展过程中的困难和问题,不以物喜,不以己悲,始终坚定地按照自己的正确计划去实现自己的职业理想。

(二)磨炼职业意志

职业意志是指人们在职业实践中所表现出来的克服困难的毅力和坚持的精神,表现为:持之以恒的自觉性和始终如一的忠于职守。职业意志和职业道德行为联系密切,体现在职业道德行为之中,是支配和调节职业道德行为的一种巨大的精神力量。职业意志的培养,可以使人在学习生活和工作中,能严格要求自己,面临困难和挫折时能经得起考验。作为旅游服务从业人员来说,所要磨炼的旅游职业道德意志,就是要具有全心全意为旅游者服务的坚定意志,有为旅游者的满意而全力工作的决心;面对市场经济的负面影响时,要具有较强的抵抗不良思想行为腐蚀和引诱的能力;对自己存在的缺点和错误,一经认识,也能够自觉控制和调节自己的行为。只有坚持职业意志的人,才能逐渐形成高尚的职业道德品质。

（三）坚守职业信念

信念是指人们坚信自己所干的事、所追求的目的是正确的，因而在任何情况下都毫不动摇地为之奋斗、执着追求的意向动机。职业信念是指个体认为可以确信并愿意作为自身行动指南的认识或看法，简单来说就是对事业的迷恋和执着的追求。职业认识常变，而职业信念一旦形成则很难改变。不论选择什么职业定位，在选入新行业后，就算遇到再多再大的困难和挫折，都要坚定信念地走下去。

旅游服务从业者要认识到，岗位没有贵贱之分，选择这一职业就要热爱，"干一行爱一行，爱一行专一行"，树立正确的职业理想和信念，为实现职业理想而坚持不懈地努力。

职业信念要求强调忠诚，忠诚比能力更重要。对一个企业单位而言，员工要做到忠诚于自己单位，严格遵守单位规章、制度，决不泄露机密，为单位节约，对拥有的一切心怀感恩。作为中国旅游从业者，忠诚包括：爱国，不泄露国家机密，以自己所会所学来报效祖国。

（四）养成职业道德习惯

旅游职业道德习惯，就是在实践中把旅游职业规范变成对自己的高度自觉要求，自觉地融入旅游职业行为中。旅游从业人员应该自觉地用旅游职业道德严格要求自己，规范自身的一言一行，由"职业要求这样做"变成"我自己自觉这样做"。如能形成良好的职业习惯，并持之以恒，必能成大器。

1. 敬业的习惯

做到努力工作，遇到问题时，学会解决，而不是回避；在工作中管理自己的情绪；在工作中做事专注、高效完成工作，上班不"摸鱼"，严格自律；做事雷厉风行，不要拖延；让敬业成为工作习惯。

2. 尊重他人的习惯

无论何时，我们都应尊重他人的意见、观点、技能和知识。良好的职业素养不仅体现在有毅力、守时、高效等方面，也需要个体展现出积极向上、亲切待人、不说闲话、诚实守信、言行如一、乐于助人的风貌。

3. 勇于承担责任的习惯

自己的工作努力完成、高质量完成，出现问题时勇于承担，认真改正。任何借口都是在推卸责任，不要让寻找借口成为习惯，不要把问题丢给别人，而要对自己的行为负责，注重自己的工作质量。

4. 向楷模学习的习惯

旅游从业人员在工作过程中应该以彼此相互为榜样，相互竞争、相互学习，特别要向行业楷模学习。比如，学习他们对待工作的态度，学习他们对客服务的能力，学习他们为人处世的经验，学习他们无私奉献的境界，学习他们爱国爱岗敬业的精神等。通过学习楷模，对比自身不足积极提升个人知识技能。

讨论案例

2019年12月31日，在中国湖北省武汉市发现了病因不明的肺炎病例。武汉疫情暴发,多地医护人员驰援武汉。医务人员在疫情面前表现出不惧危险,勇于拼搏、顾全大局、无私奉献的崇高精神,同时他们在自己的工作岗位上也用自己高超的医疗技术和高尚的医德医风赢得了患者和家属们的赞赏,他们无愧于"这个时代最可敬可爱的人"的称号。

分析提示

医生职业道德包括:应时刻为病人着想,千方百计为病人解除病痛;救死扶伤,实行社会主义的人道主义;尊重病人的人格与权利,对待病人不分民族、性别、职业、地位、财产状况,都应一视同仁;正确处理同行同事间的关系,相互学习,团结协作;严谨求实,奋发进取,钻研医术,精益求精,不断更新知识,提高技术水平,等等。

课堂演练

根据新闻报道中疫情中出现的典型人和事,说说你对医护人员的看法,聊聊你对职业道德的理解,谈谈你熟悉的旅游行业中的楷模有哪些?

课外思考

1. 职业道德内容包括哪些?
2. 旅游职业道德的要求有哪些?
3. 如何提升职业道德?
4. 如何做到一视同仁?

模块二 个人形象设计

项目三

个人形象礼仪

项目引入

个人形象主要是指一个人的仪表,是构成对客交往"第一印象"的基本因素。仪容、着装、仪态是仪表的重要组成部分。作为旅游从业人员,其端庄的容貌、得体的服饰、文雅的举止,不仅反映着一个人的精神状态和礼仪素养,体现着对游客的尊重,也是自尊、自爱的一种表现,而且也影响着游客对企业的评价。

知识目标

能规范个人仪容形象礼仪、仪表形象礼仪、仪态举止礼仪,能掌握仪容、仪表、仪态的礼仪禁忌。

技能目标

掌握面部修饰、肢体修饰、化妆等诀窍,能在日常交往中保持良好个人仪态。

单元一 个人形象礼仪的基本要求

良好的个人形象是由较高的道德修养、文化水平、审美情趣和文明程度决定的。注重个人形象是旅游从业人员的一项基本素质,也是对游客的尊重和友好,是讲究礼貌服务的具体表现。在游客旅游、入住酒店期间,旅游从业人员的仪表良好,展现出精神饱满并充满青春活力的形象,常常能够给游客以视觉上的美感,使之获得赏心悦目的感受。同时,游客处在着装大方整洁、容貌端庄文雅、姿态轻稳敏捷、态度和蔼可亲、注重礼节礼貌的旅游从业人员之中,感到自己是时时处处受人尊重的贵客,也会满足游客求尊重的心理需求。而且,良好的仪表礼仪也反映出旅游企业的管理水平和服务水平。

在个人形象礼仪中,要遵守以下基本要求。

一、讲究卫生,化妆得当

旅游从业人员应认识到,卫生是游客的第一需要,清洁卫生能够使游客具有安全感和信任感。因此,在日常的工作和生活中要讲究个人卫生,学会化淡妆修饰,使自己保持仪容美,保持良好的生活习惯。比如,穿戴要讲究整洁;内衣、内裤、袜子要勤洗勤换;穿皮鞋应保持清洁、光亮;要定期洗头发、理发,每日早晚漱口刷牙,饭后漱口,保持口腔无异味,每日洗澡;饭前便后必洗手,经常剪修指甲;按时睡眠,按时起床,按时锻炼身体,按时饮食。女性不使用过浓的香水,男性每日刮胡须等。

二、衣冠整洁，服饰恰当

衣冠整洁、服饰恰当，严格按照工作制服要求进行着装，这是职业内容、性质和岗位的要求，也是职业责任和义务的表现。不能盲目追求合身、时尚、突出个性，自己私下修改工作制服，造成工作时衣服绷在身上，行动不方便，继而影响服务效率和服务质量。在着装时，还应注意把纽扣对齐扣好，及时清除衣服上的各种污渍，保持袖口、领口或其他部位完好无破损，注意领带和领结的正确打法，要按照规定佩戴饰物，不允许衣上、头上、手上饰物琳琅满目。之所以对饰物佩戴有此要求，是因为：首先，佩戴饰物不利于工作，影响服务质量。其次，服务员的手与食品饮料及餐具直接接触，容易把杂物、污物落在食品上，影响食品和饮料卫生，使游客没有安全感。最后，旅游从业人员佩戴的饰物炫耀了自己，引人注目，颠倒了服务者与游客的关系，容易引起游客的反感，损伤游客的自尊心。

三、姿态大方，表情友好

在服务过程中，应正确认识体态语言的特殊作用，养成良好的姿态习惯。在使用站、坐、走、蹲各种姿态时，应按照规范要求进行，不能站立时靠在墙上，或趴在桌子上；不能在走路时边走边笑边谈，目中无人，阻挡别人通行；不能稍有急事便不顾他人，在公共场所乱串、奔跑。在服务时要眼神集中，热情并面带微笑，表现出友好的态度。

四、加强锻炼，保持良好形体

要坚持体育锻炼和形体训练，保持自己良好的形体，力求肌肉丰满、体形匀称、仪态优美、姿态稳健、肤色健康，其基本要素如下。

（1）男服务员身高在172厘米以上，体重（公斤）约身高（厘米）－108；女服务员身高162厘米以上，体重（公斤）约身高（厘米）－102。

（2）五官端正，口唇平正，牙齿整洁；鼻梁饱满；两眼有神，不斜视、对视，两眼间隔距离等于一只眼睛的长度。

（3）双肩对称，形态自然，胸部挺拔，臀部圆满适度。

（4）手臂无疤痕，手指灵活，立正时，脚跟、臀部、背部三点成直线，侧视具有正常的生理曲线；两膝靠拢，无"O"形腿和"X"形腿。

五、精神饱满，礼貌周全

旅游从业人员应认识到，礼貌的本质是对旅客的尊重和友好。在接待旅客时，应使用规范的礼貌服务用语和规范的礼节，熟悉游客的宗教信仰、风俗习惯和忌讳，在服务中严格按照礼宾次序，分清主次，进行礼貌服务。

单元二　仪容形象礼仪

一、仪容的概念及修饰原则

仪容主要是指一个人的容貌，它由容貌、发式、手以及所有暴露在服装之外的身体部分组成。美好的容貌能让游客感觉到其五官构成彼此和谐并富于表情;得体的发式可以使其英俊潇洒、容光焕发;肌肤健美给人以健康自然的深刻印象。但在生活中,天生丽质、风仪秀整的人毕竟是少数,大多数旅游从业人员是需要靠对容貌的精心修饰、发式造型、着装佩饰等手段来弥补和掩盖自身的不足,并在视觉上把自身较美的方面展露、衬托和强调出来,以美丽动人的容貌和自信的精神状态出现在服务工作中,给游客以美的享受和心理上的满足,烘托出美好的行业环境氛围。一般来讲,仪容修饰应遵循以下两个原则。

(1)自然适度原则:要求仪容修饰无论是在修饰程度上,还是在饰品数量和修饰技巧上,都应把握分寸,自然适度,追求虽刻意雕琢而又不露痕迹的效果。

(2)整体协调原则:对仪容修饰时,要先着眼于自身的整体状况,与个体自身的性别、年龄、容貌、肤色、身材、体型、个性、气质及职业身份等相适宜。在此基础上,再考虑各个局部的修饰,促成修饰与人自身的诸多因素之间协调一致,使之浑然一体,营造出自身的整体风采。此外,仪容修饰还应与职业环境、活动场合氛围整体协调。

二、仪容的整洁与保养

仪容的整洁与保养往往影响着对客服务工作的效果,不能忽视。心理学上讲的"首因效应",即是指人们感知到的第一印象往往会形成顽固的心理定式,第一印象通常在 30 秒内形成,并对后期一切信息产生指导效应。仪容的整洁与保养是仪容美的关键,是个人礼仪的基本要求,也是对游客服务过程中取得成功的必要条件。

(一)面容清洁与保养

面部的干净清爽,其标准是无灰尘、无污垢、无汗渍、无分泌物、无其他一切不洁之物。清洁面部可以去除因新陈代谢产生的老化物、空气污染物及卸妆残留物等。面部的清洁应选用适合自己肤质的洁面乳,早晚各洗一次。正确的洗脸方法有助于保持皮肤的弹性,保持血液循环良好和新陈代谢的正常运行,因此要注意洗脸的方法。洗脸时,先用温水先润湿脸部,然后用适当的清洁剂(洗面奶、香皂、洗面膏等),用手由下向上揉搓、打圈。手经过鼻翼两侧至眼眶周围正反打圈,从上额至颧骨至下颌部位反复打圈,由颈部至左、右耳根反复多次。这是借助于光滑的洗面材料而起到对皮肤的按摩作用。然后,再用温水冲净面部的洗面用料;最后用凉水冲洗,令毛孔收缩。

洗脸后要及时给皮肤补充营养。化妆水的职责就是补充脸部失去的水分,用充足的水分使肌肤变得柔软。紧接着再使用乳液做进一步保养,乳液是保养肌肤每日不可缺少的产品。乳液的选用可根据自己的肤质和季节的变化而定。在进行日常面部护理时,还可视实际情况,适时采用面膜敷脸的特殊保养方法。面膜的功效有多种,如美白、去斑、保湿、抑制皮脂分泌过度等。面膜不适合每天使用,正常肌肤宜一周使用一次,油性肌肤和干性肌肤一周使用以不超过三次为宜。

为了养护面容,平日多吃水果蔬菜,多喝水,以保持足够的水分,防止皮肤粗糙干燥;要保证足够的睡眠,使面部看上去红润。夏季要及时擦去脸上的汗,不要让其淌在脸上;冬天在外出前要擦好润肤产品,以便保护肌肤。

在进行个人面部保养时,还要认真对待面容的卫生健康状况。旅游从业人员一旦出现了明显的面部过敏性症状,或是长出了疖子、痤疮、疤疹,一定要及时去医院求治,切勿任其自然发展或自行处理。治疗期间，一般不宜直接与游客进行正面接触，最好暂时休息或者暂时调岗。

（二）口腔清洁与保养

口腔的清洁与保养不仅仅是为了美观，更是为了健康。首先要做到坚持每天刷牙，消除口腔异味。刷牙时要注意正确的方向，顺着牙缝上下刷，里外都刷到。常规的刷牙应做到"三个三"，即三顿饭后都要刷牙；每次刷牙的时间不少于三分钟；每次刷牙的时间应在饭后三分钟内。刷牙时要选用质量较好的牙刷和适合自己牙齿特点的牙膏，牙刷使用1～2个月就要更新。

口腔异味十分影响对客服务。为防止因为饮食而产生的口腔异味，旅游从业人员在工作岗位上应避免食用一些气味过于刺鼻的食物，主要包括葱、蒜、韭菜、腐乳、虾酱、烈酒以及香烟，必要时可以用口香糖来减少口腔异味。但应指出，在正式场合嚼口香糖是不礼貌的行为，与人交谈时也应避免这种行为。此外，要注意保养牙齿，除了做到无异物、无异味之外，还要注意保持牙齿洁白，并且及时去除有碍于口腔卫生和美观的牙石（斑）。

旅游从业人员平时应有意识地呵护自己的嘴唇，使自己的唇部不干裂、不爆皮。另外，还应避免嘴角留有食物残渣。男性旅游从业人员应坚持每日上班之前剃须，切忌胡子拉碴地在工作岗位上抛头露面。个别女服务员，若因内分泌失调而在唇上生出过于浓重、有损于女性美观的汗毛，也应及时除去。除刮净胡子、修面外，还要剪去过长的鼻毛，以免有碍观瞻。如鼻毛过长，应用小剪刀剪短，但不要去拔。保持鼻腔的清洁，不要用手去抠鼻孔，尤其是在游客面前，这样既不文雅，又不卫生。

（三）头发的整洁与保养

头发是一个人被注视的重中之重，旅游从业人员应根据工作性质和自身特点对头发进行清洁、修剪、保养和美化。旅游从业人员的个人头发修饰，不仅要恪守一般的美发要求，而且应遵守本行业、本部门的特殊要求。

1. 头发的清洁

清洁是保持头发美观与健康的最重要的一项。中国人一般认为，头发健康的标准是发色乌黑，富有光泽，清洁滋润，无头皮屑。应该养成周期性洗发的习惯，一般每周洗2～3次即可。易出油的头发应该每2天洗1次；干性头发的清洗间隔时间可稍长一些。洗前先将头发梳理通顺，湿润后用洗发用品轻揉，最后冲洗干净。洗发时应注意水温的控制，水温应在37～38℃最适宜，过烫的水容易使头发受损伤而变得松脆易折断；而水温过低，去油腻的效果又不好。初秋时节，人们往往会出现头皮屑增多、脱发、断发的现象，主要是经过一个夏季强烈阳光的辐射、风吹、汗渍等因素使头发正常生长受到影响。所以在入秋前，要对头发精心保养，可补充一些营养护发素等。如发现发尖分岔，必须及时修剪。在洗发时，注意不要使用指甲抓头皮，应该使用指腹轻柔按摩；洗发剂和肥皂不宜在头发上停留太长时间，因其性质属碱性，对头发会有损害。洗完头发后可以用吹风机吹干或者自然干，但是注意不要用毛巾揉搓擦干。头发刚洗完时，其毛鳞片打开，如强力揉搓，容易使头发分叉、毛躁。梳头时，一定要留意，上衣和肩背上不应落有头皮屑和脱落的头发。

2. 头发的保养

针对各人不同的发质特点和发型特点，选择适当的保养方法。

（1）柔软纤细头发的保养。柔软的头发不但纤细，而且无弹性、不易蓬松，发型也不容易持久。此外，如不经常加以修饰，头发会变干、发红、易受损伤。为预防上述现象，必须经常擦用护发油，以防止外来的刺激损伤头发。平时，可擦些化妆水来防止头发干燥，从而避免梳拢时产生静电摩擦，吹风时要控制好吹风机的温度。头发柔软的人，在梳理发型时，向头发上喷洒些烫发液，会使头发富有弹性和强度，使发型持久，同时还可增加头发的蓬松感。烫发时，发根处不要卷得太紧，前部发型要做得蓬松。

（2）粗、硬头发的保养。粗、硬的头发比柔软纤细的头发健康，但缺乏柔性，难以修饰。粗、硬的头发在吹风成型时，要不断地喷洒一些药用化妆水，平时最好经常擦些头油，以保持美丽的发型。

（3）易断、易分叉头发的保养。要保护好头发，首先要防止外部刺激，应在头发表面涂一层薄薄的油膜，这样可以起到保护头发的作用。给头发涂油膜，必须在洗发后进行。洗发时不要将头发揉搓在一起，以免损伤。其次要经常修剪，避免头发分叉。用刷子梳拢时，不要马上从头发根部开始，应先将发梢散乱的部分梳开后，再从根部开始拢。梳拢或吹风时，可以使用些药用化妆水，以保护头发。

（4）卷发的保养。卷曲的头发容易互相交错纠缠，梳拢时应先从发梢开始一点一点地梳向发根；整修发型时，也应先从发梢开始涂烫发液再吹风，经过这样的修饰，就可以使卷发充满生机和活力。

此外，还应经常对头发进行按摩。按摩可以刺激皮肤，促进血液循环，调节脂肪分泌，解除头部疲劳，有助于头发的发育，保持头皮的健康，对于预防头皮屑过多和治疗头皮屑过多症也是很好的措施。

3. 发型设计符合职业要求

旅游从业人员在选择发型时，应当有意识地使之体现适合旅游工作性质的庄重、端庄的整体风格，从而赢得游客的信任，总的要求是：长度适中，以短为主。头发要经常修剪，保持整齐，一般至少4～8周应修剪一次。在公务或商务场合，不论女士还是先生，对头发的要求也是宜短不宜长，发型应当是以整齐、简单、明快、少装饰、少花样为主，切勿过分新潮、过分怪异、过分个性化。男士的发型可选择中分式、侧分式、短平式、后背式，原则是：前不履额，侧不掩耳，后不及领，面不留须。女士头发的长度相对来讲可"宽松"一些，不过最好做到：头发不遮脸，刘海不遮眉，长发束起来，短发不过肩。

4. 适当美发

美发的主要形式有染发、戴假发、戴帽子和佩戴发饰。旅游从业人员职业要求是以黑发为美，假若自己的头发不够油黑，特别是早生白发或长有杂色的头发，将其染黑通常是必要的。但不允许为了追随时尚，有意将黑发染成其他的颜色，甚至将其染得五彩斑斓。只有在头发出现掉发、秃发之时，才适于佩戴假发以弥补自己的缺陷。在工作中要求戴的工作帽除了美观外还具有防晒、卫生和安全的作用，应按照企业规范要求戴好。女性从业人员在工作中以不戴或少戴发饰为宜，即使允许戴发饰，也仅仅是为了用以"管束"头发，而不是过分打扮。

（四）肢体的清洁与保养

暴露在服装之外的肢体部分主要包括手臂和腿脚部。接待游客时，手臂占有重要的位置,是工作中运用最为频繁的身体部位。在服务过程中,手臂通常被视为旅游从业人员的"第二脸面"。一双保养良好、干净秀美的手臂,往往会给服务操作增添美感与协调。所以,旅游从业人员对于自己在服务过程中自始至终处于耀眼位置的手臂,应悉心加以保养和修饰。

指甲要定期修剪,指甲的长度不应超过手指指尖,指甲缝中不能藏有污垢。修指甲时,指甲沟边的"爆皮"要同时剪去,不要养成以牙咬指甲的坏毛病。切记,在任何公众场所修剪指甲,都是不文明、不雅观的举止。

旅游从业人员还须注意,在工作岗位上不可乱用双手,例如揉眼睛、掏耳孔、抠鼻、剔牙、搔头发、抓痒痒、脱鞋,都是极不卫生的。在一些特殊的工作岗位上服务时,为了卫生保洁起见,还应按规定戴专用的手套。一般而言,旅游从业人员大都不会以肩部暴露的服装作为工作装。若因工作特殊需要,必须穿着肩部外露的服装上岗服务时,上班前最好剃去腋毛。另外,个别人手臂上长有较为浓密的汗毛,此种现象不符合我国传统的审美标准,必要时也应采取有效方法将其去除。

在对客服务过程中,人们常有"远看头,近看脚"的观察习惯。腿脚部的清洁,应特别注意三个方面:首先,要勤洗脚。其次,要勤换袜子,最好做到每天换洗一双袜子,注意不要穿不易透气、易生异味的袜子。最后,还要定期交替更换自己的鞋子。在穿鞋前,务必细心清洁鞋面、鞋跟、鞋底等处,使其一尘不染,定期擦油,使其锃亮光洁。在工作中不能光腿,若因气候过于炎热或工作性质比较特殊而光腿,则必须注意选择长过膝盖的短裤或裙子,同时应注意不要光脚露趾露脚跟。旅游从业人员在直接面对顾客工作时,绝不允许光脚穿鞋和穿露脚趾、露脚跟的凉鞋或拖鞋,即使是导游人员也不例外,以免显得态度散漫,令游客产生反感。个别人员的腿部长有又黑又长的体毛同样需要掩饰。在对客服务或公务活动中,男性不准穿短裤,不准挽起长裤的裤管。女性穿裙装和薄型丝袜,如难以掩饰体毛,应先将体毛剃去。

(五)身体的运动与清洁

运动能促进皮肤的血液循环,减少皮下脂肪堆积,表皮会变得湿润,从而使皮肤更加富有弹性。因此,在日常生活中,要坚持运动,如打球、跑步、游泳、做健身操等;同时还要保持乐观健康的情绪,养成良好的卫生习惯,消除身体异味。如果有"狐臭",应及时治疗,避免在服务过程中引起游客的反感。有些人喜欢使用香水,走到哪里香到哪里,这也是不礼貌的,所以在工作中最好不用香水。

三、仪容的化妆修饰

(一)妆着要求

为塑造企业形象,呈现从业人员的自尊自爱、爱岗敬业精神和训练有素的精神面貌,旅游企业一般都要求女性从业人员淡妆上岗。其工作妆与一般人平时所化的生活妆有着不同的要求。

(1)要求淡雅、简洁。即在工作时一般只化淡妆,化妆修饰的重点主要是嘴唇、面颊和眼部,对于其他部位可不予考虑。

(2)庄重。在化妆时对本人进行正确的角色定位,不允许在上班时采用一些社会流行的化妆方式,诸如彩妆、舞台妆、宴会妆等,以免使人觉得轻浮随便、不务正业。

(3)避短。在化妆时美化自身形象,既要扬长,更要避短,即巧妙地掩饰自己所短,弥补自己的不足。工作妆重在避短,而不在于扬长,因为过分强调扬长,有自我炫耀之嫌,易引起游客反感。

化妆是一种展示个人美好形象的行为。每个人应将化过妆的美好的自己展示给他人,而不是化妆前的状态或化妆的过程,因此应注意必要的化妆礼仪规范。

(1)不能残妆示人。在工作岗位上,假如自己适当地化了一些彩妆,那么就要有始有终,努力维护妆面的完整性。对于唇膏、眼影、腮红等化妆品所化过的妆面,要时常检查。用餐之后、饮水之后、休息之后、出汗之后、沐浴之后,一定要及时地为自己补妆。如果妆面深浅不一、残缺不堪,必然会给他人留下十分不好的印象。

(2)不能在公共场合化妆或补妆。当众化妆,尤其是在工作岗位上当众这样做很不庄重,并且还会使人觉得她们对待工作不认真。女士要补妆时,最好去专门的化妆间或去卫生间。

(3)不能在异性面前化妆。一是给男士造成你有意亲近他的误解;二是让男士感到你的美不自然、不质朴。

(4)不议论他人化妆。由于文化、肤色等差异,以及个人审美观的不同,每个人化的妆不可能是一样的。切不可对他人的妆容品头论足。

(5)不借用他人化妆品。一方面化妆品比较私人使用,不方便外借;另一方面共同使用一件化妆品不太卫生。

化妆的基本程序和方法如下。

(二)妆前准备

1. 束发

用宽发带、毛巾等将头发束起或包起,使脸部轮廓更加清晰明净,以便有针对性地进行化妆。同时,可以防止化妆时弄脏头发和衣服,避免散发妨碍化妆。

2. 清洁面部

清洁面部是化妆前必须进行的一项重要步骤。尘埃、汗渍、皮肤排泄物以及其他污物极容易与化妆品中的某些化学成分起不良反应,从而引起皮肤过敏和其他刺激;另外,一些颗粒状的尘埃又容易与化妆品混合成团状物而堵塞毛孔,造成毛囊感染,诱发粉刺或其他炎症。化妆前,可以用清洁霜、洗面奶或洗面皂清洁面部的污垢及油脂,有条件的话还可以用洁肤水除去死细胞皮屑,然后结合按摩手法涂上有营养的化妆水。

3. 护肤

选择膏霜类(如日霜、润肤霜、乳液等)涂在脸上,令肌肤柔滑,并可防止化妆品与皮肤直接接触,起到保护皮肤的作用。

4. 整修眉毛

眉部的化妆应与整个面容的化妆协调。不顾脸形与眉形的和谐,不恰当地偏爱细眉或欣赏浓眉,都会影响到面部化妆的整体效果。因此,给眉部化妆,要根据自己的实际情况选择适当的眉形(图 3-1),才能达到美化面容的目的。用眉刀、小剪修整眉形,并剔除多余的眉毛,具体方法是:先将眉毛用眉刷顺向进行梳理;接着使用眉毛钳除去长得位置不好、形态不好的眉毛,对眉形作适当的修整,不宜多剪、多拔,以保留自然的眉毛为主;然后再用眉毛梳从下而上地倒梳眉毛,剪除过长、不齐的眉毛,再梳平复原。

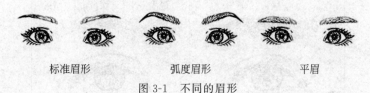

标准眉形　　　　　弧度眉形　　　　　平眉

图 3-1　不同的眉形

(三)化妆过程

1. 抹粉底

选择与肤色较接近的粉底,用海绵或手指从鼻子处向外均匀涂抹,尤其不要忽视细小的部分,在头与脖子衔接处要渐淡下去。粉底不可太厚,以免像戴着一个面具。粉底涂抹完后,要达到调整肤色、掩盖瑕疵、使皮肤细腻光洁的目的。

2. 画眉毛

画眉毛是指用眉笔将已整修过的眉毛作勾描、加深处理,使眉毛显得完善、逼真。具体步骤:第一,确定眉形。通过三点法找到眉头、眉峰、眉尾。利用眉笔,放置在眉头与鼻翼两个垂直连线处,如果眉头位置超过了相交的点,则用眉夹拔掉。再次利用眉笔,笔杆与眉毛垂直,笔杆的边缘要与黑眼球的外侧边缘重合,眉毛与眉笔相交的位置就是眉峰。利用眉笔,连接鼻翼与眼尾的两点,眉笔延长线与眉尾延长线相交于一点,该点就是眉尾应该延长的位置(图 3-2)。然后用眉笔将这三处顺次连接起来,就得到初步的眉形了。描绘出一个比较成形的轮廓,填充上色的时候能更方便些。

图 3-2　眉头、眉峰、眉尾的位置

第二,填充眉色。描出眉形之后就是填充眉色。画眉时要遵循"上虚下实、前虚后实"的原则,这样画出来的眉毛才不会过假。想要眉毛有立体感,就要画出层次感,让眉毛深浅有致,眉头的位置淡些,眉毛中间深些,眉毛尾部稍浅些(图 3-3)。眉粉从眉头刷到眉尾,如果眉头的毛发本身很浓密,则可以针对眉头进行修正,将颜色刷浅些。

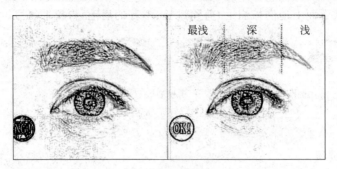

图 3-3　眉毛深浅

但需提醒的是:切忌作过分的修改,不然会造成虚假、夸张、走样的后果,失去画眉本身的意义。眉毛画好后,应对着镜子检查一下:两条眉毛是否对称,眉毛的粗细是否一致。最后,可用眉刷将画好的眉毛轻轻地顺着眉毛生长的方向刷一下,扫去残留的眉粉,清洁一下眉部。

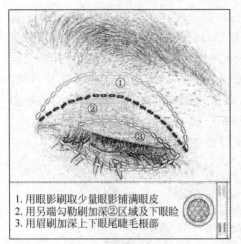

1. 用眼影刷取少量眼影铺满眼皮
2. 用另端勾勒刷加深②区域及下眼睑
3. 用眉刷加深上下眼尾睫毛根部

图 3-4　简单眼影画法

3. 画眼影

眼影用什么颜色,用多少种颜色,如何画,这都是因人、因事而异的。一般而言,深色眼影刷在最贴近上睫毛处,中间色刷在稍高处向眼尾处晕染,浅色刷在眉骨下(图 3-4)。

4. 画眼线

画眼线选择以下工具。

1)眼线笔

优点:眼线笔是最传统的画眼线的工具,颜色选择比较全面并且上色较容易。此外,由于它的笔芯是硬质的,所以操作起来比较容易,特别适合初学者使用。

缺点:线条粗细不易掌握,有时候看起来不够自然;并且容易晕妆、脱妆,大大提高了熊猫眼的概率。

2)眼线液

优点:有质感,线条感相当明确,妆容持久,不易晕妆。

缺点:由于是液体,其使用难度较高,需要经常练习。

3)眼线膏

优点:颜色鲜明,线条粗细比较好掌握,配合眼线刷使用容易上手。持久性强,不容易花妆。

缺点:质地比较浓稠,容易凝固起块。

4)眼线粉

优点:眼影、眼线两用,颜色选择较多,使用方法简单。

缺点：附着度不够，质感不强，容易晕染或花妆，不建议内双的眼睛使用。

具体操作要求：画下眼线时，应把镜子稍微抬高，眼睛转而向上看，这样既可以免除用手指拉下眼睑之弊，还可以使眼线画得极自然。需注意的是，笔尖要圆润，用笔侧峰画曲线。画上眼线时，把镜子放低，视线向下，可画到垂下的眼圈上。眼线画得好不好，不能只看睁开眼睛的时候，还要看闭上眼睛的时候是否自然。这就要进行自我检查。检查的方法是：手镜放在胸口处，镜面朝上，眼睛往下看，脸不要动，这样就能看见自己的眼睑，观察眼线粗细是否得当，以确保眼线的效果。想要眼睛呈现不同的眼形（如长形眼、圆形眼等），眼线画的位置不一，宽窄也有所区别，如图 3-5 所示。

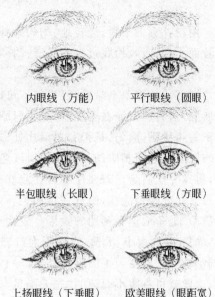

内眼线（万能） 平行眼线（圆眼）

半包眼线（长眼） 下垂眼线（方眼）

上扬眼线（下垂眼） 欧美眼线（眼距宽）

图 3-5 不同眼线

注意：眼线要贴着睫毛根画，浓妆时可稍宽一些，淡妆时可稍细一些。画上眼线时，内眼角方向应淡而细，外眼角方向则应加重，至外眼角时要向上挑一点，把眼角向上提，显得眼角上翘。

5. 刷睫毛

首先，用睫毛夹将睫毛夹住，由内向外翻卷。其次，用睫毛刷从睫毛根到睫毛尖刷上睫毛液。为了使睫毛显得长些、浓些，可在睫毛液干后再刷第二遍、第三遍。最后，再用眉刷上的小梳子将粘在一起的睫毛梳开。

6. 涂抹腮红

涂抹腮红可以使面部的两颊泛出微微的红晕，产生健康、艳丽、楚楚动人的效果。腮红有大红、玫瑰红、粉红、桃红、水红等不同色调，使用时可根据肤色、部位等实际情况选用，并注意涂抹的浓淡以及涂抹的范围。抹腮红的关键在于操作要轻，腮红分布要匀，色彩过渡要自然，并以使用后不产生人工涂抹的痕迹为宜。腮红着色的中心位置应掌握在颧骨附近。操作时要用腮红扑或腮红扫，以颧骨为出发点往耳朵上缘方向轻轻抹去，接着用手掌轻柔地把腮红晕开。需要提醒的是，开始涂抹时腮红用量要少，少到几乎看不出明显的效果，晕开后似化妆未化妆。以后手法熟练时再根据实际需要，逐步作适当的调节。

适当地涂抹腮红，可以掩饰面部的某些缺陷，如面形狭长者可使用横抹的手法增加面形宽度；面形宽阔者可使用竖抹的手法增加面形的长度；长脸形可将外侧用色偏重产生增宽面庞的效果；圆脸形可将内侧用色偏重产生增长面庞的效果；如果欲突出面部器官的优点，需用浅色、亮调色；欲掩饰面部器官的缺点，需用深色、暗调色；如原来面颊过红，可多扑些妆粉来弥补，使红色淡化，然后再用粉红色的腮红晕开，尽可能使红与周围的肤色协调，减少色调上的强烈反差；面色苍白时，选用桃红色的腮红，晕开面广一些，就可以避免整个面颊部位色调有明显的反差；如果使用油脂型腮红，还可使皮肤呈现出一点光泽等。

7. 定妆

用粉扑蘸上干粉,轻轻地、均匀地扑到妆面上。只需薄薄一层粉,即可起到定妆作用,使妆面柔和,吸收粉底过多的光泽。扑好粉后,用大粉刷将妆面上的浮粉扫掉。

8. 画唇部

唇部化妆主要是涂唇膏(口红),可以增强口唇的艳丽。涂口红时,一般先用唇线笔画好唇廓,再将唇膏涂在唇廓内,可用唇刷涂,也可用棒式唇膏直接涂。涂好后要仔细检查一下是否涂满、涂匀,是否有遗漏之处,避免唇线与唇上的色彩有明显不同。口红的颜色应与服装及妆面相协调。为了使口红色彩持久,可用纸巾轻抿一下口红,然后扑上透明粉饼,再抹一次唇膏。若要使嘴唇在涂好口红后有立体反光感,可用无色亮光的唇膏,在唇中央突起处轻轻涂抹,做进一步加工。由于各人的唇形不同,涂口红时可采取一些针对性的措施,以争取达到预期的效果。较常见的有以下三种情况。

(1)嘴唇太小、太薄,宜使用大红、玫瑰红等色彩浓的唇膏;用唇线笔勾勒唇形时,应稍微放宽些,即在天生的唇线外0.5~1毫米处勾一圈;涂唇膏时,要尽量遮盖掉原来的唇线,这样就可克服小而薄的"先天不足"。

(2)嘴唇生得又大又厚时,唇膏色宜淡不宜深。淡红色的唇膏是首选的色调,加上用粉底作掩饰,可以在视觉上把嘴唇变得小些。关键的方法是,勾勒唇线要沿天生的唇线内0.5~1毫米处画一圈,这样可相对减轻大而厚的印象。

(3)如果是嘴角下垂的情况,就需用改变唇形的方法来解决。其要领是:将唇中部的曲线稍向上下扩大些,从视角上冲淡人们对唇角下垂的注意;在勾勒唇线时,要把下垂部分适当提高些、延长些。下唇使用的口红颜色可比上唇稍暗一些。

作为旅游从业人员,上岗时不宜把口红涂得太厚、太浓,不要在旅客面前过分表现自己。

(四)妆后检查

(1)检查左右是否对称。对于眼、眉、腮、唇、鼻侧等位置,两边形状、长短、大小、弧度是否对称,色彩浓淡是否一致。

(2)检查过渡是否自然。脸与脖子,鼻梁与鼻侧,腮红与脸色,眼影、阴影层次等过渡是否自然。

(3)检查整体与局部是否协调。各局部是否缺漏、碰坏,是否符合整体要求;浓淡是否达到整体效果,整个妆面是否协调统一。

单元三　仪表服饰礼仪

服饰包括衣着及其所用的饰品。旅游从业人员得体美好的服饰打扮,可以使游客产生较好的第一印象,有利于旅游从业人员与各类人员的顺利交往,从而更好地开展工作。同时,服饰还关系到组织的形象,能够反映出组织的实力和权威。

一、着装的基本原则

（一）着装的 TPO 原则

任何服饰都有它独特的美感。但如果穿着不当，就会让人看着不舒服，影响对客服务和与他人交往的效果。例如，在有些旅游景区，我们会看到个别女士身穿职业套裙、脚穿高跟鞋在旅游，虽然她们服装合体、颜色搭配恰当，但仍然会给人一种与环境气氛格格不入的感觉。当然，我们也不能想象一位五星级宾馆的服务人员穿着套头 T 恤加牛仔裤，立于大门旁迎接宾客的情景。所以在选配服饰时必须考虑时间、地点和场合这三个基本因素，这就是目前国际上公认的着装 TPO 原则。所谓 TPO，是英文 time、place、occasion 三个词的第一个字母，T 代表着装的时间，通常也可用来表示季节时令或着装者的年龄；P 代表着装的地点；O 代表着装的场合。

1. 着装的时间原则

着装的时间原则是指服装应与穿着的时间相匹配，做到随"时"更衣。着装的时间既可以指工作时间或休闲时间，也可以指每年春夏秋冬的季节时令，还可以指人生的不同年龄阶段。

工作时间的着装，应根据工作特点和性质，以服务于工作、庄重大方为原则。休闲时间的着装主要是满足在家中活动或进行户外活动，着装应以方便、随意为原则。

着装还应当考虑春夏秋冬季节时令的更替变换，夏天的服饰应以简洁、凉爽、大方为原则，拖沓累赘的装饰会使周围的人产生闷热烦躁的感觉，自己也会因为汗水渍渍而显得局促不安。尤其是女性，汗水还会损坏面部的化妆。冬天的服饰应以保暖、轻快、简练为原则，穿着单薄会使人因寒冷而面色发青、嘴唇发乌，甚至出于本能而缩肩拘背，从而影响自身的仪态形象。

着装时还应考虑自身所处的不同年龄阶段。一个人的不同年龄阶段应表现出不同的气质状态，服装应与其相匹配。一件超短裙穿在 20 岁的少女身上，会显得清爽与飘逸；但如果穿在 50 多岁的女士身上则显得不伦不类。同样，一套深色中山装穿在中老年人身上，会显得成熟与稳重；但穿在青年人身上，则会显得老气横秋，没有朝气。

2. 着装的地点原则

着装的地点原则是指服装应与穿着的地点、环境相匹配。着装应随着地点的不同而有所区别。特定的地点应配以与之相适应、相协调的服装，以产生和谐美感。例如，穿着适合于正式工作环境的职业正装去娱乐、购物、休闲、观光，或者穿着牛仔服、网球裙、运动衣、休闲服进入服务岗位或社交场地，都会造成着装和地点不和谐的状况。

3. 着装的场合原则

着装的场合原则是指服装应与穿着的场合相匹配。不同的场合有不同的服饰要求。只有与特定场合的气氛相一致、相融洽的服装，才能产生和谐的审美效果，实现人景相融的最佳效应。

在工作场合的穿着一般较为严格，男女均应着职业装或正装。例如，男士穿西装，一定要系领带、穿皮鞋，西装应熨烫平整，裤子要熨出裤线，衣领袖口要干净，皮鞋锃亮等。女士不宜赤脚穿凉鞋，如果穿长筒袜子，袜子口不要露在衣裙外面等。

在一些喜庆场合如纪念日、结婚典礼、欢度节日、生日纪念、联欢晚会、舞会等,服饰可以鲜艳明快、潇洒时尚一些。一般说来,在纪念日、结婚典礼等正式的喜庆场合,男士服装均以深色为宜,单色、带条纹、暗小格都可以;在游览、联欢、生日晚会等场合,则可以选择色彩明快的休闲服装。

(二) 着装的协调原则

服饰穿着时,要注重整体的协调和谐,才能达到服饰的形象礼仪作用。

1. 着装要和自身的体型相协调

由于每个人的身高不一,胖瘦不同,因此在选择服装时要因人而异。我们要使着装与自身的体型相协调,通过着装设法掩饰自己体型上的短处,显示自己体型上的长处,而不能简单地模仿他人着装。例如,体型清瘦的人穿带有横向条纹的服装,可以使体型显得丰满;体型较胖的人穿带有直条纹的服装,可以使体型显得清秀。

2. 服装的色彩选择要和自身的肤色相协调

在服装色彩选择中,我们不能期望任何色彩都能把自己打扮得得体、漂亮,而应根据自己肤色的特点进行不同色彩服装的搭配。人的皮肤颜色是有差异的,不同的肤色应配以不同颜色的服装,通过服装对光线的反射作用来弥补自身肤色的缺点,突出自身肤色的优点。如果肤色较黑,就应尽量避免穿颜色过深的服装,宜选择浅而明快、不太鲜艳的色彩。如果脸色发黄,就不要穿黄、土黄、紫等颜色的衣服,否则会使肤色黄上加黄。如果皮肤白皙,则适合绝大多数的色彩。

3. 着装要和职业身份相协调

无论是东方还是西方,人们都非常看重自己的职业身份,总是想方设法通过各种途径来加以表现。着装是最快速而直接的表现形式,加之人们习惯于从衣着来判断一个人的职业和社会地位,因此着装要体现职业特点,符合职业要求注意与自己的身份相协调。例如旅游从业人员为体现自尊和对游客的尊重,在岗位上的着装既应显示端庄大方又应便于工作,因此既不宜穿的花枝招展追求时尚,也不可拘谨保守。

4. 服装色彩的搭配要协调

没有不美的颜色,只有不美的搭配。不同的色彩搭配会显示出不同的格调。和谐的色彩搭配犹如听一曲优美的田园交响乐,而不和谐的色彩搭配则好似乐队失去了指挥,一切都会杂乱无章。在色彩选择及色彩搭配中,还要注意涉及的民族文化传统与禁忌。

搭配色彩,常用的有下述手法。

(1) 统一法,即配色时尽量采用同一色系之中各种明度不同的色彩,按照深浅不同的程度进行搭配,以创造和谐之美。

(2) 对比法,即在配色时运用冷暖、深浅、明暗两种特性相反的色彩进行组合的方法,它可以使着装在色彩上反差强烈,静中有动,突出个性。

(3) 呼应法,即在配色时,在某些相关的部位刻意采用同一种色彩,以便使其遥相呼应,产生美感。例如,穿西装的男士讲究鞋与包同色,即为此法的运用。

(4) 点缀法,即在采用统一法配色时,为了有所变化,而在某个局部小范围里,选用其他某种不同的色彩加以点缀美化。此法若运用得当,会有很好的效果。

5. 服装面料要与服装格调相协调

一般来说,丝绸面料显得富丽堂皇,毛料显得高贵典雅,而布料则显得朴素大方。同一款式的服装由于面料不同,格调与韵味就会产生极大的差别。总体来讲,优质、高档的面料大都具有穿着舒适、悬垂挺括、视觉高贵、触觉柔美的特点。

6. 日常着装要注意文字信息

日常着装可以休闲、放松,很多休闲卫衣、卫裤、毛衣、外套等上面会有外文字母或者单词,有些是服装的品牌标志,但也有些是一些恶搞文字。因此,在日常购买服装时一定要看清,或者查询一下单词的词义,以避免造成不必要的麻烦。

二、职业装的着装礼仪要求

旅游行业人员的职业服饰穿着既是职业责任的要求,也是表现对游客尊重的需要。对旅游从业人员而言,按规定在工作时应穿着与本人服务角色相称的正式服装。

(一) 制服的穿着规范

1. 制服的特性

旅游从业人员服饰属于职业制服,除具有一般服饰的性质外,还有其职业的特性。

1) 实用性

旅游从业人员的服饰具有旅游服务行业的实用价值,如结实、吸汗、耐洗涤、工作方便及管理方便等。

2) 审美性

旅游职业人员的服饰有相对统一的造型和色彩,宜从整体出发,选择富有行业、部门特征的最佳方案,产生美的效果。

3) 象征性

旅游职业人员的服饰是职业服饰,必须有职业特征,穿着醒目、易区分。这样对游客是一种尊重;对自身而言,也是一种职业的自豪感、责任感和可信度,是敬业、乐业精神内涵在服饰上的体现。旅游职业人员穿着岗位制服上岗,即感到一种职业的责任和义务,会产生庄严、自尊的心理,自然呈现出不卑不亢、热情大方的风度。

2. 制服的穿着规范要求

1) 制服清洁的要求

制服清洁是服饰美的基础。它既体现了旅游从业人员的精神面貌、良好的卫生习惯,也反映了企业的管理水平和卫生状况。同时,制服的清洁也是游客的需求,可以使他们有一种尊重感和安全感。制服清洁的基本要求是:衣裤无污垢、油渍、异味,尤其是领口、袖口要保持干净;要多备一套制服,替换洗涤,清洁保管,以备急用。

2) 制服整齐美观的要求

制服的款式简练,穿着利落,线条自然流畅,便于接待服务。

首先,制服要合身。注意"四个长度适中",即衣袖长至手腕、衣长至虎口、裤长至脚面和裙长至膝盖;注意"四围",即领围以插入一指大小为宜,上衣的胸围、腰围及裤裙的臀围以穿一套羊毛衣裤的松紧为宜。

其次,穿着要规范。内衣不能外露;不挽袖卷裤;不漏、掉扣;领带、领结、飘带与衬衫领口的吻合要紧凑,不可系歪。

最后,制服要挺括、大方美观。衣裤均不起皱,烫平,裤线笔挺;穿后挂好,保持平整,挺括。严禁过分裸露(胸部、腹部、腋下、大腿,是公认的身着正装时不准外露的四大禁区)、过分透薄(身着的制服若是过于单薄或透亮,弄不好就会让自己的内衣甚至身体的敏感部位"公布于众",使人十分难堪)、过分瘦小(旅游从业人员所穿着的工作制服,肥瘦大小必须合身。制服若是过分肥大,会显得松松垮垮、无精打采;若是过分瘦小,则又有可能捉襟见肘,工作不便)。

3)工鞋、袜的穿着要求

工鞋、袜是制服的一部分,必须按规范要求穿着。皮鞋应随时擦干净,上光打亮。破损的鞋子应及时修理。若需要穿着布鞋,同样要经常保持清洁。男性服务人员的袜子的颜色应与鞋的颜色和谐,一般是黑色,不可穿浅色或花色袜子。女性服务人员应穿着与肤色相近的丝袜,袜口不可露在裤子或裙子外边。丝袜如有跳丝破损,要及时更换。

4)工号牌佩戴要求

工号牌是企业各具体部门的标志。它体现出对游客的尊重,使其易辨认区分各个部门,以便取得应有的服务,满足其信任感。佩戴工号牌上岗是从业人员对自身职业的肯定和自豪,有利于增强责任感和义务感。工号牌应端正地佩戴在左胸上方,并在每天上岗前自觉戴好。工号牌有损时或岗位有变化时,要及时更换。

(二)西装的穿着规范

旅游从业人员尤其是旅游企业的管理人员的制服常常是西装款式。一套合体的西装可以使穿着者显得精神饱满、富于理性,因此按礼仪规范穿着西装是十分重要的。穿西装的正常程序是梳理头发→换上衬衫→换上西裤→穿着皮鞋→系领带→穿上装。具体的基本礼仪介绍如下。

1. 男士西装的穿着

(1)男士西装有两件套和三件套之分,穿着时必须整洁、笔挺。正式场合应穿同一面料、同一颜色的毛料套装为宜。新西装在第一次穿着前,要取下袖口上的西装商标。三件套西装,在正式场合不可脱下外衣,在正式场合三件套西装应避免用毛背心或毛衣代替西装背心。裤腿管应盖在鞋面上,并使其后面略长一些。裤线应熨烫挺直。大衣不应过长,最长到膝下3厘米为止。

(2)内衣要单薄。衬衫领子要挺括,领口不宜过大,以伸进一个手指为宜,不可有污垢、油渍。衬衫的下摆应放入裤子,系好领扣和袖扣。衬衫领口和衣袖要长于西上装领口和袖口1~2厘米,以显示出穿着的层次。衬衫里面的内衣领和袖口不能外露,否则,显得不伦不类,很不得体。按国际惯例,衬衫里面一般不穿棉毛衫;如果穿着的话,不宜把领圈和袖口露在外面。如果天气较冷,衬衫外面可穿羊毛衫,但以一件为宜,不要穿得过分臃肿,以免破坏西装的线条美。

(3)西装有单排扣、双排扣之分。其中,单排扣西装有一扣、两扣与三颗扣的区别。对于纽扣的系法,具体要求如下。

单排一粒扣西装:单排一粒扣,扣与不扣均可,系上比较端庄(图3-6),不系则显潇洒休闲。一般站立时需要系上,坐下时解开。这里所说的所有系扣规则都是针对站立时的情况,依照目前国际西装着装礼仪,男士坐下时,必须解开纽扣。这样做,一是使服装不容易"扭曲"变形,二是也使人坐得舒服自然,不然再好的西装都有可能会被崩开的纽扣扯坏。一粒扣西装相较其他款式偏重时尚感,颜色呈现多样化的特点,在设计上也有很多变化元素,作为出席活动时的穿着非常适宜。

单排两粒扣西装:穿两粒扣西装时,扣上面一粒表示郑重,第二粒永远不系(图3-7)。两粒扣是西服套装中最为常见,也是众多男士普遍选择的一款,属于中规中矩的款式。如果出席商务会议,选择两粒扣西装一定不会出错。

图 3-6 单排一粒扣西装扣法　　　图 3-7 单排两粒扣西装扣法

单排三粒扣西装:纽扣不扣表示随意,扣中间一粒表示正宗,扣上面2粒表示郑重,也是最好别全扣(图3-8)。尤其要注意的一点是,无论解扣还是系扣,都不能低头看着西装,要以非常流畅、自然的手势来进行;同时要记得"由下往上"依次解扣,"由上往下"依次系扣。

双排扣西装:一般双排扣会有4个、6个纽扣。4个纽扣的西装需要尽量把能扣的都扣上[图3-9(a)],6粒扣的西装有4颗是正常服饰结构需要的,最上面的2颗属于装饰扣。6粒扣一般不扣左侧下面扣子[图3-9(b)],营造复古但时髦的感觉。双排扣的西装的设计风格略偏于稳重,如同西装家族里的贵族,天生自带绅士高贵的气质,在商业和晚会等场合比较多见。

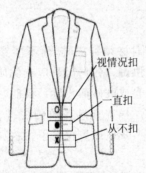  

视情况扣

直扣

从不扣

(a)　　　　　(b)

图 3-8 单排三粒扣西装扣法　　　图 3-9 双排扣西装扣法

西装三件套:三件套西服,里面的马甲是需要扣上的,最后一粒扣永远不扣,如果是特别紧身的款式也可以敞开马甲最顶端和最底端扣子。而外面的西服外套一般是不系扣子的。西装三件套优雅贵气,穿上之后瞬间变成最有腔调的绅士,同时三件套西装也给人塑造出一种严谨、专业的职业形象,是出席不同的商业活动和宴会时的正确之选。

扣子只是西服上面一个细节的元素,关于扣子怎么系、西装整体如何搭配等问题,其实没有标准,都是约定俗成的。坚持按约定俗成,可以保证着装在任何场合都不会出错,使自己时刻以完美的形象应对各种场合。

(4)凡是正规场合,穿西装都应系领带。领带的色彩、图纹可以根据西装的色彩配置,以达到相映生辉的效果。系领带时,领结要饱满,与衬衫领口吻合要紧凑(图3-10)。领带的图案应含蓄、简单一些,如选择圆点、碎花、单色或条纹形状;领带系好后,大箭头底边应正处于腰带扣中间,过短显得小气,过长则显得不精干。穿羊毛衫时,领带应放在羊毛衫内。系领带时,衬衫的第一个纽扣要扣好。领带夹一般夹在第三和第四个纽扣之间。

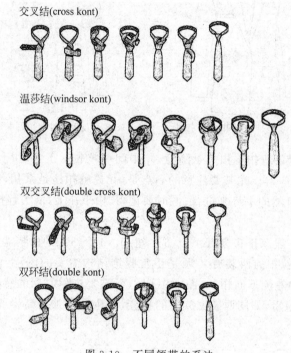

交叉结(cross kont)

温莎结(windsor kont)

双交叉结(double cross kont)

双环结(double kont)

图 3-10　不同领带的系法

(5)穿着西装时,应注意鞋袜的选择。穿着西装时必须穿皮鞋,而不能穿旅游鞋、轻便鞋或布鞋。选择皮鞋时,颜色要与西装颜色一致或协调,略有鞋跟;应选优质、硬底的真皮皮鞋,不能穿仿制的皮革鞋,也不能穿各种翻毛、磨光或磨砂面皮鞋。同时,皮鞋的样式应简单,不要穿带有金属装饰的皮鞋,更不要穿样式怪异或充满花纹的皮鞋。袜子的选择,要与裤子同色或颜色略深于裤子,一般应选择蓝色、灰色或黑色袜子,白色袜子只能在穿着白西装时穿。

(6)西装的外侧口袋,包括手巾袋和两侧的暗插袋都是属于装饰性的口袋,不宜放置物品,否则会使西装上衣变形。西装上衣左胸部的衣袋只可放折叠好的装饰手帕。票夹、名片夹和笔可放在上衣内侧的衣袋里,但不可装过多物品。裤袋亦不可装物,以求臀围合适,裤形美观。背心的四个口袋用于存放珍贵的小物件,左胸口袋可用于插放钢笔。

2. 女士西装套裙的穿着

西装套裙能够体现职业女士的工作态度与女性美,不仅能够使着装者看起来精明、干练、洒脱和成熟,还能够烘托出女性所独具的优雅。在穿着时应注意以下几点。

(1) 西装套裙的穿着应合身得体。西装套裙是变化无穷的,它的变化主要集中于长短和宽窄两个方面。在西装套裙中,上衣与裙子的长短没有明确的规定。一般认为,上衣不宜过长,裙子不宜过短。西装套裙的上衣最短处可以齐腰,其裙子最长可至小腿中部。西装套裙的裙子一般不宜添加过多的花边或饰物。

(2) 套裙颜色选择。职业套裙的最佳颜色是黑色、藏青色、灰褐色、灰色和暗红色。精致的方格和印花的条纹也可以选择。

(3) 西装套裙穿着时,应注意衣扣要“到位”。在正式场合,西装套裙上衣的扣子应按规范系好,再忙、再热也不允许解开扣子,更不允许随便当着别人的面把上衣脱下来。有人可能认为,这样会让自己显得随和、泼辣,但这样做会给人留下不修边幅的感觉。

(4) 西装套裙的穿着要注意衬衫的搭配。穿着西装套裙,特别是穿着由丝、麻、棉等薄型面料或浅色面料制作的西装套裙时,一定要内穿一件衬衫。衬衫要选择与套装颜色相配的衬衫,如白色或者米色。

(5) 女士正装裙子以窄裙为主。年轻女性的裙子可选择下摆在膝盖以上 3～6 厘米,但不可太短;中老年女性的裙子则应选择下摆在膝盖以下 3 厘米左右。裙内应穿着衬裙。真皮或仿皮的西装套裙均不宜在正式场合穿着。

(6) 西装套裙的穿着应注意鞋袜的搭配。穿着西装套裙时,应当穿黑色、白色或与西装套裙同色系的高跟或半高跟皮鞋,配肉色的高筒或连裤丝袜;不可以穿布鞋、凉鞋、拖鞋、旅游鞋,也不可以配色彩艳丽、图案繁多的袜子或中、低筒丝袜。袜口不应暴露在外,不仅在站立之时不允许袜口外露,就是在行走或就座时袜口外露也不合适。此外,应随身携带一双备用的透明丝袜,以防袜子拉丝或跳丝。

(7) 鞋。黑色船鞋最为妥当,穿着舒适,美观大方。建议鞋跟高度为 3～4 厘米。在正式场合不宜穿凉鞋、后跟用带系住的女鞋或露脚趾的鞋。鞋的颜色应当和西服一致或再深一些。从衣服下摆开始到鞋,其颜色应保持一致。

(8) 女士西装套裙的着装规范。

① 大小适度,穿着到位。套裙中的上衣最短可以齐腰,裙子最长可以达到小腿中部。袖长以盖住着装者的手腕为宜。无论上衣还是裙子,都不可过于肥大或包身。另外,着裙装时要认真穿好,处处到位。上衣不能披在或搭在身上,裙子要穿得端端正正、上下对齐,纽扣系好,裙子拉链拉好。

② 搭配适当,装饰协调。与套裙配套的衬衫,面料要轻薄柔软,色彩要雅致端正,以单色为宜。衬衫的色彩与所穿套裙的色彩要互相匹配,形成深浅对比,或外深内浅,或外浅内深。衬衫下摆掖入裙腰。要想打造高层次的穿着打扮,那么佩戴装饰品时则讲究以少为佳,合乎身份,少至不戴,多不超过三件,浓妆艳抹、珠光宝气会破坏整体和谐。

③ 内衣忌露,鞋袜得体。女士内衣包括胸罩、内裤、腹带、吊袜带、连体衣、衬裙等。按服饰礼仪要求,内衣不得外露、不得外透,衬裙不可高于套裙的裙腰。鞋以黑色牛皮鞋为佳,袜以肉色长筒连裤袜为宜。鞋袜应大小相宜、无破损,袜口不可暴露于外。有人说,

恰当的举止加上合体的连裤袜就等于修正腿形。

④ 兼顾举止，优雅稳重。着装者应注意自己的仪态，站则亭亭玉立，坐则优雅端正，行则轻盈流畅。由于裙摆所限，着裙装者走路时应以小碎步为宜，行进之中，步子以轻、稳为佳，不可走得"通通"直响。

此外，还应注意，宽臀的女性应该确保上衣足够长，可以遮住臀部，使线条苗条些；臀部很窄的女性不可穿短上衣；长外套适合腿形修长的高个女性。

三、礼服的着装礼仪要求

（一）男士礼服

1. 中式男礼服

中式男礼服主要是指中山装。第一套中山装是由孙中山先生设计，由著名裁缝黄隆生师傅裁剪、制作的。由于它的简便、实用，自辛亥革命起便和西服一起开始流行。1912年，民国政府通令将中山装定为礼服，修改中山装造型，并赋予了新的含义。形制要求为：立翻领（最早是立领），对襟，前襟五粒扣，四个贴袋，袖口三粒扣，后片不破缝。这些形制其实是有讲究的，根据《易经》周代礼仪等内容寓以意义。其一，衣服前脸四个兜各代表礼、义、廉、耻。其二，门襟五粒纽扣代表立法、司法、行政、考试权、检察权，这就是五权分立。其三，左右袖口的三个纽扣则分别代表三民主义（民族、民权、民生）和共和的理念（平等、自由、博爱）。其四，后背不破缝，代表国家和平统一之大义。其五，衣领定为翻领封闭式，代表严谨治国的理念。

中山装为封闭式领口，前门襟有五粒扣子，领口为带风纪挂钩的封闭式，上下左右共有四个贴袋，袋盖外翻并有盖扣。穿着时，应将前门襟的五粒扣子、袋盖扣、风纪挂钩全部扣好、挂好；口袋内不宜放置物品，以保持平整挺括。作礼服时，通常为上下身同色的深色毛料精制，配以黑色皮鞋，可以出席各种礼仪场合。但目前由于受外来西方文化的影响，穿中山装的男士普遍减少。

2. 西式男礼服

西式男礼服主要分为晨礼服、大礼服、小礼服和西装，在穿着上有时间和场合的要求。忽视了时间和穿着场合，错误地穿着礼服是一种失礼的行为。

晨礼服又名常礼服（图3-11），是白天穿着的正式礼服。晨礼服通常上装为深色或黑色，剑领，衣长与膝齐，胸前仅有一粒扣，配白色衬衫，系黑、白条纹或灰色、驼色领带；下装为深色黑条裤，一般用背带而不用腰带，穿黑色袜子和系带的黑色羊、牛皮鞋。帽子，通常为大礼帽，现在几乎无人佩戴。晨礼服已逐渐趋于简单化，着深色西装的人日益增多。在外国出席由元首或身份高的人举行的正式仪式、结婚典礼等场合，非常适合穿着晨礼服。

大礼服又称燕尾服，是西式晚礼服的一种。上装为黑色或深蓝色，前摆齐腰剪平，后摆剪成燕尾状（图3-12），翻领上镶有缎面。下装为黑色或蓝色，裤腿外面有丝带的长裤。系白领结，穿黑皮鞋、黑丝袜、戴白手套。大礼服适合参加婚礼晚宴、授勋仪式、招待会、递交国书、观看歌舞剧等活动，像参加诺贝尔奖授奖仪式都要穿着大礼服，正规的交响乐团指挥也要穿着大礼服进行演出。

小礼服又称无尾礼服或便礼服，也是西式晚礼服的一种。小礼服的上衣为全白色或

图 3-11　晨礼服　　　　　　　　图 3-12　燕尾服

全黑色西装,衣领为圆领,并镶缎面,与白衬衫、黑领结相配;裤子的颜色与上装相同,多为黑色,并饰有缎带,使用背带;配黑袜、黑色皮鞋;一般不戴帽子和手套。由于小礼服系黑色领结,因此也有"黑领结"之说。一般为参加晚 6 时以后举行的晚宴、音乐会、剧院演出时的着装。

(二) 女士礼服

1. 中式女礼服

中式女礼服主要是指旗袍。旗袍是我国独有的、富有浓郁民族风格的传统女装,其流畅的曲线造型十分贴合自然地表现出东方女性的柔美,体现出含蓄凝重的东方神韵。作为礼服,一般采用紧扣的高领、贴身、衣长过膝,两旁开衩,斜式开襟,袖口至手腕上方或肘关节上端的款式,配以高跟或半高跟皮鞋,面料以高级呢绒绸缎为主。一般会在绸缎面料上刺绣或佩戴饰物。但要注意的是,旗袍的面料一定要选择不与丝袜起静电的面料,以免因摩擦起静电而陷于尴尬之境。在社交场合作为礼服穿着的旗袍,其开衩不宜太高,以到膝关节上方 1～2 寸为最佳,旗袍的长度最好是长至脚面。穿着旗袍时,应配穿高跟鞋或制作考究的布鞋或绣花鞋,搭配的丝袜最好是连裤袜,这样就不用担心袜口从开叉处露出了。穿着旗袍之前检查所有纽扣,保证在穿着旗袍时纽扣不会脱落。内衣也不可外露,毕竟旗袍是非常端庄得体的服饰,所以在选取与旗袍相配的内衣时,要精心选择款式和颜色,要求妥帖、舒适,且内衣轮廓无痕。

最重要的一点,穿旗袍时,要格外注意保持良好的仪态。因为旗袍的造型非常贴近女性的自然曲线,所以不雅的站姿、坐姿都会在众人面前完全展露出来。无论是站着还是坐着,我们的双臂都应该紧贴身体。如果一定需要做动作时,也应该只用肘部之前的小臂,一定要避免因动作过大而露出腋下。坐下时,注意先整理一下旗袍的下摆,因为旗袍有开叉,所以要避免曝光。

2. 西式女礼服

西式女礼服同样分为晨礼服、大礼服、西装套裙等,一般配合西式男礼服穿着,在穿着上也有时间和场合的要求。

晨礼服也称常礼服,为质料、颜色相同的上衣和裙子搭配而成。穿着时,女士不能戴过于闪亮的饰品,不宜露出太多皮肤,大多只露四肢,腿部不能露到膝盖以上,可戴手套和帽子。晨礼服主要是在白天穿着,适合参加会见、引见、拜谒、结婚典礼、正式访问等场合。

大礼服也称大晚礼服,传统款式多强调女性窈窕的腰肢,夸张臀部以下裙子的重量感;其肩、胸、臂的充分展露,为华丽的首饰留下表现空间。如:低领口设计,以装饰感强的设计来突出高贵优雅;有重点地采用镶嵌、刺绣、领部细褶、华丽花边、蝴蝶结、玫瑰花,给人以古典、正统的服饰印象。为了其造型挺括、饱满的裙型,会选用塔夫绸、贡缎等面料塑造板型。为了制作出柔软细腻的褶皱和漂浮的裙摆效果,会采用软缎、皱缎和透明的雪纺等。大礼服可以在音乐会、商务酒会、朋友婚礼、正规晚宴等场合穿着。

不同体型的人在选择礼服时应注意以下几点。

(1)身材娇小玲珑者——适合中高腰、纱面、腰部打折的礼服,以修饰身材比例。此类身型者应尽量避免下身裙摆过于蓬松,裙摆不能低于膝盖以下;肩袖设计也应避免过于夸张;上身可以多些变化,腰线建议用 V 字微低腰设计,以增加修长感。

(2)身材修长者——天生的衣架子,任何款式的礼服皆可尝试,尤其以包身下摆呈鱼尾状的礼服更能展现身姿。

(3)身材丰腴者——适合直线条的裁剪,穿起来较苗条。花边花朵宜选用较薄的平面蕾丝,不可选高领款式;腰部、裙摆的设计上应尽量避免繁复。

穿晚礼服时可以选择珍珠、蓝宝石、祖母绿、钻石等高品质的配饰,也可选择人造宝石。鞋子一般选择高跟细袢的凉鞋或修饰性强、与礼服相宜的高跟鞋。如果脚趾外露,就得与面部、手部的化妆同步加以修饰。

四、饰品的佩戴

饰品也称首饰、饰物,它是指人们在穿着服装时所使用的装饰物,可以在服饰中起到烘托主题和画龙点睛的作用。饰品包括两大类,第一类是以实用性为主,如岗位工作用品、帽子、鞋子、眼镜等;第二类是以装饰性为主,如领带、项链、手镯、耳环等。

(一)工作用品

工作用品是指旅游从业人员在从事服务时随身携带的、不可缺少的日常用品。

(1)书写笔。在工作时,随身携带笔具,最好别在上衣左侧衣袋上,或是别在上衣内侧衣袋上,但不宜放在裤袋中。有时为方便使用,可将圆珠笔以绳带缚住,挂在脖子上,垂于胸前,但切不可这样携带钢笔。

(2)记事簿。在工作中需要记忆的重要信息难以胜数,诸如资料、数据、人名、地址、电话、线索、建议等,随时随地将需要记忆的重要信息笔录下来,对旅游从业人员来讲是十分重要的良好习惯。所以,旅游从业人员应准备一本可随身携带的小记事簿,并要特别注意书写清晰与妥善保存,切忌随手乱丢。

(二)男士饰品

男士饰品主要包括手表、腰带、钢笔、公文包、钱包、手套等,在英文中被称为"附件"或"修饰物"。一般来讲,男士在饰品选择时应注意以下几个方面的内容。

（1）选用金属表，配以优质真皮或金属表链，避免戴塑料外壳的电子表。

（2）腰带要与皮鞋同色。腰带扣的形状要简洁，不要把大字符的商标符号显露在外。

（3）应使用优质高档的金属墨水笔或者使用现今常见的中性笔，杜绝使用廉价的塑料圆珠笔。

（4）公文包应选用棕色或黑色牛皮或羊皮的公文包。

（5）钱包应选用真皮黑色钱包，以显示出稳重、有条理。

（6）外出时只能带黑、棕色皮手套，不要带棉布或毛线手套。

（7）不要使用任何带有广告宣传性质的饰品。

（三）女士饰品

女士饰品主要包括项链、耳环、丝巾、包袋、香水等，其构成了女士整体美的重要组成部分。女士在饰品选择时应注意以下几个方面的内容。

1. 项链

项链的质地不同，其呈现的色彩效果也是各不相同的。金、银项链给人以华贵富丽之感，比较适合与正式场合穿着的礼服相搭配。一般情况下，金项链与黑色、红色服装搭配都很协调，但表现出的效果各不相同；银项链如果与天蓝色、湖色、玫瑰红等颜色的服装搭配，则显得温柔开朗、妩媚多姿。此外，白色珍珠项链则给人清新脱俗之感；景泰蓝、木或石的项链，大多数显得深沉古朴，与秋冬季的毛衣搭配效果比较理想；红玛瑙的项链在夏季与无领连衣裙组合，有幽雅清爽之感。根据项链的长短，短项链适合搭配低领上装；中长项链可广泛使用；长项链适合女士使用于社交场合；特长项链适合女士用于隆重的社交场合。

2. 耳环

耳环的佩戴要与发型、脸型、肤色、服装、场合等相协调，才能收到良好的整体效果。例如五官娇小秀气者，不宜佩戴大型耳环；若穿着礼服出席正式场合，应佩戴富有高贵感的耳环。耳饰的佩戴法则：①一般情况下，它仅为女性所用，并且讲究成对使用，即每只耳朵均佩戴一只。②一般不宜在一只耳朵上同时戴多只耳环。③佩戴耳环，应兼顾脸形，总的来说，不要选择与脸形相似形状的耳环。若无特殊要求，不要同时戴链形耳环、项链与胸针。三者皆集中于齐胸一线，容易显得过分张扬，且繁杂凌乱。

3. 丝巾

作为饰品，丝巾具有极强的功能性。女士应在服饰中备有多种规格、色彩迥异、风格多样的丝巾，以搭配不同套装的穿着。

丝巾搭配技巧：①丝巾图案中的一个颜色要与衣服颜色相配。许多丝巾都是图案颜色众多，其中只有一个颜色与身上的衣服颜色相配。即使是这样，整体搭配的效果也很好。颜色不完全一样也没有关系，只要是同色系的颜色就可以。②选择与衣服颜色刚好相反的丝巾来系，会成为众人注目的焦点。当你的衣服色彩较黯淡、沉闷，不妨选用色彩与之对比强烈的丝巾，使你充满活力与动感。根据装束打扮协调性的不同，有的丝巾颜色可能过于艳丽。但如果想要成为众人注目的焦点，那么选择相反色是最合适不过了——会给人留下热情、积极、充满活力的印象。但在进行这样的搭配时，一定要具有多种色彩的把握能力，总的原则是选用的色彩越少越好，千万别在自己身上"开染料铺"。③丝巾与衣服的色调搭配。颜色的明暗以及鲜艳度统称为色调。只要色调相同,好几种颜色搭配在一起也不会有冲突感。特点是容易搭配。④丝巾与衣服有印花的搭配。衣服和丝巾上都有印花时,搭配的花色要有"主""副"之分。如果衣服和丝巾都是有方向性的印花,则丝巾的印花应避免和衣服的印花重复出现,同时也要避免和衣服的条纹、格子同方向。简单条纹或格子的衣服比较适合无方向性的印花丝巾。⑤让丝巾与手提包、腰带、帽子、靴子等小配饰的颜色协调搭配,也是搭配的方法之一。丝巾铺展得过多的话,形状容易松散,所以最好选择造型小巧的系法。

4. 包袋

包袋的款式、色彩、材料、做工、装饰、大小等形成了其不同的风格,但无论多么精美的包袋,都必须与个人的服装、身材、职业、场合相协调,才能构成一种独特而有个性的风格。为了使包袋能与自己的多套服装及更多的场合相协调,宜选择质地、做工都比较精致的黑色、棕色、白色包袋。

5. 香水

香水的特殊功能就在于它对你的心情会产生很大的影响,通常,香水在皮肤上要过30分钟左右才能完全发挥效用。香水应用点擦式或小范围喷洒于脉搏跳动处,如耳后、手腕内侧、膝后。在体温高的部位,涂抹香水的效果比较好。另外,香水多为有机成分,易与金、银、珍珠发生化学反应,使之褪色、损伤。因此,香水不能直接喷于饰品上,可先喷洒香水后戴饰品。一些场合,不要喷洒任何香水,否则会引起周围人的不悦。探望病人和加入葬礼时,一定要保持身体气味的洁净,否则会让人觉得不庄重;工作时间或者面试时只可以涂抹淡香香水,以免刺鼻的浓香让人觉得与这个场所格格不入。参加他人的婚礼时,最好不要涂抹浓香型的香水,以免有喧宾夺主之嫌,很不礼貌。

五、饰品佩戴的礼仪规范

旅游从业人员在自己工作的岗位上可以佩戴饰品,但是佩戴时要符合行业规定,其礼仪规范为符合身份、以少为佳、区分品种、佩戴有方。

(一)符合身份

旅游从业人员在自己的工作岗位上佩戴饰品时,一定要使之符合自己的身份。旅游行业强调:在工作岗位上,服务人员的工作性质主要是服务于人,即一切要以自己的服务对象为中心,尽心竭力地为其提供优质的服务。既然要尽心竭力地服务于人,那么从业人员就必须摆正自己与服务对象之间的相互关系,找准自己在双边关系中应占据的位置——不仅不可以本末倒置,指望将自己凌驾于对方之上,而且也不宜不自觉地与对方进行攀比,企图在一切方面都能够同对方完完全全地"平起平坐"。在佩戴可以美化自身、体现情趣、反映财力、区分地位的饰品时,广大从业人员尤其要注意恪守自己的本分,万万不可在佩戴饰品时无所顾忌。比如,一位女服务员在为游客斟酒服务时,手戴一枚硕大的钻戒,与顾客所戴的饰品相比,她所戴的钻戒"贵压群芳",那样一来,难免会令人认为她有些不自觉。也就是说,旅游从业人员所佩戴的饰品不能过度张扬,要与其身份相符。

(二)以少为佳

旅游从业人员在自己的工作岗位上佩戴饰品时,一定要牢记"以少为佳"的原则。服务礼仪规定,旅游从业人员在自己的工作岗位上佩戴饰品时,大可不必以其数量上的优势来取胜。在正常情况下,旅游从业人员讲究的应当是"少而精"。正是基于这个规定,旅游从业人员在其工作岗位上佩戴饰品时,通常有着基本的上限与下限。所谓上限,具体要求是:在工作岗位上选择佩戴饰品时,一般不宜超过两个品种;佩戴某一种具体品种的饰品,则不应超过两件。所谓下限,是指佩戴饰品时有关其品种、件数在数量上的最低限制。通常,旅游从业人员在其工作岗位上佩戴饰品时可以以"零"为下限,即可以不佩戴任何首饰。对于男性从业人员来讲,尤其有必要如此。

(三)区分品种

旅游从业人员在自己的工作岗位上佩戴饰品时,一定要注意区分品种。一是饰品的材质、品种不要过多,最好保持同等材质颜色;二是饰品种类繁多,旅游从业人员除允许佩戴一些常见饰品外,不宜在工作之时佩戴时下社会上流行的脚链、鼻环、指甲环、脚戒指等,因为它们多为标榜前卫、张扬个性的选择,尚未成为社会主流的选项。

(四)佩戴有方

旅游从业人员在自己的工作岗位上佩戴饰品时,一定要力求佩戴有方。在佩戴饰品时,从业人员除去要对以上各点多加注意之外,还应同时注意掌握一些基本的佩戴技巧。只有这样,在工作岗位上佩戴饰品时,才有可能使自己充满自信,又为他人所欣赏。比如佩戴戒指时,应该了解不同手指佩戴戒指的含义,特别要明确结婚戒指所佩戴的手指为左手无名指,未婚青年不要随意佩戴。

旅游从业人员在工作岗位上佩戴饰品,还要谨遵以下5点。

(1)穿制服时,不宜佩戴任何饰品。

(2)穿西装、职业装时,不宜佩戴工艺饰品。

(3)在工作岗位上,不宜佩戴珠宝饰品。

(4)佩戴饰品时避免选用卡通图案。

(5)所佩戴的饰品,要彼此协调,相互统一。

单元四　仪态举止礼仪

仪态通常是指人们身体呈现出的各种姿势以及人们在各种行为中所表现出来的风度。人们在日常生活中的行为动作和表情,如站、坐、走、蹲的姿态,一举手,一投足,一颦一笑,都能反映出个人特有的仪态。它与人的风度密切相关,是构成人们风度的主要方面。人际沟通往往是通过语言和体态语言两种形式进行的,并且两者总是相伴在一起的。一般情况下,以语言为主,以体态语言为辅,构成了实际交际信息的综合方式。举止的高雅得体与否,直接反映出人的内在素养;举止的规范到位与否,直接影响他人对自己的印象和评价。良好的仪态来自人们高尚的品质情操、广博的知识、良好的心理品质和独到的思辨能力,与正确的站姿、优雅的坐姿、雅致的步态、恰当的手势、真诚的表情、和蔼的态度和优美的动作等的和谐统一。它可以向游客表达欢迎、尊重、真诚等意愿,满足他们对尊重和审美的需要,创造和谐愉快的气氛,调节客我关系,提高游客的满意度。正确的仪态礼仪要求做到：自然舒展、充满生机、端庄稳重、和蔼可亲。

一、站姿

站姿是人们平时经常采用的一种静态的身体造型。站姿是一个人的全部仪态的根本，采用标准的站姿服务是旅游从业人员尤为重要的基本功之一。

（一）站姿基本规范

站姿的基本要求是：站得端正、自然、亲切、稳重，即"站如松"。其标准做法是：头部抬起，面部朝向正前方，双眼平视，下颌微微内收，颈部挺直，两肩放松，两脚跟相靠，脚尖开度为45°～60°，身体重心主要落于脚掌、脚弓上；两脚并拢立直，髋部上提；腹肌、臀大肌微收缩并向上挺，臀、腹部前后相夹，髋部两侧略向中间用力；脊椎、后背挺直，胸略向前上方挺起；两手臂放松，自然下垂于体侧，虎口向前，手指自然弯曲（图3-13）。

旅游从业人员进行站姿服务时还可以使用以下几种站姿。

（1）前腹式：男性在立正站姿的基础上，左脚向左横迈一小步，两脚打开与肩同宽，约20厘米。两脚尖与脚跟距离相等。两手在腹前交叉，左手握成拳头状，右手握于左手手腕部位。身体立直，身体重心放在两脚上。女性在立正站姿的基础上，两脚脚尖略展开，左脚在前，将左脚跟靠于右脚内侧前端，成左丁字步（图3-14）。两手在腹前交叉，身体重心置于两脚上，也可以置于一脚上，通过两脚重心的转移来减轻疲劳。

（2）后背式：即双手在身后交叉，右手贴在左手外面，贴在两臀中间。两脚可分可并。分开时，不超过肩宽，脚尖展开，两脚夹角成60°。挺胸立腰，收颌收腹，双目平视（图3-15）。

图3-13　站姿　　　　　图3-14　丁字步　　　　图3-15　后背式站姿

（3）背垂手式：该站姿即一手背在后面，贴在臀部，另一手自然下垂，手自然弯曲，中指对准裤缝，两脚可以并拢也可以分开，也可以成小丁字步。

站姿的练习可归纳为：上提下压（下压双肩不耸肩，上提胯部感觉头颈伸长上提，下肢肌肉下压延伸）、前后相夹（抽紧腹部肌肉前后推挤，夹紧双臀向内收，感觉自己像一片挤紧的薄汉堡包）、左右相中（感觉身体两侧对称的器官向正中线靠拢收紧，自己此时像一棵树)。

（二）禁忌的站姿

在站姿中应避免身体僵直,胸部过分凸起;弯腰驼背(图 3-16),腹部鼓起;两腿交叉或两脚间距过大;双手叉腰或交叉抱于胸前;双手插入衣袋中或身体晃动,耸肩驼背,脚打拍子;身体东倒西歪或倚靠在某一物体上;把脚踏在凳上或在地面上蹭来蹭到,乱踢地面上的东西等。

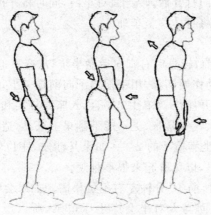

图 3-16　禁忌的站姿

二、坐姿

坐姿是非常重要的仪态。在工作和生活中,端庄优美的坐姿会给人以文雅、稳重、大方的美感。

（一）坐姿基本规范

坐姿是静态的,有着美与不美、优雅与粗俗的区别。正确的坐姿可以给人以文雅大方的印象。

1. 正确的坐姿

要求上半身挺直,两肩要放松,下巴要向内微收,脖子挺直,胸部挺起,并使背部和臀部成一直角,双膝并拢,双手自然放在双膝上,两腿自然弯曲,小腿与地面基本垂直,两脚平落地面(图 3-17)。两膝间的距离,男子以松开一拳为宜,女子则不分开为好。

2. 常用的坐姿

坐姿要根据凳面的高低以及有无扶手与靠背来设计,注意两手、两腿、两脚的正确摆法。

（1）两手摆法:有扶手时,双手轻搭或一搭一放;无扶手时,两手相交或轻握或呈八字形置于腿上;或左手放在左腿上,右手搭在左手背上。

图 3-17　正确的坐姿

（2）两腿摆法:凳高适中时,两腿相靠或稍分,但不能超过肩宽;凳面低时,两腿并拢,自然倾斜于一方;凳面高时,一腿略搁于另一腿上,脚尖向下。

(3) 两脚摆法:脚跟、脚尖全靠或一靠一分,也可以一前一后(可靠拢也可稍分)。

另外,还有架腿式、S形坐姿等。需强调的是,女性在乘坐小汽车的时候还应注意坐车的姿势。要想在上汽车时显得稳健、端庄、大方,做起来并不难。上车前应首先背对车门,款款坐下,待坐稳后,头和身体再进入车内,最后再将并拢的双腿一起收入车内。然后转身,面向行车的正前方,同时调整坐姿,整理衣裙。坐好之后,两脚亦应靠拢。下车的姿势也不能忽略,一般应待车门打开后,转身面对车门,同时将并拢的双腿慢慢移出车外,等双脚同时落地踏稳,再缓缓将身体移至车外。

3. 坐姿的注意事项

(1) 入座时,走到座位前,转身后右脚向后撤半步,从容不迫地慢慢坐下,然后把右脚与左脚并齐。女性入座的动作要娴雅,用手把裙子向前拢一下。起立时,右脚先向后收半步,立起,向前走一步,再离开座位。在社交场合,入座要轻柔和缓,离座时要端庄稳重,不可猛起猛坐,弄得座椅乱响、气氛紧张,更不能带翻桌上茶具,造成尴尬被动的局面。

(2) 坐在椅子上,一般坐满椅子的2/3。如果是沙发,座位较低,又比较柔软,应注意身体不要下滑而陷在沙发里,以免看起来很不雅观。

(3) 与人面对面会谈时,前10分钟左右不可松懈。如果会谈刚开始就放松地靠在椅背上,那是很不礼貌的。正面与人对坐会产生压迫感,所以应当稍微偏斜、轻松自然地落座。

(4) 坐在椅子上时,勿将双手夹在两腿之间,这样显得胆怯害羞、个人自信心不足,也不够雅观。

(二) 禁忌的坐姿

在坐姿中应避免以下情形:入座时猛起猛坐,弄得座椅乱响;坐定后弯腰弓背,身体左右晃动;两膝分开,脚尖朝内、脚跟朝外呈"八"字形;两大腿分开,伸得很远;双膝并拢,小腿分开超过肩宽,形成"人"字形;把脚架在椅子或沙发扶手上,或藏在座椅下;两腿交叠时,悬空的脚尖上翘直指对方,或不停地晃动,或摆成"4"字形;前俯后仰,躺靠椅背,晃动膝盖;在游客面前双手抱膝或手捂小腹处;旁若无人地整理头发和衣服,不时摆弄手指、衣角、手帕及其他小件物品;脱掉鞋子,或把脚露在鞋外,或双手交叉于脑后,或坐在工作台旁等。

三、走姿

协调稳健、轻松敏捷的走姿会给人动态之美,表现出朝气蓬勃,积极向上的良好精神状态。

(一) 走姿的基本规范

行走是人生活中的主要动作,是一种动态的美。人行走的时候总比站立的时候多,而且一般又都是在公共场合中进行,所以有着矫健轻快、从容不迫的优美走姿,就显得尤为重要。

1. 基本要求

上身正直不动,两肩相平不摇,两臂摆动自然,两腿直而不僵,步度适中均匀,两脚落地呈一线。

2. 走姿要点

（1）步度适中。所谓步度，是指在行走时两脚之间的距离。步度的一般标准是：踩出落地后的一脚脚跟离未踩出一脚脚尖的距离，恰好等于自己的脚长。即男性每步大约40厘米，女性每步大约30厘米。这个标准与身高有关，身材高者，脚略长些，步伐自然大些；身材矮者，则步伐就小些。所以这里的脚长是指穿了鞋子的长度，而非赤脚。同时，穿什么样的服装和鞋子也会影响一个人的步度。假如有位女性穿的是旗袍，脚下又穿的是高跟鞋，那么步度肯定就比穿长裤和平底鞋时的步度要小些，因为旗袍的下摆小，而且高跟鞋从鞋尖到鞋跟的长度也比平底鞋的长度要短一些。

（2）步位标准。所谓步位，就是脚落地时应放的位置。走路时最好的步位是男性两脚跟交替前进在一线上，两脚尖稍做外展；女性的两脚则要踏在一条直线上，也就是所称的"一字步"。

（3）步韵优美。走路时的步韵很重要，要求膝盖和脚腕都要富于弹性，两臂自然轻松的摆动，使自己走在一定的韵律中。男性步伐应是矫健、稳重、刚毅、洒脱，具有阳刚之美；女性步伐应是轻盈、柔软、玲珑、贤淑，显得秀丽妩媚。

（4）速度均匀。在一定的场合应当保持相对稳定的速度。在正常情况下，服务人员每分钟走 60～100 步。

（5）重心准确。正确的做法是，行进时身体向前微倾，重心落在前脚掌上。在行进过程中，应注意使身体的重心随着脚步的移动而不断地向前过渡，切勿让身体的重心停留在自己的后脚上。

（6）身体协调走路时要以脚跟先着地，膝盖在脚部落地时应当伸直，腰部要成为重心移动的轴线，双臂在身体两侧一前一后地自然摆动，同时走路时要注意使用腰力。腰部松懈了，会有滞重的感觉，不美观；拖着脚走路，更显得难看。

3. 注意事项

（1）走路时，应大臂带动小臂，自然摆动，幅度不可太大，只能小幅摆动，前后摆动的幅度为 30°～ 45°，切忌做左右式的摆动。

（2）走路时，应保持身体的正直，切忌左右摇摆或是弯腰驼背。

（3）走路时，腿部应伸直。因此，在走动时务必要使膝盖向后方伸直，并保持膝盖和脚踝轻松自如，以免显得浑身僵硬。脚尖应略微展平，切忌走外八字或是内八字。

（4）多人一起行走时，不要排成横队或勾肩搭背，这些都是不美观的表现，有急事要超过前面的行人时，不得跑步，但可以大步超过，并转身向被超越者致意道歉。

在日常生活中，人与人不同，走路姿态不可能呈现同一种模式。个人的走姿在多数情况下，与其年龄、背景、职业、着装以及所处场合有关。如行走时男性不要晃肩，女性的肩膀不要左右摇动。男性穿着西装时，要注意挺拔，保持后背平正，两腿立直，走路的幅度可以略大些，手臂放松、伸直摆动。女性穿着旗袍时，要显出女性柔美的风韵，要求身体挺拔挺胸、收腹、下颌微收，忌讳塌腰翘臀。同时，穿着旗袍无论是配以高跟鞋还是平底鞋，走路的幅度都不应该过大，两脚跟前后要走在一条线上，脚尖略微外开，手臂在体侧的摆动幅度也不应该过大，肩部和胯部可以随着脚步和身体重心的转移轻微左右摆动。也就是说,穿着旗袍走路,每一处都要显得轻柔、高雅。又如以男性为例,若想给他人留下严肃、威严的印象,就应挺起腰板,摆平头部,步伐大而稳健;若想给他人留下儒雅、谦和的印象,则可以放慢、放轻脚步;如希望自己显得年轻一些、富有活力,就尽可能地增加步履的节奏感。在工作中的不同场合,走姿的要求也随着地点的不同而发生着变化。以饭店为例,前厅的空间较大,工作人员的仪态尽收游客眼底,工作人员一定要以优美的走姿示人,步度、步速适中,步位标准;客房是游客休息的地方,工作人员的脚步落地一定要轻巧,工作人员在使用托盘上菜时,不可有大幅度的身体摆动,步度也要平稳、沉着;娱乐场合是游客休闲放松的地方,工作人员的走姿就可以轻盈灵活一些。

4. 工作中行进姿态的风度要求

(1)行进中,要有意避开人多的地方,切忌在人群中乱冲乱撞,甚至碰撞到游客的身体,这是极其失礼的。

(2)在行进中,特别是在人多路窄的地方,要注意方便和照顾他人,讲究"先来后到"。对游客更应该礼让三分,让游客先行,而不应抢道先行;若有急事,则应该对对方声明,说声"对不起"。

(3)服务人员要有意识地使行走悄然无声。其做法是:一是走路时要轻手轻脚,不要在落脚时过分用力,走得"咚咚"直响;二是上班不要穿着带有金属鞋跟或钉有金属鞋掌的鞋子;三是在上班时,所穿的鞋子一定要合脚,否则走动时会发出"啪嗒"的噪声。

(4)服务人员在走路的时候一定要稳重大方,保持自己的风度,不宜使自己的情绪过于表面化,更要避免激动起来,使走路变成了上蹿下跳,甚至是连蹦带跳的失态状况。如有急事要办,服务人员可以在行进中适当加快步伐。但若非遇上紧急的情况,则最好不要在工作的时候跑动,尤其是不要当着游客的面突如其来地狂奔而去。那样通常会令其他人感到莫名其妙,产生不好的猜测,甚至还有可能造成过度紧张的气氛。

(5)在道路狭窄的地方,服务人员务要避免悠然自得地缓步而行,甚至走走停停。走在路上时,也应注意避免多人并排而行。一旦发现自己阻挡了他人的道路,务必要马上闪身让开,请对方先行。

(二)禁忌的走姿

在行走时,应避免双臂大甩手、摇头晃肩、大幅度扭腰摆臀;不要急跑步或脚跟用力着地而发出声响;忌与游客抢道而行,不打招呼,不致歉意,与他人占道并行,勾肩搭背;忌双手插入裤袋或倒背而行;不要步幅太大或太小;上下楼梯时不要弯腰驼背、手撑大腿或一步踏两三级楼梯,等等。

四、蹲姿

蹲姿不像站姿、坐姿、走姿那样使用频繁,而是在比较特殊的情况下所采用的一种暂时性体态。旅游服务过程中只有遇到整理工作环境、提供必要服务、捡拾地面物品等比较特殊的情况,才允许服务人员酌情采用蹲的姿势。

(一)蹲姿基本规范

(1)高低式蹲姿。屈膝并腿,左脚在前,右脚在后向下蹲去,左小腿垂直于地面,全脚掌着地,大腿靠紧,右脚跟提起,前脚掌着地,右膝内侧靠于左小腿内侧,形成左膝高于右膝的姿态,臀部向下,上身向前微倾,基本上以右腿支撑身体。女性应靠紧两腿,男性则可适度地分开。

（2）交叉式蹲姿。通常适用于女性服务人员,尤其是身穿短裙的服务人员。它的优点是造型优美典雅。基本特征是蹲下后双腿交叉在一起。其要求为:下蹲时,右脚在前,左脚在后,右小腿垂直于地面,全脚着地。左膝由后下方伸向右侧,左脚跟抬起,并且脚掌着地。右腿在上、左腿在下,二者交叉重叠。两腿前后靠近,合力支撑身体。臀部向下,上身稍前倾。

（3）半跪式蹲姿,又叫作单跪式蹲姿。它是一种非正式蹲姿,多用于下蹲时间较长,或工作时需要用力的情形。它的基本特征是双腿一蹲一跪。其要求为:下蹲之后,改为一腿单膝点地,臀部坐在脚尖之上,而以其脚尖着地。另外一条腿则全脚着地,小腿垂直于地面。双膝同时向外,双腿尽力靠拢。

（二）禁忌的蹲姿

在公共场合使用蹲姿时,应避免过度地弯曲上身和翘起臀部,否则容易露出内衣;下蹲时切勿速度过快;与他人同时下蹲时,不可忽视双方的距离,以防双方迎头相撞;女士使用蹲姿时,不可将双腿敞开。

五、表情

面部表情是仪态的重要组成部分。在对客交往时,喜、怒、哀、乐等表情最为常见。一个人的眼睛、眉毛、嘴巴和面部表情肌肉的变化,能够表达出一个人不同的感情。而微笑与眼神是面部表情的主要呈现方式。

（一）微笑

微笑是人们对某种事物给予肯定后的内在心理历程,是人们对美好事物表达愉悦情感的心灵外露。微笑可以表现出对他人的理解、关心和爱,是礼貌与修养的外在表现和谦恭、友善、含蓄、自信的反映。微笑服务是旅游从业人员最基本的礼仪要求。

1. 微笑的基本规范

微笑是不分文化、种族或宗教,是每个人都能理解的,是国际通用的,是世界各地人民进行情感沟通的手段。微笑是一种国际礼仪,体现了人类最真诚的相互尊重与亲近。微笑也是最基本的礼仪,应伴随着我们度过工作和生活中每一刻——无论你是对待客户、同事、家人,乃至陌生人,都应该以微笑的态度。

微笑的基本规范是真诚、文雅、适度、亲切自然,应该是发自内心喜悦的自然流露,是对服务职业肯定的内心反映,也是对游客诚恳服务的反映,给游客一种愉悦、舒适、幸福、动人的好感和快感。

微笑一般应做到三个结合:一是口、眼、鼻、眉、肌结合。发自内心的微笑,会自然调动人的五官,做到嘴到、眼到、鼻到、眉到、肌到,才会亲切动人、打动人心。二是微笑与神、情、气质相结合。微笑与神的结合就是要笑得有情入神,笑出自己的神情、神色、神态,做到情绪饱满,神采奕奕;微笑与情的结合就是要笑出感情,笑得亲切、甜美,反映美好的心灵；微笑与气质的结合就是要笑出谦逊、稳重、大方，表现出良好的气质。三是微笑与语言相结合。微笑和语言都是传播信息的重要符号。只有注意微笑与语言的结合，才能声情并茂，相得益彰。如果脸上微笑，却出言不逊、语言粗野，其微笑就失去了意义；如果语言文明礼貌，却面无表情、冰冷一块，则会令游客怀疑你的诚意。

国际标准微笑，要求别人在离你三米时就可以看到标准迷人的微笑：面容祥和，嘴角微微上翘，露出上齿的八或六颗牙齿（图 3-18）。需注意，要保持牙齿的干净，以表示尊重。

图 3-18　微笑

2. 微笑的方法

我们所推崇的微笑，就是笑得甜美、笑得真诚，其方法如下。

（1）微笑来自员工敬业乐业的思想与感情。即员工心灵深处对自己的职业有正确的认识及情感与情绪上的体验。正如一位员工所说："对旅游工作的爱，对游客的爱，是我们甜美、真诚微笑的源泉。"在这种微笑里，包含着民族的尊严与自豪感，热情助人、乐于服务的高尚职业情操，以及勤奋进取、勇于奉献的精神。

（2）加强心理素质的锻炼，努力增强自控力，克服不良情绪的外露，保持心境的喜悦。笑，是员工内心情感的自然流露。烦事、不愉快乃至伤心事都会通过眼、口、面部表情显露出来，进而损害员工的形象。因此，在上岗前，员工要全力排除一切心理障碍和外界的干扰，全身心地进入角色，从而把甜美、真诚的微笑与友善、热忱的目光，训练有素的举止，亲切动听的话语融为一体，以最完美的神韵出现在游客面前。

（3）加强必要而严格的训练。除上述思想、心理素质培养外，还可以适当地进行某种技术上的指导。例如，默念"田七、茄子"，可以收到一定的效果。当我们默念这些词、字的时所形成的口型，正好是微笑的最佳口型。必须指出，微笑要以好的心境与情绪作为前提，否则将会陷入勉强、尴尬的境地。

（4）微笑服务的实现，还得借助外部环境。就工作单位内部而言，领导要关心员工，形成一个团结、和谐的环境，使员工对工作单位有信赖感和归属感，以增强单位的凝聚力。就外部而言，要形成真正的市场竞争机制，优胜劣汰，并与经济效益挂起钩来。如此一来，优质服务和甜美而真诚的微笑之花，将会开得更加鲜艳。

3. 禁忌的微笑

拉起嘴角一端的表现虚伪的微笑，缺乏诚意；露出笑容随即收起，或对游客不尊重的、神秘的笑；捂着嘴的、不自然的微笑；强作欢颜、假意奉承的"皮笑肉不笑""苦笑"等。

另外要注意，正式场合不宜大笑，不能没有任何原因而看着别人哈哈大笑。除非在私下场合或是娱乐场合,否则,都会被认为是缺乏教养的失礼之举。至于勉强敷衍的笑、机械呆板的笑、尴尬的笑,以及皮笑肉不笑等,也是必须注意和防止出现的"笑"。甚至在下列情况下,微笑是不允许的:进入气氛庄严的场所时;游客满面哀愁时;游客有某种先天的生理缺陷时;游客出了洋相而感到极其难堪时。在这些情况下,如果我们还面带微笑,往往会使自己陷入十分不利、被动的处境。

(二)眼神

眼睛被人们称为"心灵的窗户"。在人与人之间进行交流时,眼神的交流总是处于最重要的地位。在各种礼仪形式中,眼神有着重要的位置,其运用得当与否直接影响礼仪的质量。一双炯炯有神的眼睛,给人以感情充沛、生机勃发的感觉;如果目光呆滞麻木,则给人以疲惫厌倦的印象。

1. 眼神的基本规范

旅游从业人员的眼神要炯炯有神,体现出热情、礼貌、友善、诚恳。在服务时,要精神集中地注视旅客,基本规范主要包括对注视时间和注视区域的要求。

(1)注视时间:当使用眼神时,必须根据所看到的对象和场合,把握好注视的时间。一般情况下,在与他人交谈时,眼睛要有50%的时间注视对方,另外50%的时间则注视对方眼部以外的5~10厘米处——自始至终地注视对方是不礼貌的。在工作岗位上与游客接触时,可注视对方稍久一些,这既表示自信,也表示对对方的尊重;无意间与别人的目光相遇时,不要将自己的目光马上移开,应自然对视1~2秒后再慢慢移开;当与异性第一次见面时,注视的时间一般不超过4秒,否则会引起对方的误会;送别游客时,要一直注视着游客,等游客走出一段路、不再回头张望时,再转移目送游客的视线,以示尊重。

(2)注视区域:使用眼神时,将目光使用在对方的哪些区域,要根据所要传达的信息、使用的场合、注视的对象、希望营造的气氛而定。用目光注视对方,应自然、稳重、柔和,既不能死盯对方某部位,也不能不停地在对方身上上下打量。一般来讲,目光的使用区域可以分为三个区域(图3-19)。第一个区域是商务注视区域,这一区域范围主要是指对方两眼以上的额头部位。注视这一区域会使被注视者产生受尊重的感觉,主要适用于游客第一次接受服务、商务谈判、下级拜见上级、晚辈拜见长辈和异性之间的第一次见面等情形。第二个区域是社交注视区域,这一区域范围主要是指对方两眼以下、下颌以上所形成的倒三角区域。注视这一区域能让谈话者感到轻松、自然,容易形成平等感,能够比较自由地把他们的观点、见解发表出来,创造良好的交往氛

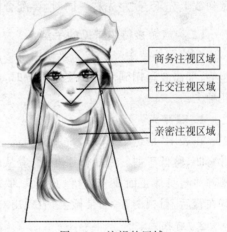

商务注视区域

社交注视区域

亲密注视区域

图3-19　注视的区域

围,主要适用于接待老顾客、茶话会、舞会、酒会、联欢会以及其他一般社交场合。第三个区域是亲密注视区域,这一区域范围主要是指对方眼睛、嘴部和胸部。注视这一区域能够

激发感情,表达爱意,主要适用在恋人之间、至爱亲朋之间。

2. 禁忌的眼神

在遇到游客时,只与游客打招呼,而不注视对方,这表示不欢迎对方;双方交谈时,瞪眼凝视对方,是表示敌意,使对方无安全感;斜着扫一眼或白眼,表示鄙夷或反感;正视逼视,表示命令,会使对方有压抑感;不停地上下打量对方,表示挑衅;眼睛眨个不停或眯着眼看对方,表示疑问或轻视;而工作时眼睑微睁、目光涣散,则表示无精打采、无工作热情。不要盯住对方的某一部位"用力"地看,这是愤怒的最直接表示,有时也暗含挑衅之意。切记我们不要盯视人,不要眯起眼睛看人。

六、手势

手势在人际交往中有着重要的作用。手势是动态美,可以作为加重语气、增强感情的表达,能在交际和旅游服务中起到锦上添花的作用。据语言专家统计,表示手势含义的词汇就有近 200 个,如招手致意、挥手告别、握手友好、摆手回绝、合手祈祷、拍手称快、拱手答谢(相让)、抚手示爱、指手示怒、颤手示怕、捧手示敬、举手赞同、垂手听命等。规范适度的手势,能够给游客以彬彬有礼、优雅大方、真诚含蓄的感受。

(一)手势的基本规范

旅游从业人员手势的基本要求是自然优雅、简约明快、落落大方。使用区域有上、中、下三个区域,肩部以上称为上区,多用来表示理想、希望、宏大、激昂等情感,表达积极肯定的意思;肩部至腰部称为中区,多表示比较平静的思想,一般不带有浓厚的感情色彩;腰部以下称为下区,多表示不屑、厌烦、反对、失望等,表达消极否定的意思。规范的手势应当是手掌自然伸直,掌心向内向上,手指并拢,拇指自然稍稍分开,手腕伸直,使手与小臂成一直线,肘关节自然弯曲,大小臂的弯曲以 140°为宜。在使用手势时,要讲究柔美、流畅,做到欲上先下、欲左先右。同时,要配合眼神、表情和其他姿态,使手势更加协调大方。

(二)旅游接待中常见的手势

在旅游接待中经常有需要使用手势的情况,例如为游客开门,请游客进门,请游客入座等,都需要运用到手势。使用手势时,应注意各种体态的协调。常见的手势主要有以下几种。

1. 横摆式

在表示"请进""请"时,常用横摆式。做法是,五指并拢,手掌自然伸直,手心向上,肘微弯曲,腕低于肘。开始做手势时,应从腹部之前抬起,以肘为轴,轻缓地向一旁摆出,到腰部并与身体正面成 45°时停止。头部和上身向伸出手的一侧微微倾斜,另一手下垂或背在背后,目视游客,面带微笑,表现出对游客的尊重和欢迎。

2. 前摆式

如果我们右手拿着东西或扶着门,同时又要向游客做向右"请"的手势时,可以用前摆式。做法为:五指并拢,手掌伸直,从身体一侧由下向上抬起,以肩关节为轴,手臂稍曲,到腰的高度之后再由身前右方摆去,摆到距身体 15 厘米处、并不超过躯干的位置时停止,面带笑容地目视游客。此外,也可双手前摆。

3. 斜摆式

请游客落座时,手势应摆向座位的地方。手要先从身体的一侧抬起,到高于腰部后,再向下摆去,使大小臂成一斜线。

4. 直臂式

需要给游客指引方向时,采用直臂式。做法为:掌心向上伸直,手指并拢,屈肘从身前抬起,向指的方向摆去,抬到肩的高度时停止,肘关节基本伸直。注意指引方向时,不可用一手指指示,以免显得不礼貌。指示方向时,上体稍向前倾,面带微笑,自己的眼睛看着目标方向,并兼顾游客是否意会到目标。这种手势有诚恳、恭敬之意。

(三)人际交往中常见的手势

1. "OK"的手势

拇指和食指合成一个圆圈,其余三指自然伸张。在不同国家,这种手势的含义有所不同。例如,在美国表示"赞扬""允许""了不起""顺利""好";在法国表示"零"或"无";在印度表示"正确";在中国表示"零"或"三"两个数字;在日本、缅甸、韩国表示"金钱";在巴西表示"引诱女人"或"侮辱男人";在地中海的一些国家则表示"孔"或"洞",并常用此来暗示、影射同性恋。

2. 伸出大拇指手势

在我国,伸出大拇指且手势向上,表示赞同、一流的等,向下则表示蔑视、不好等。在英语国家,大拇指向上,大多表示"OK"或是打车,但如果用力挺直,则含有骂人的意思;若大拇指向下,则多表示"坏""下等人"的意思。

3. 伸出食指手势

在我国以及亚洲一些国家,这个手势表示"一""一个""一次"等;在法国、缅甸等国家则表示"请求""拜托"之意。使用这一手势时,要注意不能用食指指人,更不能在面对面时用食指指着对方的面部——这种不礼貌的动作极易激怒对方。

4. "V"字形手势

伸出食指和中指,掌心向外的手势,主要表示胜利(英文 victory 的第一个字母),若掌心向内,在西欧则表示侮辱、下贱之意。另外,这种手势在很多国家里还时常用来表示数字"二"。

(四)做手势时的注意事项

手势是人的道德修养、心理品质的外在表现,得体的手势可以体现出旅游从业人员对游客的尊重和友好。在不同的国家、不同的民族、不同的地区,人们对同一种手势的理解含义可能有所不同。因此,在与游客交往,使用手势时,必须注意各国不同的习惯,以免闹出笑话或造成误会。另外,需要注意避免的手势如下。

1. 手指指点

谈话时,伸出食指,向对方指指点点,这是一种很不礼貌的举动,这表示对对方的轻蔑与瞧不起。如若手举得再高些,指向某人的脸,那问题就更严重了。

在公共场合,遇到不相识的人,不应当指指点点,尤其是不应当在其背后这样做。这种动作通常会被理解为对对方进行评头论足,是非常不友好的行为。

2. 双臂环抱

双臂环抱、端在胸前这一姿势，往往会被人理解为：孤芳自赏、自我放松，是置身事外、袖手旁观、看他人笑话之意。在接待工作中这么做，会给游客以高傲、目中无人的感觉。

3. 双手抱头

双手抱头是一种很随意的状态，使用这一手势显得自己很放松。在工作中这么做，会给游客留下目中无人的感觉。

4. 摆弄手指

在工作无聊时，反复摆弄自己的手指、活动关节，或是手指动来动去，或是莫名其妙地擦拳松拳，很容易给人以歇斯底里的感觉，继而让游客望而却步。

5. 捻指

捻指就是用手的拇指和食指弹出"叭叭"的声音，它所表达的意义比较复杂：有时是表示高兴；有时是表示对对方所说的话很感兴趣或是完全赞同；有时则是表示某种轻浮的动作。为了避免在工作中让游客产生误解，就需要尽可能少地使用无谓的手势。

6. 手势放任

有些人习惯时不时地抚摸自己的身体，如摸脸、擦眼、搔头、剜鼻、剔牙、抓痒、搓泥等。这些手势会给他人留下缺乏公德意识、不讲究卫生、个人素质极其低下的印象。

讨论案例

张红是一位酒店客房服务员。一天下午快下班时，她接到朋友电话，邀请她一起去看歌剧。张红很兴奋，下班后匆匆忙忙穿着酒店制服，就进入了剧院。结果，其他衣冠楚楚的观剧人都以异样的目光看着她。张红这才发现，周围的人都身穿礼服或正装。她突然感到其他人目光中的压力，自己非常尴尬，她的朋友也觉得很没有面子。由于观看歌剧期间不可退场，张红整晚虽然坐在座位上，却早已无心观剧，深感无地自容，结果弄得大家都很扫兴。

分析提示

制服是在特定工作场合穿着的服装，而剧院、音乐厅都是极其正规的公共场合，对服饰要求非常严格和规范。重视服饰是对演员尊重和对他人礼貌的重要体现。所以应注意TPO原则，根据不同的地点、场合，及时更换服装体现着装规范。

课堂演练

利用图片、多媒体，对化妆的步骤及礼节、制服的正确穿着、标准仪态进行演示。

实训操作

1. 化妆礼仪

实训内容及操作要求见表3-1。

表 3-1　化妆礼仪实训内容及操作要求

实训内容	操作要求
净面	(1) 将脸用温水打湿 (2) 取适量洗面奶于手心,搓至起泡 (3) 由下巴向额头,用手指轻轻地按摩清洗 1～2 分钟 (4) 用清水清洗 (5) 用纸巾或毛巾把多余的水分吸干
基本化妆	(1) 涂化妆水,用棉球蘸取化妆水,向脸面叩拍 (2) 抹粉底霜,用手指或手掌在脸上点染晕抹 (3) 上粉底,用手指或手掌在脸上点染晕抹,不宜过厚 (4) 扑化妆粉,用粉扑自下而上扑均匀
眼部化妆	(1) 涂眼影。用棉花棒沾眼影色在眼周、眼尾上下眼皮、眼窝处点抹并扫开。手法先上后下至下眼睑的尾部 (2) 描眉。蓝灰色打底,棕色或黑色描出适合的眉型。直线型使脸型显短,弯型使人显温柔 (3) 描眼线。用眼线笔沿眼睫毛底线描画
抹颊红	用颊红轻扫两颊,以颧骨为中心向四周抹匀。长脸形横打胭脂,圆脸形和方脸形竖打胭脂
涂唇膏	(1) 用唇笔描上下唇轮廓,起调整色泽、改变唇形的作用 (2) 用口红填满
检查	(1) 发际和眉毛是否沾上粉底霜 (2) 双眉是否对称 (3) 胭脂是否涂匀 (4) 妆面是否平衡 (5) 妆容与穿着是否协调 (6) 适当调整与修改

注意事项：旅游从业人员的妆容,从本质上讲是一种工作妆,与一般人平时所化的生活妆有着不同的要求,应注意体现以下几点。

(1) 淡雅、简洁。即从业人员在工作时一般只化淡妆,化妆修饰的重点主要是嘴唇、面颊和眼部。

(2) 庄重。从业人员要注意在化妆时对本人进行正确的角色定位。若在上班时采用一些社会上正在流行的化妆方式,诸如金粉妆、印花妆、舞台妆、宴会妆等,则会使人觉得轻浮随便、不务正业。

(3) 避短。从业人员在化妆时重在美化自身形象,既要扬长,更要避短,即：巧妙地掩饰自己所短,并弥补自己的不足。工作妆重在避短,而不在于扬长——过分强调扬长,有自我炫耀之嫌,易引起顾客反感。

实训地点：模拟礼仪实训室或带有洁面、镜面条件的房间。

实训课时：2 学时。

2. 制服、衬衣、鞋袜穿着及饰物佩戴

实训内容及操作要求见表 3-2。

表 3-2　制服、衬衣、鞋袜穿着及饰物佩戴实训内容及操作要求

实 训 内 容	操 作 要 求
制服和衬衣穿着前的检查	(1) 接过制服时,确认适合自己的尺码 (2) 重点检查领口和袖口的洁净 (3) 细心检查衣服上是否有油污陈迹、扣子是否齐全、是否有漏缝或破边
制服和衬衣的穿着	(1) 从衣架上取下衬衣,穿好 (2) 衬衣穿好后,下摆必须放在裤子或套裙里面 (3) 对着镜子检查:扣子是否扣齐,穿着是否符合规范 (4) 换下的、不需洗涤的衣物,应挂在衣架上
鞋袜穿着前的检查	(1) 颜色式样。皮鞋或布鞋以素色或黑色为主,样式以端庄、大方为主 (2) 整洁。皮鞋应该经常擦油,保持干净光亮;布鞋应该保持干净 (3) 完好。及时修补小破损 (4) 男士袜子的颜色应该与鞋子颜色和谐,颜色应比制服的颜色深 (5) 女士着裙装时,应穿与肤色相近的长丝袜,袜子不可太短,不可穿有抽丝破损的长丝袜上班
饰物佩戴	(1) 帽子要戴端正,符合规范 (2) 工号牌要端正的别在西装左胸翻领上或其他制服左胸上方 (3) 领带(领结)经常是制服的组成部分,配套的制服应按规定系好领带 (4) 领带扎在硬领衬衣上,扎前衬衣的第一个纽扣应当扣上 (5) 系领带不能过长或过短,站立时下端齐及腰带为最好 (6) 领带系好后,前面宽的一面应长于里面窄的一面 (7) 如果须用领带夹,其位置在衬衣的第四、第五个纽扣之间 (8) 领带不用时,应打开领结,垂直吊放,以备再用

注意事项如下。

(1) 女士穿中跟或平跟鞋。

(2) 除非有特别需要,不可在游客面前把脚从鞋子里面伸出来。

(3) 暗色和花色长裤不适合与工作套裙搭配。

(4) 佩戴的饰品,一定要使之符合自己的身份。服务人员的工作性质,主要是向旅游者提供服务,因此一切要以服务对象为中心,在工作岗位上不佩戴工作制服要求之外的饰品。

实训地点:礼仪实训室。

实训课时:2 学时。

3. 立姿

实训内容及操作要求见表 3-3。

表 3-3　立姿实训内容及操作要求

实训内容	操 作 要 求
侧立式立姿	(1) 头抬起,面朝正前方,双眼平视,下巴微微内收,颈部挺直,双肩放松,呼吸自然,腰部直立 (2) 脚掌分开呈"V"字形,脚跟靠拢,两膝并严,双手放在腿部两侧,手指稍弯曲,呈半握拳状
前腹式立姿	(1) 同"侧立式立姿"操作要求第一条 (2) 脚掌分开呈"V"字形,脚跟靠拢,两膝并严,双手相交放在小腹部

续表

实训内容	操 作 要 求
后背式立姿	(1) 同"侧立式立姿"操作标准第一条 (2) 两腿稍分开,两脚平行,比肩宽略窄些,双手在背后轻握放在后腰处
丁字式立姿	(1) 同"侧立式立姿"操作标准第一条 (2) 一脚在前,将脚跟靠于另一脚内侧,两脚尖向外略展开,形成斜写的一个"丁"字,双手在腹前相交,身体重心在两脚上。此式限女性使用
太累时自行调节	两腿稍微分开,将身体重心移向左脚或右脚

注意事项如下。

(1) 站立服务中双手不可抱胸叉腰,或支于某处;托腮抱脑、将手插在衣裤口袋内、手拿私人物品等,都是不允许的姿势。

(2) 不可趴依扶靠、半坐半立。这些姿势显得自由散漫、极不雅观,有缺乏教养之感,在服务中是绝不允许的。

(3) 全身乱动。在站立过程中频繁变换体位、身体扭曲、胳膊乱舞、腿部抖动,这不仅使姿势变得难看,而且易引人反感。

(4) 脚位不当。或一腿支地,另一腿蹬踏他处;或脚尖并拢,脚跟打开;脚跟打开,两脚呈"八"字形;或以两脚掌外侧着地为支点,内侧翘起等,这些姿势都给人以过分随便之感。

(5) 腆胸撅臀,这是女性服务员站立服务的大忌。过分凸显自己身体的曲线,有搔首弄姿之嫌,易给自己惹来不必要的麻烦。

实训地点:形体实训室。

实训课时:2 学时。

4. 坐姿

实训内容及操作要求见表 3-4。

表 3-4　坐姿实训内容及操作要求

实训内容	操 作 要 求
基本坐姿	(1) 入座时要轻而缓,走到座位前面再转身,右脚后退半步,左脚跟上,然后轻轻地坐下 (2) 女子用手将裙子向前拢一下 (3) 坐下后,上身直正,头正目平,嘴巴微闭,脸带微笑,腰背稍靠椅背,两手相交放在腹部或两腿上,两脚平落地面。男子两膝间的距离以一拳为宜,女子则以两膝不分开为好
两手摆法	(1) 有扶手时,双手轻搭或一搭一放 (2) 无扶手时,两手相交或轻握,放于腹部;或者左手放在左腿上,右手搭在左手背上;或者两手呈八字形放于腿上
两腿摆法	(1) 凳高适中时,两腿相靠或稍分,但不能超过肩宽 (2) 凳面低时,两腿并拢,自然倾斜于一方 (3) 凳面高时,一腿略搁于另一腿上,脚尖向下
两脚摆法	(1) 脚跟与脚尖全靠或一靠一分 (2) 也可一前一后,或右脚放在左脚外侧
"S"形坐姿	上体与腿同时转向一侧,面向对方,形成一个优美的"S"形坐姿

注意事项如下。

（1）双腿不宜叉开过大。

（2）不可将手夹在腿间。

（3）双腿不宜过分伸张。

（4）不要让腿部抖动、摇晃。

（5）就座以后，切忌用手抚摸小腿或脚部，避免出现不文明、不卫生的不良习惯。

（6）若身前有桌子时，就座后将双手置于桌上，单手或双手放于桌下都是不妥的。

（7）不可将双手抱在腿上。

实训地点：具有落地大立镜、各类椅子的房间。

实训课时：2学时。

5. 走姿

实训内容及操作要求见表3-5。

表 3-5　走姿实训内容及操作要求

实训内容	操作要求
一般走姿	（1）方向明确。在行走时，必须保持明确的行进方向，尽可能地使自己犹如在直线上行走，不突然转向，更忌突然大转身 （2）步幅适中。一般而言，行进时迈出的步幅与本人一只脚的长度相近，即：男子每步约40厘米，女子每步约36厘米 （3）速度均匀。在正常情况下，男子每分钟108～110步，女子每分钟118～120步，不突然加速或减速 （4）重心放准。行进时身体向前微倾，重心落在前脚掌上 （5）身体协调。走动时要以脚跟先着地，膝盖在脚步落地时应当伸直，腰部要成为重心移动的轴线，双臂在身体两侧一前一后地自然摆动 （6）体态优美。行走时，昂首挺胸，步伐轻松而矫健。最重要的是，两眼平视前方，挺胸收腹，直起腰背，伸直腿部
陪同游客的走姿	（1）同"一般走姿" （2）引领游客时，位于游客侧前方2～3步，按游客的速度行进，不时地用手势指引方向，招呼游客
与服务人员同行走姿	（1）同"一般走姿" （2）不可并肩同行，不可嬉戏打闹，不可闲聊
与游客反向而行走姿	（1）同"一般走姿" （2）接近游客时，应放慢速度；与游客交会时，应暂停行进；在空间小的地方，要侧身，让游客通过后再前进
与游客同向而行走姿	（1）同"一般走姿" （2）尽量不超过游客；如果确实需要超过，要"先道歉，后超越，再道谢"

注意事项如下。

（1）走路时，最忌内八字和外八字；其次是弯腰弓背，摇头晃脑，大摇大摆，上颠下跛；再者，大甩手，扭腰摆臀，左顾右盼，脚蹭地面，将手插在裤兜里，这些都是行走时的禁忌。

（2）男子行走时，两脚跟交替前进在一线上，两脚尖稍外展。行走的速度较快，脚步稍大，步伐奔放有力，可以充分展示男性的阳刚之美。女子行走时，两脚尖稍外，两脚交替走在一条直线上，脚尖正对前方，称"一字步"，以显优美。

（3）女子着旗袍和中跟鞋时，步幅宜小，以免因旗袍开衩较大，露出大腿，显得不雅；女子着长裙行走时要平稳，步幅可稍大些。

实训地点：形体实训室。

实训课时：2学时。

6. 手势

实训内容及操作要求见表3-6。

表3-6　手势实训内容及操作要求

实训内容	操作要求
正常垂放	（1）手指尖朝下，掌心向内，手臂伸直，然后将手掌分别紧贴两裤线处 （2）双手伸直后，自然相交于小腹之处，掌心向内，一只手在上、一只手在下地叠放在一起 （3）双手伸直后，自然相交于小腹处，掌心向内，一只手在上、一只手在下地相握 （4）双手伸直后，自然相交手背后，掌心向外，两只手相握 （5）一只手紧贴裤线自然垂放，另一只手略弯曲，掌心向内搭在腹前 （6）一只手掌心向外背在背后，另一只手略弯曲，掌心向内搭在腹前 （7）一只手紧贴裤线自然垂放，另一只手掌心向外背在身后
自然搭放	（1）站立服务。身体应尽量靠近桌面或柜台，上身挺直；两臂稍弯曲，肘部朝外；两手以手指部分放在桌子或柜台上，指尖朝前，拇指与其他手指稍有分离，并轻搭在桌子或柜台边缘。应注意：不要距离桌子或柜台过远，同时还要根据桌面高矮来调整手臂弯曲程度，避免将整个手掌支撑在桌子或柜台上，避免上半身趴伏在桌子或柜台上 （2）坐姿服务。以坐姿服务时，将手部自然搭放在桌面或柜台上。身体趋近桌子或柜台，尽量挺直上身；除取物、书写、调试等必要动作时，手臂可摆放于桌子或柜台之上外，仅以双手手掌平放其上；将双手放在桌子或柜台上时，双手可以分开、叠放或相握，但不要将胳膊支起来或是将手放在桌子或柜台之下
手持物品	（1）稳妥。手持物品时，可根据物品重量、形状及易碎程度采取相应手势，切记确保物品的安全，尽量轻拿轻放，防止伤人或伤己 （2）自然。手持物品时，服务人员可以根据本人的能力与实际需要，酌情采用不同的姿势，但一定要避免在持物时手势夸张、"小题大做"，失去自然美 （3）到位。持物动作要到位。例如，箱子应当拎其提手，杯子应当握其杯耳，有手柄的物品应当持其手柄。持物时，若手不能到位，不但不方便，而且也很不自然 （4）卫生。为游客取拿食品时，切忌直接下手。敬茶、斟酒、送汤、上菜时，千万不要把手指搭在杯、碗、碟、盘边沿，更不可无意之间使手指浸泡在其中
递接物品	（1）用双手为宜 （2）递到手中 （3）主动上前 （4）方便接拿 （5）尖、刃向内
展示物品	（1）便于观看 （2）操作标准 （3）手位正确
打招呼	（1）要使用手掌，而不能仅用手指 （2）要掌心向外，而不宜掌心向斜下方

续表

实训内容	操 作 要 求
举手致意	(1) 面向对方 (2) 手臂上伸 (3) 掌心向外
挥手道别	(1) 身体站直 (2) 目视对方 (3) 手臂前伸 (4) 掌心朝外 (5) 左右挥动

注意事项如下。

(1) 手势不宜过多,幅度不宜过大。

(2) 注意手势的区域性差异。

(3) 错误手势:①指指点点;②随意摆手;③端起双臂;④双手抱头;⑤摆弄手指;⑥手插口袋;⑦搔首弄姿;⑧抚摸身体。在岗位上工作时,有人习惯抚摸自己的身体,如摸脸、擦眼、搔头、剔鼻、剔牙、抓痒、搓泥。这会给别人留下缺乏公德意识,不讲究卫生,个人素质极其低下的印象。

实训地点:形体实训室。

实训课时:2 学时。

课外思考

一、单选题

1. 在比较隆重的场合,男士穿(   )最好。

 A. 中山装或西装　B. 夹克衫或风衣　C. 羊毛衫或牛仔　D. T 恤衫

2. 西装应该配(   )。

 A. 皮鞋　　　　　B. 旅游鞋　　　　C. 凉鞋　　　　　D. 随便

3. 在正式场合,穿着三个扣子的单排西装,应该扣(   )。

 A. 扣上面的两个　B. 扣中间的一个　C. 扣下面的一个　D. 扣下面的两个

4. 旅游从业人员在工作岗位上佩戴饰品,要注意几点,其中做法错误的是(   )。

 A. 穿制服,不宜佩戴任何饰品　　　B. 在工作岗位上,不宜佩戴珠宝首饰

 C. 所佩戴的饰品,要协调　　　　　D. 佩戴的饰品超过三件

5. 旅游从业人员的面部表情应该是(   )。

 A. 微笑　　　　　B. 苦笑　　　　　C. 皮笑肉不笑　　D. 大笑

6. 女性(   )的坐姿最美。

 A. 直立端坐　　　B. 跷二郎腿　　　C. 弯腰驼背　　　D. 两腿叉开

7. 下列姿势不可以随意乱用的是(   )。

 A. 站姿　　　　　B. 坐姿　　　　　C. 行走　　　　　D. 蹲姿

二、多选题

1. 旅游业对男士发型的要求为(　　)。

　A. 前不覆额　　　　　　　　　　　B. 侧不遮耳

　C. 后面的头发不能及颈　　　　　　D. 面不留须

2. 旅游从业人员饰品佩戴应该(　　)。

　A. 符合身份　　　B. 以少为好　　　C. 区分品种　　　D. 佩戴有方

3. 着装的 TPO 原则是服装应与(　　)相协调。

　A. 时间　　　　　B. 场合　　　　　C. 地点　　　　　D. 潮流

4. 旅游从业人员化妆的原则是(　　)。

　A. 自然　　　　　B. 协调　　　　　C. 美观　　　　　D. 时尚

5. 不好的手势有(　　)。

　A. 指指点点　　　B. 双手抱头　　　C. 摆弄手指　　　D. 手势放任

6. 蹲姿主要有(　　)。

　A. 高低式蹲姿　　B. 交叉式蹲姿　　C. 倾斜式蹲姿　　D. 一般式蹲姿

7. 走路时,服务人员要注意(　　)。

　A. 同游客一起时,陪同引导,在游客左前方

　B. 同服务人员在一起时,不可以并排

　C. 同游客迎面相遇时,要向游客行礼

　D. 同游客同向时,尽量不超过游客,超过时要先道歉

8. 服务人员应避免的眼神有(　　)。

　A. 左顾右盼　　　B. 蔑视　　　　　C. 斜视　　　　　D. 上下打量

9. 旅游职业人员手势的基本要求是(　　)。

　A. 不宜过多　　　B. 自然优雅　　　C. 规范适度　　　D. 落落大方

三、判断题

1. 所谓仪容是指一个人在正式场合中身体不着装的部分,如面容、手部、脖颈、头发等。　(　　)

2. 面部化妆的基本要求是自然、协调、不露痕迹。　(　　)

3. 旅游职业人员的工号牌要佩戴在右胸的正上方。　(　　)

4. 佩戴饰品可以美化自身,因此要多戴小物品,以体现情趣。　(　　)

5. 入座时,走到座位前,转身后右脚向后撤半步,再坐下,然后把右脚与左脚并齐。　(　　)

6. 和别人交流时,为了表示我们在注意听,要注视着他。　(　　)

7. 在服务时,要一直保持微笑,因为这和自己的利益相关。　(　　)

8. 在与旅客交往、需使用手势时,必须注意各国不同的习惯。　(　　)

四、简答题

1. 个人形象展示主要表现在哪几个方面?

2. 化妆时应注意哪些礼仪?

3. 着装的 TPO 原则是什么？

4. 简述西服的穿着礼仪。

5. 女士着装应注意哪些礼仪？

6. 女士如何正确佩戴饰品？

7. 简述规范的站姿、坐姿、走姿、蹲姿要点。

8. 如何正确使用表情和手势？

日常交往礼仪

项目引入

无论是旅游接待工作还是日常生活,人们都离不开相互的交往。在交往过程中,人们需要遵守一定的行为礼仪,例如见面时的互致问候和介绍、拜访他人与赠送礼品、乘车行路和与人交谈等。通过这些礼仪形式,既可以表现出对他人的尊敬,给对方留下良好、深刻的印象,又能树立旅游企业良好的组织形象。

知识目标

能掌握问候与介绍礼仪;能熟悉拜访与馈赠礼仪;能熟悉乘车与行路礼仪;能掌握交谈礼仪。

技能目标

能够在日常交往中保持良好个人礼仪状态,能够有效交谈、礼仪拜访,能够做到日常电话沟通时的礼仪规范要求。

单元一　问候与介绍礼仪

人与人之间交往接触的第一礼节就是问候与介绍,其礼仪运用的恰当与否对日后双方交往的深度和广度起着决定性的作用。

一、问候礼仪

(一)称谓

称谓是极为重要的事情。恰当的称谓既反映了人们相互之间的关系,又展示出旅游从业人员良好的精神面貌和修养;而不妥当的称谓很容易让他人产生反感,甚至嫉恨在心,久久无法释怀。所以,在日常交往礼仪中一定要了解称谓的习惯与礼仪。

1. 一般称谓

在社交场合中最为普通的称呼语是称呼男士为"先生",称呼女士为"太太""小姐""女士"等。男士不论其年龄大小与婚否都可称呼为"先生";而对女士而言,"太太"一词是对已婚女士的尊称,"小姐"一词则主要是对未婚女士的称呼,在不了解女士婚姻状况时可通称为"女士"。称呼老师、长辈时,一般不可直呼其名,要用"您"而不用"你",以示敬意。对于初次见面或相交不深的人,用"您"而不用"你",以示谦虚与敬重。

2. 姓氏称谓

如果已经知道对方的姓氏或者姓名，尽可能用姓氏称呼游客，如"张先生""王女士"等，以显示对游客的尊重，并使游客有一种亲切感。

3. 职务称谓

在已经知道对方姓氏或姓名，又知道游客的职务时，最好使用职务称呼，如"张经理""王处长""刘主任"等。这样可以使游客产生一种地位感、成就感和自身价值得到认可的感觉。

4. 职业称谓

在已经知道对方姓氏或姓名，又了解游客的职业时，最好使用职业称谓，如"田律师""杨医生"等。在公务场合中，这样称呼显得庄重、规范。

5. 涉外称谓

在涉外活动中，对国外地位很高（部长级以上）的政府官员、外交使节、军队中的高级将领，可称"阁下"，如"部长阁下""总统阁下""大使先生阁下""将军先生阁下"等。在君主制国家，称国王和王后为"陛下"，称王子、公主、亲王为"殿下"。对有爵位的人士则按"公、侯、伯、子、男"的爵位相称，如"公爵先生""公爵夫人"。

6. 亲昵称谓

在日常生活或非正式场合中，关系密切的人之间可根据对方年龄亲切称呼对方，以体现亲切、自然，如"大爷""大妈""叔叔""阿姨""大姐""大哥""小朋友"等。在一般同事之间，可以用"老""小"加在姓氏前称呼；关系密切的人之间，可以直呼其名而不称姓；与老朋友和熟人见面时，不必使用敬称"您"，以免给人以生疏和拘谨之感。

（二）握手礼

握手礼最早起源于欧洲，原始时期人们见面时摸手。当时由于氏族部落之间的纷争，人们常有戒备心理，所以见面时为表示没有恶意，双方各自伸出自己的双手，让对方抚摸，表示自己手中没有武器。这种摸手礼后来逐渐演化为现在的握手礼。当你被介绍与他人相识时；在社交活动中遇见熟人时；与老朋友久别重逢时；迎送游客时；拜访他人时；感谢他人帮助时；祝贺他人时，都可以使用握手礼。在一般情况下，握一下即可，不必用力。但年轻者对年长者、身份低者对身份高者时，应稍稍欠身，双手握住对方的手，以示尊敬。

1. 握手礼的正确行礼方式

行握手礼时，双方可以单手相握，即见面的双方各自伸出右手，四指并拢，拇指张开，掌心向内，肘关节微曲，手臂抬至腰部，上身向前微倾，双脚立正，两人相距约一步远，目视对方，面带微笑，右手相握上下轻摇（图4-1），一般为2～4秒。也可以双手相握，即：为了表示对对方的热情，同时伸出双手，握住对方双手或右手。双手相握一般只在一种特殊情感下使用，如熟人或老朋友之间久别重逢；但初次见面或男女之间，一般不采用这种方式。

图4-1 握手姿势

2. 握手礼的顺序

使用握手礼的顺序是指当双方行握手礼时伸手的先后顺序,正确的顺序是:位尊者(如年长者、职位高者、女士)先伸手,然后是位末者(如年轻者、职位低者、男士)回握。若位尊者不伸手,位末者可用点头、微笑等其他礼仪致意;宾主之间,主人先伸手表示欢迎,游客回握;告辞时,应游客先伸手,表示感谢热情招待,主人回握;朋友之间或平辈之间谁先伸手可不作计较。

3. 握手礼时手的力度使用

在使用握手礼时,手的力度一般以不握疼对方的手为限度,用力要均匀,握得太紧或过猛,会给人以过分热情或故意示威之嫌;握得松松垮垮,绵软无力,会给人以缺乏热情或敷衍了事之嫌。因此,手的用力要适度。与久别重逢的老朋友握手可以握得用力些;男女之间握手,男士用力应稍微轻一些。

4. 握手礼的行礼时间

使用握手礼时双手相握的时间长短应适宜,一般根据握手双方的关系亲密程度来灵活掌握。初次见面者握手的时间不宜过长,一般应控制在 2~4 秒之内。老朋友或关系亲近的人则可以握的时间长些。异性之间握手切忌时间过长,像男士握住女士的手不放这种行为是很不礼貌的。

5. 握手礼的体态语含义

在日常交际场合,人们有意或无意中会通过行握手礼时的姿势、力度、时间长短,表现出不同的性格和心理状态。不同的握手姿势传递着不同的语意。如果使用了错误的姿势,非但不能传递友好的信息,还会影响相互间的友谊。不同的握手姿势所表示出的体态语含义如下。

(1) 掌心向下,握住对方的手,表明自己高高在上,显示出强烈的支配欲和控制欲。

(2) 握手时不是用手握住对方的整个手掌,而是轻轻地触碰一下对方的几个指尖,显示出一种让人不可亲近的高傲。

(3) 掌心向上与人握手,表明自己过分谦卑、缺乏自信。

(4) 手直直地伸向别人,并不握住对方的手,表明是在敷衍了事,也显示出个人做人的软弱与消极。

(5) 久久地双手用力地握住别人的手,表明一个人的真挚和热情。

(6) 正在谈话时,一方伸出手来相握,表明他希望早点结束谈话。

6. 使用握手礼的注意事项

(1) 行握手礼时,目光应热情地注视对方,切忌心不在焉、东张西望、左顾右盼。

(2) 在接待或拜访时,不能隔着门槛行握手礼,否则是失礼的行为。

(3) 单手相握时,应伸出右手与对方相握,左手自然下垂,不能插在口袋里或插在腰中。

(4) 除年老体弱者或残疾人可以坐着行握手礼外,其他人都应站立行礼。

(5) 当多人在场时,应一一行握手礼,不能交叉行礼,也不能用两只手分别与不同的人相握行礼。

(6) 如果由于手湿、手脏或手部有残疾不能行握手礼时,应说明原因并道歉。

（7）一般情况下，不能戴着手套与他人行握手礼，但女士所戴与礼服配套的装饰性手套除外。

（8）军人应先行军礼，再行握手礼。

（9）行握手礼后，忌用手帕擦手。

（三）鞠躬礼

鞠躬即弯身行礼（图4-2），源自古代祭天仪式。鞠躬主要表达"弯身行礼，以示恭敬"的意思。鞠躬是中国、日本、韩国、朝鲜等国家传统的、普遍使用的一种礼节。鞠躬致意适用的范围很广，它既适用于庄严肃穆或喜庆欢乐的仪式，又适用于普通的社交和商务活动场合，如演讲、领奖、谢幕、举行婚礼、悼念活动、接待来宾、下级对上级、晚辈对长辈等。

鞠躬礼分为三种，第一种是三鞠躬。行礼之前，应当先脱帽，摘下围巾，身体肃立，目视受礼者。男士的双手自然下垂，贴放于身体两侧裤线处；女士的双手下垂搭放在腹前。身体上部向前下弯约90°，然后恢复原样，如此三次。第二种为深鞠躬，其基本动作同于三鞠躬，区别就在于深鞠躬一般只要鞠躬一次即可，但要求弯腰幅度一定要达到90°，以示敬意。第三种是鞠一躬，为社交、商务鞠躬礼，行礼时，立正站好，保持身体端正；面向受礼者，距离为两三步远；以腰部为轴，整个肩部向前倾15°以上（一般是60°，具体视行礼者对受礼者的尊敬程度而定），同时问候"您好""早上好""欢迎光临"等；朋友初次见面、宾主之间、下级对上级及晚辈对长辈等，都可以鞠躬行礼来表达对对方的尊敬。根据不同的对象和场合需要，分为15°、30°或45°、90°三种（图4-3）。一般的问候和打招呼为15°躬，迎客和送客为30°和45°躬，特别的谢意、谢罪或致哀为90°躬。行鞠躬礼时，要面对游客，并拢双脚，视线由对方脸上落至自己的脚前1.5米处（15°礼）或脚前1米处（30°礼）或脚前0.4米处（60°礼）。

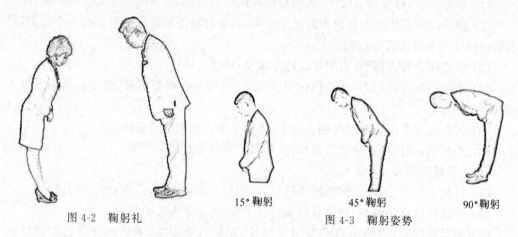

图4-2　鞠躬礼　　　15°鞠躬　　　45°鞠躬　　　90°鞠躬

图4-3　鞠躬姿势

鞠躬时，目光不得斜视和环顾，不得嘻嘻哈哈，口里不得叼烟卷或吃东西，动作不能过快，要稳重、端庄，并带有对对方的崇敬之情。鞠躬时，切不可撒开两腿，随随便便地弯一下腰或只往前探一下脑袋当作行礼。这是一种毫不在乎的表现，是对受礼者的不尊重。生活中常有人表现为"一面鞠躬，一面翻起眼睛看着对方"的情况，这种方式非常不妥，应该避免。通常，受礼者应以与施礼者的上体前倾度大致相同的鞠躬姿势进行还礼；但是上级或长者还礼时,不必以鞠躬还礼,可以欠身点头或握手答礼。

（四）致意礼

致意礼是人们见面时广泛使用的、简单快捷的见面问候礼仪,主要适用于不太熟悉的人或同一场合多次见面的熟人之间。致意礼的行礼方式主要包括微笑致意、点头致意、举手致意、脱帽致意、欠身致意等。

1. 微笑致意

微笑致意适用于所有人之间进行的交往活动中。比如,对上级和长辈微笑表达尊敬;对同事和朋友微笑表达问候;对孩子微笑表达关爱。微笑是发自内心的、浅浅的、不出声的笑。微笑时的面部表情跟眼神的神情应该是一致的,即面带微笑,同时眼睛也含笑,否则会被认为是不够诚意、敷衍。

2. 点头致意

点头致意适用于不宜交谈场合的问候,如在会议、会谈进行中。熟悉的双方彼此目光相遇又不便交谈时,可点头致意;与相识者在同一场合中多次见面或与有一面之交者在社交场合相逢,也可点头致意。点头致意常与微笑致意结合使用,致意时面带微笑,目光注视对方,头微微向下一点,幅度不必过大。

3. 举手致意

举手致意适用于相距较远的朋友或不便停留交谈的熟人之间,可分远近两种方式。远距离举手致意,一般不必出声,只要将右手臂伸直,举过头上或略高于头,掌心朝向对方,以手肘为中心,左右轻轻摆动几下手臂即可。近距离举手致意,即轻轻问候一声,将右手臂手肘弯曲,手掌放在右耳旁,以手腕为中心,左右轻轻摆动手掌即可。

4. 脱帽致意

在日常交往中,与上级、长者见面时,或男士遇见熟悉的女士,或男士被介绍与女士见面时,若戴着有檐的帽子,可脱帽致意。脱帽致意,即微欠上身,用右手脱帽,并将其置于大约与肩平行的位置,同时与对方交换目光。有些国家是将帽檐向上轻掀一下以示致意,待对方离开后再将帽子戴上。

5. 欠身致意

欠身致意在日常的人际交往中也被广泛使用,是指身体的上部稍微向前倾斜,以表示对他人恭敬的致意形式。

（五）合十礼

合十礼又称合掌礼（图 4-4）,源自印度,原是佛教的一种礼节,最初仅为佛教徒之间的拜礼,后发展成全民性的见面礼。现流行于泰国、缅甸、老挝、柬埔寨、尼泊尔等佛教国家,因为影视影响,现使用人数渐渐扩展到非教徒之间。在泰国,行合十礼时,一般是两掌相合,十指伸直,举至胸前,身子略下躬,头微微下低,口念"萨瓦蒂"。"萨瓦蒂"系梵语,原意为如意。遇

图 4-4　合十礼

到不同身份的人，行此礼的姿势也有所不同。例如，晚辈遇见长辈行礼时，要双手高举至前额，两掌相合后需举至脸部，两拇指靠近鼻尖。男行礼人的头要微低，女行礼人除了头微低外，还需要右脚向前跨一步，身体略躬。长辈还礼时，只需双手合十放在胸前即可。拜见国王或王室重要成员时，男女还均须跪下。国王等王室重要成员还礼时，只点头即可。无论地位多高的人，遇见僧人时都要向僧人行礼，而僧人则不必还礼。

（六）拥抱礼

拥抱礼是欧美各国朋友和熟人之间见面的常用礼节，通常与亲吻礼同时进行，有时是热情的拥抱，有时则纯属礼节性拥抱。拥抱礼现在也常用于正式或非正式的迎送仪式中，表示欢迎或惜别之情。行拥抱礼时，两人正面相对走近对方，右臂在上，左臂在下，右手扶在对方左后肩，左手扶在对方右后腰，按各自的方位，两人头部及上身向左相互拥抱，然后向右拥抱，再次向左拥抱后，礼毕。

（七）亲吻礼

亲吻礼是在西方、东欧等国家及阿拉伯地区，上级对下级、长辈对晚辈，以及朋友、夫妻之间表示亲昵、爱抚的一种礼节。在遇到喜事或悲伤时，一般也行亲吻礼，表示真诚的慰问。行亲吻礼的方式主要包括吻面颊、贴面、吻手等。父母子女之间吻脸、吻额头；兄弟姐妹平辈的亲友贴面颊；亲人、熟人之间拥抱、吻脸、贴面颊。在公共场合中，关系亲近的妇女之间吻脸；男、女之间贴面颊；晚辈对长辈一般吻额头。吻手主要使用在正式社交场合中，如同上层社会的贵族妇女见面时，如果女士先伸出手、做下垂式，男士则可将其指尖轻轻提起、吻手。吻手时如女方身份地位较高，男方则以一膝作半跪姿势后行礼，此项礼节在英、法两国最为重视。

二、介绍礼仪

在日常交往过程中，介绍起着非常重要的作用。介绍是彼此不熟悉的人们开始交往的起点。恰当的介绍可以使不相识的人相互认识，扩大人们的交往范围。介绍的方式主要分为自我介绍、他人介绍和居间介绍三种。

（一）自我介绍

在日常交往过程中，如果你在一些特定的交往场合想认识某人或想让大家了解你，但现场又无人帮你引荐，那么自我介绍就显得十分必要。不论在什么场合做自我介绍，都应该做到举止端庄、表情亲切、目光坦然，为日后的交往创造良好的第一印象。

在进行自我介绍时，内容应简明扼要，语言应清晰流畅，表情应自然大方。自我介绍时，首先应礼貌问候对方，然后说出自己的姓名、单位和身份，以及自己想结识对方的愿望和目的。如果对方积极热情，你便可与对方进行交谈；如果对方反应冷淡或有急事要办，你应礼貌告辞。若到公司求职，自我介绍就要详细些，除说明自己的姓名、年龄、特长之外，还应该说明自己曾获得的荣誉，以及自己能做好公司的哪些工作。成功而有效果的自我介绍，不仅要依靠声调、态度、举止的魅力，更要结合实际情况灵活把握，恰到好处地推出自己。介绍时，应注意以下几点。

（1）注意时机的选择。在自我介绍时，一方面不要破坏或打断别人的谈话；另一方面,要吸引别人的注意,但千万不要抢别人的话头,最好能接过话头,自然地引入介绍。

（2）要充满自信。以自信的语态和自然、清晰的语言报出自己的名字,尽可能用幽默的方式加深别人对自己的印象。

（3）要表示出友善。要从自我介绍的话语中显出自己的友善、坦率和谦恭,获得别人的好感和尊敬。

（4）要表示出特别渴望认识对方的心情。在自我介绍时,要表示出和对方结识的意愿,并且明确表示因为认识对方而觉得荣幸,使对方觉得自己很重要。

（5）自我介绍时应注意避免出现以下错误。

① 急于表现自己。例如:在不适当的时候打断别人的谈话,硬性介绍自己。

② 夸大表现自己。例如:在自我介绍中长篇大论,用词夸张,洋洋洒洒,说得太多。

③ 不敢表现自己。例如:在介绍中躲躲闪闪、唯唯诺诺,生怕被别人摸了底而小看自己。

④ 不能表现自己。例如:在介绍中吞吞吐吐,模棱两可,不能给人一种清晰的印象,甚至别人连名字都没有听清楚。

（二）他人介绍

他人介绍是指在社交场合由他人将你介绍给另一个人。有时,你很想认识某一个人,但又不方便去做自我介绍。这时,你可以找一个既认识自己又跟对方很熟悉的人做介绍人,尤其是想结交上级领导或重要人物时,采用他人介绍的方式是最好的方式。当介绍人做了介绍以后,作为被介绍者(除女士和年长者外),一般应起立致意,主动问候对方,如说"您好""见到(认识)您很高兴""久仰,久仰"等。如果在问候之后再重复一遍对方的姓名或称谓,则更不失为一种亲切而礼貌的反应。对于长者或有名望的人,重复对其带有敬意的称谓会使对方感到更加愉快。

（三）居间介绍

居间介绍是指你作为中间人,为你认识的双方作介绍,也称作是为他人介绍。居间介绍时要求介绍人必须对被介绍的双方情况都比较了解。为他人做介绍之前,要先了解双方是否有结识的愿望,要慎重自然,不要贸然行事;如果双方中有一方不情愿,则应适可而止。居间介绍时应注意以下几点。

1. 站立的姿势和位置

介绍人应该站在被介绍人之间,手指并拢,手心向上,抬起手臂,手肘弯曲,把手伸向被介绍的一方,反之也一样。

2. 介绍的称呼与内容

介绍时应准确称呼,内容简明扼要。如:"张小姐(经理),请允许我向你介绍一下……",或者说"李先生,我来介绍一下,这位是……"。

3. 掌握好介绍的顺序

在介绍两人互相认识的时候,要使受尊敬的一方具有优先了解权,因此,介绍的顺序原则是先把被介绍人介绍给他所尊敬的人。一般是将职位低的、年轻的、男士介绍给职位高的、年长的、女士;将游客介绍给主人;将晚到者介绍给早到者;将未婚者介绍给已婚者;自己公司的同事介绍给别家公司的同事;公司同事介绍给客户;先介绍右边的,再介绍左边的。但在实际介绍中,还需要灵活掌握。例如:在职场中以职位高低或受尊重程度给予介绍;被介绍者应正面向着对方,双目含笑注视对方;被介绍双方在介绍完之后,应该互相握手问好;除了长者和女士之外,介绍时都应站立;若是在会谈进行中或宴会入席后等场合,可不必起身,只稍欠身致意就可以。

4. 对家庭成员的介绍

在直截了当地介绍家庭的其他亲属时,应说清楚被介绍者和自己的关系,然后说出姓名。按照西方习惯,如果双方是短暂的相遇,可不必介绍;但双方逗留时间较长,则应介绍。当女士被介绍给男士时,她可以坐着不动,只需点头或微笑示意即可。

5. 集体介绍

在公务的会议或拜访活动中,经常会用到集体介绍。集体介绍时,应从职位高者开始,依次介绍。集体介绍的介绍人有两种情况:一种是主持人担当介绍人,如会议主持人介绍主席台就座的领导和来宾。另一种是领导人担当介绍人,如客方集体拜访主方时,拜访和接待的双方都以团队的形式出现,介绍顺序是:双方最高领导人见面寒暄,然后由客方最高领导人向主方依照职位高低顺序,依次介绍自己的团队成员。在正式宴会上,主人可以按照座位顺序进行介绍,也可以从贵宾开始介绍。

(四)名片的使用

名片的使用在我国已有 2000 多年的历史。在不同的时期,其叫法有所不同。秦汉时叫"遏",汉末称"刺",六朝时叫"名",唐时称为"膀子",宋代谓之"门状",明朝唤为"名帖",清朝又称"名刺",同时也出现了"名片"的叫法。在介绍礼的使用过程中,名片作为一种介绍性媒介物,其使用越来越频繁,也越来越普遍。名片上一般都印有姓名、身份、工作单位、联系电话、地址等内容。通过互赠名片,可以使双方加深认识,从而建立感情,扩大自己的社交圈。在使用名片时,应掌握一定的礼仪要求。

1. 名片的制作

正规的名片为长 9 厘米、宽为 5.5 厘米的长方形。一些异型(如心形、树叶形)或者开合式的名片,虽有鲜明的特色,但不宜在较严肃的交往活动中使用。制作名片材料的质地要考究,要抗折耐磨,有质感,不要太薄。材料的色彩要淡雅简朴,最好选择白色。名片上的文字,除中文外,还可再选用一种外文(一般采用应用范围广的英文,印在名片背面)。名片上的数字一律用阿拉伯数字,不能用汉字大写,也不能用罗马数字。不管使用何种文字,选择印刷字体时都应本着易识第一、美观第二的原则。所以,中文的草书、篆书、行书,以及拼音文字的花体字,都不宜用于名片。书写的格式,不论横排还是竖排,名片的两面必须格式相同,不能一横一竖。

名片印好后,要随身携带,但不要把名片随随便便地放在衣兜里、钱夹里,也不要把别人赠与的名片随手放在这些地方。正确的做法是准备一个专用的名片夹,随身携带,用来装自己的名片和别人赠予的名片。在办公室中,可以准备一个名片盒或名片插,用来放置自己的名片;准备一个名片簿,用来收存他人赠予的各片。

2. 名片的种类

1)商业名片

商业名片是指各公司或企业在进行业务往来、商业活动中使用的名片。这类名片大多以营利为目的,其主要特点为:名片上一般有企业标志、注册商标、公司业务范围等。一般来说,大公司的名片一般都是统一印刷的,采用的是相同的名片印刷格式;名片印刷力求简单实用,对个人的头衔和职称也比较注重。除此之外,因为这类名片主要用于商业交往与服务,所以不会在名片上体现相关私人家庭信息。

2) 公用名片

公用名片是各界社会团体或政府在对外交往中所使用的名片,不以营利为目的。这类名片的主要特点为:名片一般印有常用的标志,部分名片印有服务范围,不过印刷格式并没有统一。同商业名片一样,名片印刷简单,注重个人头衔和职位,但不会体现私人家庭信息,主要用于对外交往。

3) 个人名片

个人名片是朋友间交流感情、结识新朋友所使用的名片。这类名片一般不会使用标志;同时,名片的设计偏向个性化,可以自由发挥。若是应酬式名片,那么名片上往往只有姓名,最多加上本人籍贯与字号;若是社交式名片,则会包括个人姓名和联络方式。

3. 名片的内容

名片的正面应该包括三个方面的内容:①本人所在单位名称;②本人姓名、职务、职称等;③联络方法。名片上的头衔不要太多;若交际广泛,各有所用,不妨各印几种头衔的名片。名片上的电话、传真、E-mail、地址邮码等一定要印刷准确无误。私人电话和手机号码等私人信息一般不印刷在工作用的名片上。如果有必要让对方知道,可以当场在名片的空白处亲笔注明。

4. 名片的用途

(1) 自我介绍。在介绍时,向对方递送名片,以加深认识。

(2) 方便保持联系。名片上印有各种联系方式,一旦需要,可以立即联系。一旦自己调任、迁居或更换电话后,送一张新印刷的名片给自己的亲朋好友,意即打个招呼便于日后联系。

(3) 代替便条。以名片代替便条,显得郑重。如果拜访的人不在,可以留下名片,以名片代替便条,简短留言,让他人转交,便于对方看到之后及时联系。

(4) 充当礼单。以私人身份向他人赠送礼品并由他人代送时,可附上一张名片,表示是亲自挑选的礼物。

(5) 通报预约。拜访生人或长辈时,可先请人递上一张名片,作为通报之用,让对方考虑一下能否见你。

(6) 广告宣传。在进行商务往来时,名片正面印上单位名称,名片背面印上组织的业务范围和产品广告,可以起到广告和宣传的作用。

(7) 代替贺卡。在日常交往过程中,在特殊的日子表达祝贺和感谢是人之常情;但由于公务繁忙,不能写信或当面表达时,则可在名片的左下角写上祝福和问候,然后寄给对方或让礼仪公司把名片和鲜花一起送给对方。

5. 名片的交换

交换名片的恰当时机,通常是初次见面与对方握手寒暄之后,或者出门辞行之前。交换名片有一个先后尊末的问题。一般的做法是：位末者，即职务低者、身份低者、拜访者、辈分低者、年纪轻者、男性、未婚者，应当先把自己的名片递给位尊者，即职务高者、身份高者、被拜访者、辈分高者、年纪大者、女性、已婚者。当与多人交换名片时，应按照职位高低的顺序或者由近及远的顺序递送，否则是失礼行为。

1）递送名片的礼仪

向他人递送名片的时候，应首先问候并准确恰当地称呼对方，面带微笑地注视对方，用双手的拇指和食指分别持握名片上端的两角，态度谦敬地递送给对方。递送时，要将名片的正面朝上，名片上文字的正面朝向对方，便于对方阅读名片的内容。递送时应同时致礼貌语，例如，"我叫×××，这是我的名片，请多指教。""我叫×××，请多关照，这是我的名片。"

2）接收名片的礼仪

接收名片时，要及时起立，身体稍向前倾，面带微笑，态度谦敬，用双手接过名片，表示感谢。双手接过名片之后，从头至尾地默读一遍。对于不清楚的地方，可以及时问一下，对方会非常乐意告诉你。也可以把送名片者可能引以为荣的部分念出来，最好再赞扬几句以示恭敬。最后，要把名片当着送者的面，妥善地放置在名片夹中。最忌讳的是接过他人名片以后，看也不看，顺手一塞、随便一丢、用手把玩名片、在名片上放上杯子或烟灰缸等，这些都是极不尊重对方的表现。未经许可时，不要当着对方的面让他人传看名片。接受别人名片之后，理应随即将自己的名片递送过去。如果不想把自己的名片送给对方，可以用"自己的名片刚刚用完"或者"今天忘了带"这样的借口来委婉地拒绝对方。在日常交往过程中，这已经成为一种不成文的暗示。所以，一旦真的发生名片用完或忘带名片的情况，就会产生不必要的误解。因此，平时要注意随身携带一定数量的名片。

3）名片交换中应注意的问题

在名片交换过程中，应注意以下事项：不要随意散发自己的名片；不要逢人便索要名片；倘若自己暂时没有名片进行交换时，不宜说"我们单位小，都没有印名片""我没有职务"或"印不起名片"等，以免损伤企业形象，同时也贬低了自己；名片和名片夹应避免放在臀部后面的口袋里。男士不宜主动给自己朋友的夫人或女朋友留下名片，以免发生不必要的误会。勿把自己的名片强递给每一个见面的高级主管，除非他主动向你索取；勿太早递出你的名片，尤其是面对完全陌生的人和偶然认识的人；勿在一大堆陌生人中散发你的名片，应在商业性社交场合交换名片；参加同业会议时，交换名片通常是在会议开始时进行，有时在结束时进行；用餐期间一般不要交换名片；在参加社交性晚宴时，不论男士或女士都应该带着名片。

单元二　拜访与馈赠礼仪

在日常交往中，拜访与馈赠是人们促进工作、交流信息、巩固和不断地加深彼此感情的一种常见的形式。遵守相关礼仪是成功交往的前提。

一、拜访礼仪

（一）拜访的基本原则

1. 了解情况，提前预约

拜访应有备而去。因此，要先了解拜访对象的基本情况，如个人情况、家庭情况、在单位的职务、主管的工作、性格特征等，只有这样才能达到拜访的目的。无论是事务性拜访还是礼节性拜访，都应在事先通过各种方式（如电话、短信、信函等）与拜访对象进行预约，并告知拜访的目的与要求，同时商定拜访的时间。这样能避免自己赴空或主人有事而无暇接待等情况。当你要去某位亲朋好友家中拜访时，应当面约定或打电话约好合适的时间再行前往，这样既尊重对方，又便于让对方做些准备，使拜访在宾主双方都方便的情况下愉快进行。如果不打招呼就贸然前往，很可能会打乱了主人的计划，对其工作和生活带来诸多不便。在预约时如果是自己主动提出拜访对方，语言应礼貌，语气要和缓，时间安排要与对方商量，拜访的时间最好是考虑到对方的方便，尽量避开对方可能不便的时间（如难得的节假日、工作忙碌的时间、用餐时间、午休时间、凌晨或深夜）。一般选在周末或晚饭后较好，主人在这个时间里一般都有接待来访者的思想准备。如有变动或是特殊情况不能前去，应尽可能提前通知对方，并表示歉意，无故失约是很不礼貌的。如果对方要拜访自己，通常不能拒绝；若确实有事不能接待，一定要充分说明理由。

2. 注重仪表，选择礼品

拜访做客时，要注重仪表。整洁的仪表服饰反映着来访者对主人的尊重，尤其是公务拜访时，自己的形象不仅代表个人，还代表组织的形象。仪表除要整洁、大方外，还要注意着装和修饰符合自己的身份和角色。因此，最好选择那些穿起来显得高雅庄重而又不失亲切随和的服装。除公务拜访外，初次登门或节日拜访时，最好适当地带些礼品，以示正式和尊重。所带的礼品应尽量合乎主人的需要，到家中拜访时最好以老人、儿童并兼顾到配偶为受礼对象。礼品以鲜花、水果和日常用品为好。

3. 准时赴约，举止文明

准时赴约是拜访的最高礼节，它表现了对主人的尊重。在赴约过程中，如果路程比较远，你应把时间放得宽一些，把路上有可能出现的意外因素考虑在内，以免不能按时赴约。一般提早 5 分钟或准时到达，都是符合礼仪要求的。如因故不能按时到达，应及早通知对方，并说明原因，以免对方久候。如无法及早告知，那么在见面后必须马上向对方道歉，并说明原因。无故失约又不及时相告，是对人极不尊重的表现。拜访时，应做到有礼有节、言谈得体、举止文明。进门前，如拜访对象的门口有电铃的要按电铃，没有电铃的则应轻轻叩门；待有回音或有人开门后，方可进入。如门是半开或全敞开，也应轻轻叩门询问，待听到了主人的招呼后再进门。如遇雨雪天气，要将随身带来的雨具放到主人指定的地方，不能随意乱扔；若鞋子带有泥土，应先擦干净，然后进门。

4. 真诚致谢，适时告辞

拜访时间不宜过长，问题解决、目的达到之后应对对方表示感谢，并主动起身告辞。告辞前不要显出急不可耐的样子，合适的告辞时间是在你自己说完一般话之后，最好不要在主人或其他人说完一段话后就说走，否则会使人误以为你对他说的话不耐烦。如果主人的来客很多,而自己有事需要早走,应悄悄向主人告辞,并表示歉意。如果主人有新游客来访,应同新游客打过招呼之后,尽快告辞,以免妨碍他人。如到家中拜访,在告辞时还应向家属致意。主人站起相送时,应及时请主人留步,并再次表示感谢。离开时,应适时回头告辞。

(二)居家拜访

居家拜访主要是指因私人关系到他人家中所进行的拜访。在居家拜访时,除要遵守上述拜访的基本原则外,还应注意以下拜访的礼仪。

(1)进门时,如果主人家的地面为地毯或是地板,可学主人样子脱了鞋进屋。进门后,应先向主人问好、施礼、寒暄,并同主人的家属及其他游客打招呼。若有带去的水果、鲜花等礼物,此时可递上。

(2)按主人指定的位置入座,并注意坐姿。主人未让座之前,不能随意坐下。如果被拜访的是长辈或是上级,更应彬彬有礼。

(3)主人递上泡好的茶水时,应起立双手接过并致谢。主人请吃水果、小食品时,若已削好或开启,可适当地吃一点,注意,不要乱扔乱放果皮果壳,也不要边吃水果或食品,边走来走去或翻看主人家的藏书,以免果汁或食品屑洒落在地上和书上。若主人家没有烟灰缸,就不应吸烟。

(4)交谈时要专心,不要左顾右盼;谈话要直奔主题,不要拐弯抹角;语气、语调要适宜,态度和蔼;不要随便打断别人的话,更不能自以为是地乱发议论或卖弄自己,尤其在长辈面前更是如此。交谈时应注意交谈话题选择,不该问的事不要多问。

(5)拜访中未经主人允许,不要随便翻动主人家的东西,也不要随便进入主人家的其他房间。若对其他房间感兴趣,可以提出参观的请求,并在主人的带领下参观。参观时,对主人引以为自豪的地方,要及时赞美;若主人房间的大小或装修不如自己时,不能乱做比较;参观时不要对主人的亲属、朋友表现出过多的兴趣。

(三)宾馆拜访

外地游客到达本地时,多住在宾馆里。得知消息后,应尽快前去,进行礼节性拜访。拜访时应注意以下几个方面的礼节。

(1)拜访前,先预定时间时,问清宾馆详细地址、位置、楼层、房号和联络电话。

(2)到宾馆后,可径直去预定见面的房间,或到服务台打个电话,经游客允许后,再进入他的房间。你也可以在宾馆大堂的休息区先坐下,然后打电话通知他下来,并告知你可以等他,不必着急。

(3)进客房前,要核对一下房号,确定无疑后再按铃或敲门。敲门后,站直于门前,稍往后退,以便对方开门打量你。开门后,应作自我介绍,经邀请后再进入房间。

(4)若房间带会客厅,则谈话应在会客厅进行,而不宜进入卧房区。作为东道主,你应热情欢迎游客到来,并简单介绍本地的风土人情、旅游胜地;同时,关心地询问游客在生活、工作、起居等方面有何需要。拜访时,可带一些当地特产或水果等礼物,但不应太多。

(5)拜访时尽量不要使用游客房间的设施或物品,尤其是洗手间;如果确需使用,应先征得游客的同意。

（四）公务拜访

公务拜访即因工作需要到对方工作场所所进行的拜访,一般商务目的性很强、较为严肃,因其特殊性应更重视礼节。

（1）礼貌进入。拜访时如果有秘书专门引导,可随秘书直接到被拜访者的办公室。如果没有专门人员引导,可以走到办公室门前,先敲门,经允许后再进入办公室。

（2）高效交谈。进入办公室后,首先要问候对方。初次见面,应做简单的自我介绍,说明来意,并递上名片。简短寒暄过后,可提出公务的需要,礼貌地请对方尽量照顾解决;一次解决不了的,可以再约时间,不可啰啰唆唆,纠缠不止。

（3）恰当赠礼。公务拜访时,一般无须赠送礼品;但如果是为了向对方表示感谢或为了得到对方的支持,可准备一些纪念性礼品。

（4）适时告辞。公务拜访时,一般应按照约定时间限度,掌握好交谈时间;告辞时,应礼貌地说:“打扰您了”“谢谢您”,并握手告别。走出门后,应把门轻轻带上。如秘书送别,应礼貌与其致谢告别。

（五）探访病人

到医院探望病人是人们日常交往中经常会遇到的事情。探访病人可使病人和家属得到精神上的安慰,同时也可以加深了解、增进友谊、培养感情。在探访时应注意以下礼仪。

1. 了解病人情况

探访病人前,应该事先尽可能了解病人的病情、所住医院的情况以及病人的心理状况,以便选择适合的礼物和交谈的话题。

2. 控制探访时间

探望病人应在医院允许的探视时间进行。一般情况下,清早、吃饭时、饭后休息时间,以及傍晚和夜间等病人必须静养的时段,应避免前往。尤其不要在病人刚住进医院或刚做完手术便去探访,否则会影响病人的治疗和休息。通常情况下在下午 4 点左右去医院探望病人比较适宜。探望病人时不能在病人的房间里待得过久。如时间过久不仅会使病人感到疲劳,而且还会妨碍其他病人的休息。一般时长应控制在 15 分钟左右。

3. 选择探病话题

在与病人交谈时,选择的话题需要特别留心,因为病人此时会变得很敏感,交谈时表情宜轻松、自然、乐观,神态不要过于沉重,更不要在病人面前落泪,以免给病人造成精神压力。与病人交谈时,话题应尽量明朗轻松,讲话时轻声细语,多说些宽慰与鼓励的话使病人增加战胜疾病的勇气,尽可能不要在病人面前谈及他的病情可能带来的后遗症。交谈时,也可谈些外面的趣闻,让病人的心情愉快起来。

4. 携带合适礼品

探望病人时,可根据病人所患疾病及其病情,慎重选择合适的礼品,如一束香味淡雅的鲜花、一本优美的小说或一些适合病人食用的水果、营养品等。

二、馈赠礼仪

馈赠是指在交往过程中,通过赠送给交往对象礼物,来表达对对方的尊重、敬意、友谊、祝贺、感谢、慰问、哀悼等情感与意愿的一种交际行为。馈赠作为一种非语言的重要日常交往方式,是以物的形式向他人表达友谊、感激、敬重和祝福的常用礼节。在组织与组织之间的交往中,赠送礼品也是联络双方之间感情的一种重要的手段,有利于增进双方的友谊与合作。

(一)馈赠的原则

1. 选择礼品轻重得当

礼物是言情寄意表礼的。在我国虽然有"千里送鹅毛,礼轻情义重"的说法,但在通常情况下礼品的贵贱厚薄仍往往被用来衡量赠礼者的诚意和情感程度。在交往中,既要注意以轻礼寓重情,又要入乡随俗地根据馈赠目的及自己的经济实力,选定不同的礼物。

2. 馈赠礼品注重时机

馈赠的时机以及时,适宜为要。中国人很讲究"雨中送伞""雪中送炭",即十分注意送礼的时效性,因为只有在最需要时得到的才是最珍贵的,才是最难忘的。

3. 礼品效用满足需求

在日常交往过程中,不同人员由于物质生活水平的高低不同,其对礼品的需求也不尽相同。当物质生活水平较低时,人们多喜爱接受实用性的礼品;在物质生活水平较高时,人们则喜爱接受艺术欣赏价值较高、趣味性较强和具有思想性纪念性的礼品。一般来说,对家贫者以实惠为佳;对富裕者以精巧为佳;对朋友以趣味性为佳;对老人以实用为佳;对孩子以启智新颖为佳;对外宾以民族特色为佳。

4. 礼品选择投好避忌

由于民族、生活习惯、生活经历、宗教信仰以及性格、爱好的差异,不同的人对同一礼品的态度是不同的,如:喜爱、忌讳、厌恶等。所以馈赠前,一定要了解受礼者的喜好,尤其是禁忌内容,以免弄巧成拙。

(二)赠送礼仪

在日常交往过程中,人们向他人赠送礼品时都希望通过礼品来表达出自己的感情,并能给对方留下深刻的印象。但是如果不注意赠送礼仪,结果会适得其反。在赠礼时,应考虑以下几方面的因素。

1. 了解赠送的对象

赠送礼品之前,应考虑赠送对象的基本情况,如赠单位还是赠个人。如赠送给单位,就要了解单位的性质、活动的目的等情况;如赠送给个人,就要弄清被赠者的兴趣爱好、性格特点等情况。这样,才能投其所好;各得其所。

2. 明确赠送的目的

赠送礼品有各种各样的目的,如祝贺生日、乔迁新喜、探望病人或是答谢回赠等。如果赠送的目的不明确,就可能造成礼品选择的错误,不仅达不到赠送的效果,甚至还会出现误会。所以,明确了赠送目的,才能够达到锦上添花的效果。

3. 选择赠送的方式

礼品尽量不要裸露。在赠送之前,应把价格标签撕掉,并根据送礼的场合、目的和对象选择专门的彩纸和丝带包装,或专用礼品盒进行必要的包装。对于包装色彩的选择,若是送女性,应选择温柔、女性化的色彩,如粉红、天蓝、嫩黄等;若是送男性,可用浅灰、海蓝、棕色等色纸包装,以显示男性的沉稳、阳刚和伟岸;若是送孩子,可选用卡通图案、科幻画面、滑稽画面等包装纸,以引起孩子的好奇心、求知欲,当然色彩要鲜艳,造型应符合儿童的心理。同时,在礼品中最好附上自己的名片或贺卡,以示敬重。包装后的礼品会显得更加漂亮、华贵,反映出送礼者的真心诚意。一般情况下,应由赠礼者亲自赠送;如因工作繁忙或与被赠送者不在同一城市,自己无法亲自前往,则可采用其他方式赠送,如委托他人、礼仪快递等。

4. 注意赠送的时机

把握赠送礼品的时机,适时送出礼品,会增强赠送效果。赠送礼品的时机有多种多样,给单位送礼和给个人送礼的时机选择是有所不同的。

1)给个人赠送礼品的时机

给个人赠送礼品的时机,主要选择在:传统节日和纪念日;对方婚庆嫁娶、乔迁新居、生日、晋升、获奖、升学等喜庆之日;惜别送行;探视病人;在得到别人帮助之后,表示感谢等。送给个人的礼物不宜送到办公室或公共场合,这样会让对方有受贿之嫌。

2)给单位赠送礼品的时机

给单位赠送礼品的时机,主要选择在:开业庆典、参观学习、突发事件的慰问等。

（三）受礼礼仪

(1)中国人向来以含蓄内向为美德。受礼时一般是不会轻易打开,而是说一些"谢谢""谢谢你的鲜花""我非常喜欢""您太客气了,谢谢!"等表示感谢的语言。然后,将礼品郑重其事地放在一旁,直到游客走后才仔细端详欣赏。如果当着游客的面就把礼物打开,有时会被视为重利轻义之人。而西方人的习惯却正好与我们相反,他们一般是当着送礼人的面把礼物打开,并且赞美一番,然后再向送礼人致谢。如果礼物原封不动地放在一旁,会使送礼人认为礼品选择不合心意,感到无地自容。

(2)只要不是贿赂性礼品,最好不要拒收,否则会伤害赠礼人的感情。若事后拆看时受礼人觉得礼品不妥,一般应在当天到次日的 24 小时内送回,并解释不接受的理由。在商务活动中,若是拒收礼品,通常还要附上一封短函,且措辞得体、委婉,为对方留有余地,同时不会到处张扬此事。

(3)对一些特殊功用的礼品或赠礼者要求当面打开的礼品,应双手接过礼品,拆看后请赠礼人介绍礼品功能、特性、使用方法,夸奖赠礼者的周到和细致,并表示感谢。

(4)俗话说:"来而不往非礼也。"收到赠送的礼品后,受礼人一般要回赠礼品。在节日期间,可以在游客离别时即回赠。在生辰婚庆、晋级升职等时候接受的礼品,应在对方有类似情况或适当时候回赠。回赠的礼品切忌重复,一般应价值相当,也可以根据自己的情况而定,但不必每次都回赠。

（四）馈赠礼仪的细节礼仪

(1)突要出礼品的纪念性。送礼是表示尊敬、友好的一种方式,礼品重纪念、重情谊、不重价值。纪念性是指礼品要与一定的人、事、环境有关系,让受礼人见物思人忆事。所以,选择的礼品应和送礼时的事件、人物有关,要有一定的寓意。

（2）礼品要体现民族性。有句话说："越是民族的东西，就越是世界的。"每个民族、国家都有自己独特的文化传统和特点。"物以稀为贵"，在送礼时这个"贵"是指珍贵，而不是指价值贵。

（3）个人的经济承受能力。送礼是为了表达一种情感。人们是通过赠送礼品来表达对对方的情谊和尊重。送礼不是为满足某个人的欲望，也不是为了显示本人的富有，而是为了表达祝贺、感谢、慰问、友好的情感。真正好的礼品不是用价格可以衡量的，送礼的心意是重于礼品本身价值的。因此，在选择礼品时，不必只着眼于礼品的价值，更要着眼于礼品所代表的情感和心意。反之，送礼过重，会给受礼者带来心理压力。

（4）尊重由于风俗习惯、民族差异和宗教信仰等形成的禁忌。选择礼品时，不要凭自己的"想当然"办事，要自觉地、有意识地避开对方的礼品禁忌，注意礼品的品种、色彩、图案、形状、数目和包装等。比如，在我国是绝不能把一台崭新的钟送给老年人的；不能送给基督教徒一尊佛像，就算那是古玩也是不妥的。

（5）要尊重个人的禁忌。每个人由于经历、兴趣和习惯的不同，可能形成个人的禁忌。选择礼品时，也要注意了解受礼对象的个人忌讳。例如，一位著名教授（男士）到穆斯林民族聚集地讲学，当地少数民族的同志热情好客，在送别时送给汉族教授一顶绿帽子。绿色是穆斯林民族最喜欢的颜色；但作为汉族教授，对"绿帽子"显然是有所禁忌的。所以，这个礼物显然是不合适的。

（6）要遵守国家的有关规定，不能选择违法违规的物品作礼品。如：不送现金、信用卡和有价证券；不送价格过高的奢侈品；不送不合时尚、不利健康之物；不送涉及国家机密之物；不送其他有违国家法律、法规之物；不送不道德的物品等。

（五）礼品的选择

选择什么样的礼品才合适呢？其实，并没有固定的答案。一般来说，礼品可以分为两种：一种是可以长期保存的，如工艺品、书画、照片、相册等；另一种是保存时间较短的，如挂历、食品、鲜花等。馈赠时可根据自己的实际情况加以选择。喜礼，如朋友结婚，可送鲜花、书画、工艺品、衣物等；如企业开张、大厦落成、厂庆等，可送花篮、工艺品等。所以，宜选的礼品应是具有一定的宣传性、纪念性、独特性、时尚性的礼品，有时还应注意礼品要具有便携性。

选择礼品时，应该特别注意因人而异，根据受礼者的爱好、文化素养、年龄、家庭环境等，注意了解不同国家、民族的风俗喜好以及忌讳禁物，以免弄巧成拙，总的原则应是"投其所好"。一般而言，可以选择亲手制作或珍藏的物品作礼品。因为将自己亲手制作的精致物品赠送给朋友，应更具有特殊的纪念意义。将具有国家、民族特色的物品或地方土特产作为礼品，也是一种极佳的选择，如中国的陶瓷、刺绣、茶叶、字画等都可以作为礼品赠送友人。

（六）鲜花礼仪

现代交往中，选择鲜花作为礼品已越来越成为一种时尚。鲜花象征着美好、吉祥、幸福、友谊。

1. 花语

事实上，花语也有"一语"多义的现象，而且不同民族和国家花卉的寓意也不尽相同。

因此,在送花时一定要精心选择,因人因事而异,做到恰到好处地组合,使鲜花作为美丽的使者,准确地表情达意。花语、不同场景适用的鲜花种类如表4-1和表4-2所示。

表 4-1　花语适用的鲜花种类

花　卉	花　语
玫瑰	爱情、爱与美、容光焕发
玫瑰(红)	热烈爱的宣言,铭记于心的约定 爱这花儿般优雅的你
玫瑰(粉红)	感动、诱惑、初恋 粉红玫瑰(花蕾):恋之告白 粉红玫瑰(大型花):怀孕 花束:单纯、朴素(单瓣)结合(红白相间),足以与你相配
玫瑰(白)	天真、纯洁、尊敬、我足以与你相配 白玫瑰(小型花):淡薄,年轻
玫瑰(黄)	珍重祝福、嫉妒、失恋、分手、褪色的爱、想分手 黄玫瑰(小型花):笑着离别 黄玫瑰(中型花):您没诚意 有刺玫瑰:有夫之妇
蓝色妖姬	相守是一种承诺,在人世轮回中,怎样才能拥有一份温柔的情意
菊花	清净、高洁、我爱你、真情
蝴蝶兰	高雅、博学、幸福飞来
百合	纯洁、高雅、财富、荣誉、神圣、百年好合
郁金香	走出孤独,自然会邂逅永恒的爱情 爱的表白、荣誉、祝福永恒
康乃馨	康乃馨是所有女性的神圣之花,美好典雅的典范 红色康乃馨:用来祝愿母亲健康长寿 黄色康乃馨:代表对母亲的感激之情 粉色康乃馨:祈祝母亲永远美丽年轻
石竹	纯洁的爱、才能、大胆、女性美
樱花	生命、幸福一生一世永不放弃 命运的法则就是循环,纯洁
水仙	国人寓意水仙花为万事如意、吉祥、美好、纯洁、高尚、纯洁的爱情;法国人视水仙为冷酷无情;在土耳其,其寓意为"请不要忘记我";在日本,其寓意为"你是个冷酷的人"
荷花	清白、坚贞纯洁、忠贞和爱情、孤傲、冰清玉洁、自由脱俗
梅花	坚强、傲骨、高雅、高洁
杜鹃	代表爱的喜悦,据说喜欢此花的人纯真无邪 杜鹃花的箴言是当见到满山杜鹃盛开,就是爱神降临的时候 花语:爱的欣喜、节制、节制欲望、永远属于你 花色含意:爱的喜悦 花语中有"节制"之意,最大的原因就是:即使杜鹃总是给人热闹而喧腾的感觉,但它只在自己的花季中绽放;而不是花季时,其深绿色的叶片很适合栽种在庭园中作为矮墙或屏障
蒲公英	停不了的爱,无法停留的爱,永不止息的爱
曼珠沙华	红色花:无望的爱、相互思念、分离、伤心、不吉祥、死亡之美 自由与青春永不相见,我在你看不到的地方永远守候你、悲伤的回忆 白色花:绝望的爱情

续表

花卉	花语
牡丹	喜欢牡丹的人以宽大的心胸和献身的爱情与人交往 圆满、浓情、富贵、雍容华贵 红色牡丹：被称为"百花之王"，花语是"富贵" 紫色牡丹：难为情
山茶	质朴、希望
富贵竹	吉祥、富贵
鸢尾(爱丽丝)	好消息、使者、想念你、信仰者的幸福、优美
迷迭香	留住回忆
满天星	关心、纯洁、喜悦
薄荷	再爱我一次、愿再次与你相遇、永不消失的爱
杨柳	依依不舍
兰花	美好、高洁、才志、坚贞、谦谦君子、志坚等
桂花	国人寓意桂花为崇高、美好、吉祥、友好、忠贞之士、芳直不屈、仙友、仙客，寓桂枝为出类拔萃之人物及"仕途"；欧美寓桂枝为"光荣""荣誉"

表 4-2　不同场景适用的鲜花种类

场景	适用花种
结婚新婚	颜色鲜艳而富花语的鲜花，如百合、月季、郁金香、香雪兰、玫瑰、荷花(并蒂莲)，用以象征"百年好合""永裕爱河""相亲相爱"
结婚纪念日	可选择百合花、并蒂莲和红掌，祝其"爱情之树常青""恩爱相印如初""百年幸福长存"
生产	色泽淡雅而富清香的花，宜选用大红、粉红色的香石竹、月季，配以文竹、满天星，以祝幸福、健康
乔迁	稳重高贵的花，如剑兰、玫瑰、盆栽、仙人掌花、盆景等表示乔迁顺利，万事如意
生日	诞生花最合适。对青年人可送玫瑰、月季，木本象牙红、石榴花，示意前程似锦，年华火红。中年人可送茶花，表示永远祝福。老年人祝寿可以送万年青、龟背竹、鹤望兰、寿星桔、寿星桃、榕树等，以祝贺老人健康长寿
探病	剑兰、玫瑰、野百合、兰花是比较通用的。一般可选择香石竹、月季花、水仙花、兰花等，配以文竹、满天星或石松，以祝愿被探望者早日康复。但是，要避免送白、蓝、黄色或香味过浓的花
丧事	白玫瑰、白莲花或素花均可，象征惋惜怀念之情
公司庆典	宜送大型花篮，可选用月季花、杜鹃花、大丽花、香石竹、美人蕉、山茶花，配以万年青、苏铁叶、桂竹叶、夹竹桃或松柏枝，以示祝贺发财致富、兴旺发达、四季平安
春节	金橘、水仙、百合、状元红、万年青，表示喜庆
父亲节	红莲花、石斛花、黄色的玫瑰花
母亲节	红色康乃馨，祝愿母亲健康长寿；黄色康乃馨，表示对母亲的感激之情；粉红康乃馨，祈祝母亲永远美丽年轻；大朵粉色的香石竹表示母亲对子女绵绵不断的感情；凌霄花寓意慈母之爱，经常与冬青、樱草放在一起，结成花束赠送给母亲，表达对母亲的热爱之情；用康乃馨、非洲菊配以文竹，扎成以红色为主线的花束，表示温馨的祝福
圣诞节	红、粉、白的一品红，可用一品红鲜花或人造花插做各种形状的插花作品，伴以蜡烛，用来装点环境，增加节日的喜庆气氛
教师节	剑兰、菊花，表示对教师的感谢
送别	芍药花，表示离别惦念之意

2. 送花的方式

送花一般可以采用以下几种方式。

（1）送花篮。花篮由色彩鲜艳的花朵组成，适用于庆祝开业、开幕、演出成功以及祝寿等。

（2）送花束。花束可选择寓意不同的鲜花组合而成，外加包装纸和红丝带。花束一般用于探望亲友、祝贺新婚、祝贺成功或看望病人等。

（3）送襟花。它通常是男士送给女友的小礼物；在某些喜庆的场合，男子也可以在上衣的左胸前别一朵鲜花。襟花最好与所穿的衣服色泽协调。

（4）送盆花。品种名贵的盆植花卉很受人们喜爱，可以送给长辈或以此祝贺朋友乔迁新居等。

上述几种方式中，送花束是最习以为常的。它通常由玫瑰、剑兰、菖蒲、红色康乃馨等花卉组成，并且讲究送花要送单数。赠送鲜花可以送一束，也可以送一支，有时候送一支更简单美妙。

3. 送花的禁忌

送花是有学问的。旅游接待服务中，酒店服务员对摆放在每一间客房的鲜花要因人而异，餐桌上摆什么花也应注意；导游人员在旅途期间给生病的游客送花也有讲究。因此，在交往中一定要注意不同国家和地区的风俗习惯和对花卉的禁忌，这样才能收到良好的效果。

送花时应注意以下几点。

（1）在中国广东话中，"4"的发音听起来很像"死"。广东人普遍认为"4"不吉利。所以送花时，花的数目不能是"4"。同样，韩国人、日本人也有此禁忌。他们认为"4"是表示死亡的数字。日本还特别忌讳送花的数目为"9"，因为他们认为送给他数量为"9"的花，是视其为强盗。

（2）给日本人送菊花时，要问清楚有多少花瓣，16瓣的菊花是皇家的纹饰，普通人不能用。所以，给日本人送菊花时，一定要注意花瓣的数字。另外，日本忌讳荷花，所以不要送荷花给日本人。

（3）给俄罗斯人送花时，要注意：给未婚姑娘送红玫瑰，要选未开放的花蕾；给已婚妇女多送已开放的玫瑰、石竹。送花时花数应为单数，送一枝花也可以，切记不可送偶数。忌送黄色花——黄色象征离别、不忠、憎恶。忌给女士送金合欢，因为古时认为此花可以识别女骗子，当这种女人出现时，花瓣就会卷起。另外还要注意，拿花时要加包装纸，送人前要去掉包装纸。同一种花，特别是同一颜色的同一种花组成的花束显得庄重高雅，花束越大显得越隆重。

（4）欧美一些国家非常忌讳"13"这个数字，视"13"为凶数。所以，送花的数目不能是"13"。

（5）在讲法语的国家和地区不要送菊花，因为这些地区通常在葬礼时才使用菊花。在法国，黄色的花有不忠诚的含义。

（6）到英国人家里做客，送女主人鲜花时忌送百合花，因为百合花表示死亡。

（7）到西班牙人家里做客，不要送大丽花和菊花，因为这两种花意味着死亡。

（8）到德国人家里做客，不要送给女主人红玫瑰，因为它是情人或恋人之间的专利。给德国人送鲜花时，不要用纸包装。

（9）到瑞士人家里做客，可以送 1 枝或 10 枝红玫瑰给女主人，但不要送 3 枝，因为送 3 枝意味着你们是情人关系。

（10）如果在芬兰、瑞典等北欧国家，应邀到主人家里做客时，一定要给女主人带几束单数的鲜花，最好是 5 朵或 7 朵。

（11）在巴西，绛紫色的花主要用于葬礼，所以不要送绛紫色的花给巴西人。

（12）在拉丁美洲有些国家，把菊花看成是一种"妖花"，只有人死了，才在灵前放菊花。如果你去朋友家做客，不要送菊花。

（13）如果应邀到加拿大朋友家做客，可向女主人送一束鲜花，但不要送白色的百合花。在加拿大，只有在开追悼会时才用白色的百合花，同样原因也不要送菊花。

（14）送花要送鲜花，一般不要送纸花、塑料花、绢花等假花。

单元三　乘车与行路礼仪

在日常交往和服务接待工作中，陪同游客乘车和行路是司空见惯的事情，所以应了解行路礼仪和乘车礼仪，以便为游客提供周到而热情的服务。

一、乘车礼仪

在现代社会中，交通工具非常发达和便利，人们出行时可以乘坐各种车辆。这里我们主要介绍乘坐专车、公交车、火车和出租车时应遵守的礼仪。

（一）乘坐专车礼仪

专车是指用于本组织或本次活动的专用汽车交通工具，包括轿车、中巴车、吉普车等。乘坐专车时应注意车上的座次及乘车规范。

1. 座次规则

座次的基本要求是右尊左次，后排为尊，前排为次。但也要具体情况灵活掌握，接待服务时应把游客让到尊座，以表示对游客的尊重。

（1）乘坐轿车时，在不同国家，由于交通规则不同，轿车上的座次礼仪也各不相同。以我国为例，乘坐轿车时应注意根据驾驶者身份的不同来判断车上的座次。

当驾驶者是专业司机时，双排五座轿车上除司机外的其他人员可按以下座次顺序：后排右座，后排左座，后排中座，副驾驶，如图 4-5（a）所示。

当驾驶者是主人本人时，双排五座轿车上除主人外的其他人员可按以下座次顺序：副驾驶座，后排右座，后排左座，后排中座，如图 4-5（b）所示。

注意：当主人驾车和夫人一起接送游客时，其夫人应坐在副驾驶座上，游客坐后排右座；如果主人夫妇接送的是游客夫妇，那么游客夫妇坐在后排。

（2）乘坐吉普车时，上座是副驾驶座，因为吉普车底盘高，功率大，主要功能是越野，减震及悬挂太硬，坐在后排时会感到颠簸得厉害。就位次而言，前排驾驶员身旁的副驾驶座为上座。车上的其他座次，由尊而卑，依次应为：后排右座，后排左座。

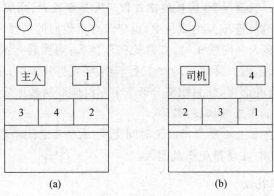

图 4-5　轿车座次

（3）乘坐四排座或四排座以上的中型或大型轿车时，以前排，即驾驶员身后的第一排为尊，其他各排座位由前而后依次递减。而在各排座位之上，则又讲究"右高左低"，即座次的尊卑，应当从右而左依次递减。简单地讲，可以归纳为：由前而后，自右而左。

（4）商务车乘坐原则是：司机后排为尊，离门近者为主座（司机后排右边靠门的座位为主座），由前向后，由右往左，离门越近，位置越高。

（5）乘坐大型客车时

乘坐大型客车时，座次顺序是常以距离门的远近来确定座次，离门越近，座次越高；离门越远，座次越低。具体而言就是，前高后低，右上左下。

2. 乘车规范

除了遵守乘车的座次礼仪外，不管是作为主人还是游客，还应在乘车时注意自己的举止姿态，遵守乘车的规范。

（1）上下车的基本礼仪。上下车的原则是"方便领导、突出领导"，一般是让领导和游客先上车，自己后上车；下车时，我们先下，领导和游客后下。上车时，为领导和游客打开车门的同时，左手固定车门，右手护住车门的上沿（左侧下车相反），防止游客或领导碰到头部，确认领导和游客身体安全进车后再轻轻关上车门。下车时，方法相同。如果很多人坐一辆车，那么谁最方便下车，谁先下车。如果我们外出办事，同去的人较多，对方热情相送，这时我们应在主动向对方道谢之后，先上车等候。因为送别仪式的中心环节是在双方的主要领导之间进行的，如果所有人都等领导上车后再与主人道别上车，就会冲淡双方领导道别的气氛，而上车过程也会显得混乱无序。所以，如果大家同乘一辆面包车，我们要先上车，并主动坐到后排去。如果大家分乘几辆轿车的话，则应上到各自的车内等候，只需留下一个与领导同车的人陪同领导道别即可。

（2）注意上下车的顺序。按照礼仪要求，年轻者、低职者、男士、主人应让年长者、高职者、女士、游客先上车，并协助他们开关车门。若您一同与女士、长辈、上司或嘉宾在双排座轿车的后排上就座的话，应请后者先从右侧后门上车，在后排有座上就座。随后，应从车后绕到左侧后门登车，落座于后排左座。到达目的地后，若无专人负责开启车门，则应首先从左侧后门下车，从车后绕行至右侧后门，为之开启车门，协助女士、长辈、上司或嘉宾下车。

（3）尊重他人。一般情况下，应按座次礼仪来安排年长者、高职者、女士和游客，但如果他们执意要坐在副驾驶座或其他座位上，也应该尊重他们的选择。

（4）举止文雅。多人一同乘车时，应避免挤压他人；遇到转弯或急刹车时，一定要扶稳，碰撞他人后一定要道歉。穿短裙的女士上车时，应先打开车门，坐在座位上之后，再把双腿抬进车内，双腿合并而坐，切忌双腿分开。下车时应双腿着地后，再将身体移至车外。男士上车后，忌吸烟、向窗外吐痰、脱鞋等。

（5）注意安全。在车上不要与司机长时间交谈；乘坐者之间不要互相打闹；上下车时注意过往车辆，开关门时注意避免伤及他人。

（二）乘坐公交车礼仪

公交车辆是社会公众的公共交通工具。平时上下班和双休日上街购物时，通常都乘坐公交车。乘坐公交车时，应自觉遵守社会公德、公共秩序和公共卫生。

（1）依次上车。公交车到来时应注意排队，车靠站停稳后，要先下后上或从前门上、后门下、按秩序上下车，应主动帮助照顾老弱病残上下车。不能在汽车停稳前蜂拥而至、拥挤上车，这样既不安全也不文明。上了车的乘客应酌情向车厢内移动，不要堵在车门口，以免妨碍后面的乘客上车。下车前应预先交换到下车门，做好下车准备。

（2）主动购票。上车后应主动购票或出示月票。乘坐无人售票车时，应将事先准备好的钱币自觉投入箱内。

（3）礼貌乘车。乘坐长途公共汽车时，应该注意对号入座，不能强占他人座位。乘坐市内车辆时，可不对号入座，但也应讲究先后顺序，不能为争抢座位而发生口角。遇到老弱病残孕等乘客时，应礼貌让座。当他人为自己让座时，应礼貌道谢。乘车时应注意讲文明讲礼貌。上车后不吸烟，不随地吐痰，不吃食品，不乱扔果皮纸屑。随身携带的物品尽量不占座、不占道、不碰撞他人。随身携带机器零件或鱼肉时，应将所带物品包好，以免弄脏其他乘客的衣服。雨雪天气乘车时，应注意把雨衣、雨伞等雨具收好，放入塑料袋中，避免弄湿他人。

（4）司机开车时，不要和司机交谈；自己坐车坐过站时，也不要强迫司机在非站点停车，有意识保障司机和其他乘客安全。

（三）乘坐火车的礼仪

火车上的座位的尊卑顺序是：靠窗为上，靠边为下；面向前方为上，背对前方为下。具体乘坐礼仪如下。

1. 有序候车

候车厅等候时，要爱护候车室的公共设施，不要大声喧哗，将携带的物品放在座位下方或前部，不抢占座位或多占座位，不要躺在座位上使别人无法休息。保持候车室内的卫生，不要随地吐痰，不要乱扔果皮纸。

乘坐火车，均应预先购票，持票上车。万一来不及买票，应上车时预先声明，并尽快补票。

2. 排队上车

按照车票指定的车次乘车。检票时要自觉排队，不要拥挤、插队。进入站台后，要站在安全线后面等候。等火车停稳后,方可在指定车厢处排队上车。

上车时,不要拥挤、插队,不应从车窗上车。有次序地进入车厢,并按要求放好行李。行李应放在行李架上,不应放在过道上或小桌上。

不要在车厢内吸烟,不随地吐痰,不乱扔果皮纸屑。

还要注意,携带行李是有定量要求的。

3. 车上就座须知

在火车上要对号入座,不要抢占自认为好的座位。中途上车的话,要礼貌地征询他人,当身边有空位时,尽量让给没有座位的人,切莫图自己的舒适而多占座位,更不能对于他人的询问不理不睬、蒙蔽他人。发现老人、孩子、病人、孕妇、残疾人无座时,尽量挤出地方,请他们也休息一下。

4. 休息时需要注意的礼节

由于火车行程一般较远,因此旅客在火车上的大多数时间都是在休息。在座席车上休息,不要东倒西歪,卧倒于座席上、茶几上、行李架上或过道上。在火车上最好少吃零食,尤其是一些皮壳较多的零食,不太适合在火车上食用。

在火车上用水,不管是饮用水还是洗漱用水,都要注意节约。

5. 车上交际礼仪

在火车上避免不了与他人交际,可与邻座轻声交谈;可以主动问候,报以微笑;可以谈论一些天气、民俗、娱乐信息等。但是,要注意交谈适度,避免谈论过多的政治、隐私等内容,更要避免喋喋不休、高谈阔论。

由于出门在外,大家在行动上可能都有不便之处,因此要相互关照。对于老人、女士或身体虚弱的乘客,要主动帮助他们。

6. 乘坐火车安全注意事项

目前火车票实行实名制,不要相信网上的车票转让信息,防止上当受骗;也不要从别人手里购买有其他人身份证信息的火车票。出门的行李不要太零散,最好集中箱包存放;路途中的常用物品(如食品)和贵重物品要分开存放,防止遗失。

7. 下车须知

下车时,要提前做好准备,避免手忙脚乱,遗漏物品。如果与他人一路聊了很久,下车时要与他人道别。

下车时,应自觉排队等候,不要拥挤,或是踩在座椅背上强行下车。

出站时,要主动出示车票,以便查验。

(四)乘坐出租车的礼仪

(1)在出租车指定候车处,应按序排队。如遇到老、幼、孕、残及病人,最好能谦让,让他们排到自己的前边。

(2)作为文明的乘客,应该配合司机遵守交规。如果向对面马路的出租车招手且该车已准备掉头,那么此时即使有其他车开到你面前,你也不应该为了方便上车,而不理会之前招呼并正为你掉头的那辆车。

(3)乘车时,要爱护车辆,保持车内卫生。除了避免往窗外丢垃圾、吐痰等不良行为外,也不要把废弃物留在车内。

（4）对出租车司机要谦和有礼。如果对司机选择的线路有意见或不满司机的服务（如司机在开车时接听手机等），提出意见时注意使用文明用语，切勿与司机发生争吵。

（5）若是有领导和女士与自己同乘一辆车，应主动付出租车费用，显示风度。

（6）下车时，应对司机的服务表示，并说声"再见"，这样会让司机感到温暖，他将带着一份愉悦的心情为下一位乘客提供服务。

二、行路礼仪

人们在行路时，除了必须遵守交通规则外，还应了解行路礼仪，遵守公共道德，维护公共秩序。行路礼仪主要包括以下几个方面。

（一）在道路上行走时

（1）在我国应遵守靠右行走的规则，不逆向行走，不占用盲道。过马路时，要走人行横道、天桥或地下通道等。

（2）行路的一般礼则是：二人行，前为尊，后为次；右为上，左为下；内侧为上，外侧为下。三人并行，中为尊，右为次，左为再次。如果一位男士和女士一同外出，应让女士走在右侧，男士应走在靠近行车道的左侧以示尊重。主人陪同游客外出时，应使游客走在内侧，走到路况不好或路灯不明的地方，主人应走在前面，并提醒和照顾其他人。

（3）夫妻和恋人在行走时应文明，不能搂搂抱抱，勾肩搭背。多人一起行走时，不能排成横排行走，以免阻碍交通。

（4）行走时路线应固定，不能七拐八拐，影响他人。

（5）行进中，应注意文明卫生，不要吸烟、吃零食、乱扔废弃物，更不要乱擤鼻涕和随地吐痰。

（6）若迎面有人走来，双方均应避让，或一方靠右站住不动，等对方过去后再继续行走。

（7）路遇熟人或朋友，应到不妨碍交通的地方交谈或边走边谈，不要在人来人往的人行道中间旁若无人地谈话，更不要远距离地大声喊叫。

（8）不围观聚众。行进中遇到事情发生，不要围观起哄，必要时可拨打110报警。

（9）保持一定距离。行进时，应与他人保持一定距离，不能太近，以避免冲撞。在行进中若碰撞了他人，一定要礼貌地"道歉"，而不能置之不理或冷眼以对。

（10）帮助他人。路遇他人问路，或遇到需要帮助的老弱病残，要真诚予以帮助。

（二）上下楼梯时

由于楼梯有坡度，所以上下楼梯时应注意以下几个方面。

（1）上下楼梯时，应靠右行走；但遇到长辈、女士、游客、老弱病残时，应把楼梯扶手的一边让给他们，并给予必要的帮助。

（2）从安全角度考虑，上楼梯时，应让长辈、女士走在前面；下楼梯时，应让长辈、女士走在后面。主人为游客引路时，主人不管是上楼还是下楼都应走在前面。

（3）上下楼梯时，不能多人并排、奔跑或追逐打闹，以免影响他人或发生危险。

（4）上下楼梯时应当礼让，如无特殊情况，下楼梯者应将扶手让给上楼梯者，而不能为了争夺扶手一侧发生冲突。

（三）出入房门时

出入房门的礼仪主要有以下几个方面。

（1）礼貌敲门。在进入他人房间时，一定要先有节奏地轻声敲门，经允许后再进入。不能未经允许破门而入，也不能把门敲得很响。

（2）轻声入门。出入房门时，应轻拉、轻推、轻关，不能用脚踢门、用背撞门、用肘推门。

（3）进出有礼。经主人允许进入房间后，应先正面向主人打招呼，再侧身关门，切忌不礼貌地背对主人关门。出房间时，应回身面对房间，再轻声把门拉上。

（4）注意顺序。进出房门时，应让长辈、女士、游客先进或先出，并主动替对方开门或关门。若在同一时间两人相向进出房间，应注意礼让。一般情况下，房内之人先出，房外之人后进。

（四）进出电梯时

（1）和游客一起乘坐电梯时，先按电梯按钮；电梯到达门打开时，可一手按开门按钮，另一手按住电梯侧门，请游客先进；进入电梯后，按下游客要去的楼层按钮；行进中有其他人员进入时，可主动询问要去的楼层，帮助按下。在电梯内，尽量侧身面对游客，不用寒暄；到达目的楼层之后，一手按住开门按钮，另一手做出请出的动作，可说："到了，您先请！"游客走出电梯后，自己立刻步出电梯，并热情地引导行进方向。

男士、晚辈与女士、长辈或领导同乘电梯时，前者要主动为后者服务。

（2）当多人乘坐电梯时，应注意先后顺序，不能拥挤。进入时，按顺序进入；当电梯超重时，后上来者应主动退出；如果最后的人比较年长，年轻人要主动下电梯。出电梯时，应提前换位到电梯门口，当电梯停稳之后再按顺序走出电梯。

（3）刚进入电梯时，尽量站成"凹"字形，留出空间，便于后来者进入。靠近控制板的人要长按开门键。

（4）进入电梯后，应正面朝向电梯口。如电梯内特别拥挤，应与他人保持少许距离。如果在无意中碰撞到别人，应立即向对方道歉。

（5）电梯内不要大声交谈、喧哗。无论公务私事，均不宜在此谈论。电梯内不能吸烟，不能乱丢垃圾。

单元四　礼貌语言规范

一、旅游从业人员的礼貌用语

语言是社会交际的工具，是人们表达意愿、思想、情感的媒介或符号。俗话说："一句话使人笑，一句话使人跳。"这句话形象地概括了使用礼貌用语的影响。旅游接待服务的过程，就是从问候游客开始，到告别游客结束。语言是完成各个环节接待工作的重要手段。在旅游活动中，礼貌、礼节和礼仪实际上是与旅游活动中的礼貌语言的巧妙运用紧密相关的。一个不懂得如何运用礼貌语言的旅游从业者是根本谈不上有完美的礼貌、礼节的,而一个不善于运用礼貌语言的旅游组织,也不会具备良好的社会形象。

(一)礼貌用语的概念

礼貌语言是社会中言行准则、道德规范的组成部分。对于礼貌语言的理解,一般有广义、狭义之分。广义的礼貌语言是指一切合乎礼貌的语言以及使用语言的行为;狭义的礼貌语言是指各种交际场合中的一些专为表达礼仪用的特殊词语。

礼貌语言不仅在日常生活中必不可少,更是旅游从业者在接待工作中有必要使用的一种工作语言。它具有体现礼貌和提供服务的双重特性,是用来向游客表达良好意愿、沟通信息的重要交际工具

(二)礼貌用语的特点

1. 礼貌性

旅游从业人员在工作中,对游客服务时说的每一句话,都应该正确地使用各种能表现自谦恭敬的礼貌语言,使游客受到充分的尊重。这一点在旅游接待服务的"五声"要求中,体现得最为明显。其"五声"为:宾客来时有迎客声;遇到宾客时有称呼声;受到帮助时有致谢声;麻烦宾客时有道歉声;宾客离去时有送客声。

2. 主动性

在对游客服务的时候使用礼貌语言,应该是一种自觉而为的行动。主动地用礼貌语言向游客表示问候、致意,可以使游客感觉自己受到了重视和尊重,从而获得良好沟通的基础。

3. 约定性

旅游业从属于服务行业。服务行业中常用的礼貌用语都是在服务过程中逐步形成的,并且已经得到社会公众的认可和接受,为大家所熟知。所以,我们在工作中应尽量使用这些约定俗成的礼貌用语,而不要过多地在语言上进行任意改革和自我创新。

4. 亲切性

使用礼貌用语的时候要饱含感情,也就是将自己乐于真诚为游客服务的意愿,化做亲切动听的音符,渗透在每一句话中,这样可以让游客真切地感受到服务人员的友好情谊。那些没有感情的工作语言,会让游客觉得"这是例行公事,是虚心假意的应付",也就不会产生交往的共鸣。

(三)礼貌用语的使用原则

1. 目的明确

在人际交往中使用语言是为了实现一定的交际目的,这种目的大致上有以下几种:一是传递信息,表达感情;二是引起注意,唤起兴趣;三是取得信任,增强了解;四是进行鼓励;五是予以说明,加以劝告。

在工作中运用礼貌用语时,服务人员必须目的明确,头脑清醒,语言准确,切忌胡言乱语、信口开河。例如,游客在餐厅点菜,由于一桌有四五个游客,相互之间你推我让,不明确到底点什么菜品。这时,服务人员就需要给游客一些建议,例如:"今天的特色菜是……请品尝"或是"我们餐厅的招牌菜是……欢迎品尝",而不要对游客说"我们餐厅的菜点都很精致"。这样的服务语言对游客没有任何帮助,反而让游客觉得你是虚意应付。

2. 以诚为本

服务语言的运用,要以诚为本,以实为要,以真为先。这就要求在运用服务用语时要做到:语言的内容能够体现出"真、善、美",要讲真话、讲实话,不可以虚情假意,不可以蓄意用谎话来欺骗愚弄游客;在语言表达上,要力求表里如一,不能空有其表,对游客搞形式主义。例如,对游客给予必要的赞美,有助于沟通双方的情感。但在赞美的时候,要发自内心地去赞美,而不是无根据地盲目赞美,否则不仅不会达到预期的效果,还会引起对方的反感。

3. 因人而异

为了获得宾客满意的效果,在使用礼貌语言的时候,我们必须学会察言观色,也就是根据实际情况灵活性地运用礼貌语言。针对服务中遇到的特定对象,要根据他们性别、年龄、职业、性格、身份、爱好的不同,在不同的场合,灵活地运用不同的礼貌语言,这会更有利于加强沟通和理解,从而避免矛盾产生或是使已有的矛盾得以缓解。语言的实际效果不仅取决于如何运用,更取决于你的语言能否打动对方,为对方所理解和接受。因此,使用礼貌用语时,务必区分对象,因人而异,切忌呆板不变,千篇一律。

4. 谦虚谨慎

服务人员在选择语言表达方式时,应尽量做到谦虚、谨慎。在一定意义上,服务人员把"对"让给游客,不能凌驾于游客之上,更不能藐视游客,以显示自己高明。例如,在与游客交流时,应以听为主,而不应该自以为是地在游客面前夸夸其谈;面对游客的夸奖不应沾沾自喜,而应说"谢谢您的鼓励,这是我应该做的"。当然,谦虚谨慎并不意味着低声下气,或者是可以放弃原则,一味迁就游客。我们要做的是,既要尊重游客,又不贬低自己,充分显示自己较高的职业道德和人格修养。

(四)礼貌用语的类型

服务性的礼貌用语作为旅游行业的职业用语,按照不同的标准可以分为以下两种类型。

1. 从表情达意上分类

(1)敬语。敬语是表示尊敬、谦恭的习惯用语。这一表达方式的最大特点是当旅游从业人员与游客交流的时候,常常以"请"字开头、致谢语收尾、"对不起"常挂嘴边。

"请"字在服务行业的礼貌用语中使用频率最高。在服务人员向游客提出某项具体要求的时候,须加上一个"请"字,如"请进""里边请""请稍等""请随我来""请问您几位""请问有什么需要帮忙的吗""请慢用"等,这样会较容易地为游客所接受。这个"请"字,包含了服务人员对游客的尊重,以及希望通过优质服务获得游客满意的诚意。除了使用"请"字来表达,我们还可以说"劳驾""拜托""打扰一下"等,这些都是比较常见的用语。

致谢语又可以称为道谢语、感谢语,主要内容通常只包括一个词语"谢谢"。在人际交往中,使用"谢谢"的目的是表达自己的感激之情。适当地运用致谢语,可以使自己表示感谢的心意为他人所领会,"礼多人不怪",从而拉近与游客之间的关系。在服务行业中,并不仅仅是因为某件具体的事情向游客表示感谢,而是作为一种体现礼貌的习惯用语,对游客的光顾、对游客的理解与配合,对游客的赞扬与认可以及对游客在我们出现服务差错时候表现出来的宽容所表示的一种感激之情,如"谢谢您的光临""谢谢您的建议,我们下次一定改进"等。这个词语在行业中的广泛使用,集中体现了旅游行业"宾客至上"的待客原则。在下列情况中,我们应该使用这种致谢用语:一是获得他人帮助时;二是得到他人支持时;三是赢得他人理解时;四是感到他人善意时;五是婉言谢绝他人时;六是受到他人赞美时。

"对不起"在日常生活和普通人际交往中的使用,往往是说了不该说的话或是做了不该做的事情,而向他人进行"赔礼道歉"。但作为一种行业用语,它表达了更为广泛的含义,例如:当游客的要求未能及时得到满足时,可说"对不起,耽误您的时间了";当在工作中需要游客的协助与配合,而给游客带来麻烦时,可说"对不起,打扰了";当必须拒绝游客的某些不合理要求时,可说"对不起,我非常了解您的想法,但中国人并没有这样的习惯"或是"对不起,我无法满足您的要求"等。在工作中这些习惯用语,集中体现了"退让以敬人"的待客礼仪。

(2)谦语。谦语是自谦的一种词语,在旅游接待服务中的应用相当广泛,通常在对游客使用敬语的同时一起使用。

在进行自我称呼、自我评价、自我要求时,适合用谦语表达,如在交谈时的自评,常常用"一点儿小事不足挂齿""承蒙夸奖,不敢当""招待不周,请多多包涵"等。"自谦"实际上体现了我们中华民族一种自律的精神,它以敬人为先导,以退让为前提。当然,伴随着现今东西方交流的日益加强,东西方语言在表达方式上相互交融,有些中国式的谦语已经发生了改变,但其精神实质依然包含着东方民族的传统文化色彩,依然值得我们传承和发扬。需要特别提醒一点,对待外国旅游者,我们应注意谦虚适度。

(3)雅语。雅语是一种比较含蓄、委婉的表达方式。在旅游接待与服务工作中,往往适用于那些在公众场合和社交活动中需要避讳的情况。比如,用"我去方便一下"或是"我去一下洗手间"来代替"去上厕所";用"请问点什么饭菜"来代替"请问要什么饭";用"不新鲜了"来代替"臭了";用"发福"来代替"发胖"等。

雅语的使用不是机械的、呆板的、一成不变的,而应该根据场合、对象和时间的不同,进行有针对性的运用。

2. 从用法上分类

(1)称呼语。不管在哪种场合与人见面,还是给某人写信致函,你首先遇到的问题就是如何称呼别人。这得讲究得体,表现出你的友好,表现出你尊重对方;同时,从你的称呼上也可以反映出你和被称呼人之间的关系(具体称呼参考前面的称谓礼仪)。

在称呼礼仪中,我们要注意两个原则,那就是:照顾习惯和主次有别。称呼他人时,必须对交往对象的语言习惯、文化层次、地方风俗等因素加以考虑,切不可随意使用、不加区分。比如,在国际交往中,或是在与内地的白领交往中,可以称呼"先生""小姐"等,但对一些老年人或是农民,这样的称呼会让对方感到别扭。在对多个人进行称呼的时候,要做到"由尊而卑",也就是按先长后幼、先女后男、先上后下、先亲后疏的顺序。

(2)问候语。问候又叫问好或打招呼,主要使用于人们在公共场合向对方询问安好,致以敬意或者表达关切之情。在问候他人的时候,具体内容应当既简洁又规范。通常的问候礼仪主要涉及以下四个方面。

首先,根据不同接待对象,使用不同的问候语。对在工作中初次见面的游客,我们应说"您好,欢迎光临";对已经熟悉的游客可以说"您好";对患病的游客可以说"您好些了吗?祝您早日康复"。千万不要用中国式的问候语,如"您吃饭了吗""您去那儿啊"等,应尽可能地使用规范的问候语。

其次,根据接待时间,使用不同的问候语。这是在一定的时间范围内才有作用的问候用语。常见的做法是:在问好之前,加上一个具体的时间,或是在两者之前再加以尊称。比如,"早上好""中午好""晚安""您早""各位下午好"等。与此同时,根据需要,可以紧跟一些礼貌用语。比如,有的游客外出一天,到很晚才回来,这时应说:"先生(小姐)晚上好,您辛苦了!"

再次,根据接待地点,使用不同的问候语。在宾馆,可以说:"您好,欢迎下榻我们饭店!"在博物馆则可以说:"您好,欢迎参观!"

最后,根据工作需要,在使用上述问候语的同时,可再加上一些礼貌用语,效果会更好,如"先生您好!欢迎您的光临,这边请""晚上好,刘教授,我们的车就在前面,请跟我来""您工作辛苦了",这样能使对方倍感亲切。向游客道别时或送客时,可说"再见!欢迎您下次光临""一路平安"等。适宜使用问候用语的主要时机有:一是主动为游客服务时;二是游客有求自己时;三是游客进入本人的服务区域时;四是游客与自己相距过近或是四目相对时;五是自己主动与他人进行联络时。

(3)征询用语。在对客服务过程中,旅游从业人员往往需要以礼貌语言主动向顾客进行征询,以取得游客良好的反馈意见。这主要有三种情况:一是主动提供服务时,例如,"您需要帮助吗?""我能为您做点儿什么?""您需要点什么?""您想要哪一种?"这种征询用语的优点是节省时间,直截了当;缺点则是稍微把握不好时机的话,便会令人感到有些唐突、生硬。二是给予对方选择或启发对方思路时,例如,"您打算预订雅座,还是预订散座?""这里有三种颜色,您喜欢哪一种颜色的?"三是征求对方意见时,例如,"您觉得这件工艺品怎么样?""您不来上一杯咖啡吗?""您是不是很喜欢这种样式?""您是不是先来试一试?""您不介意我来帮助您吧?"需要注意的是,在具体使用征询用语时务必把握好时机,并且还需兼顾对方,切勿使游客产生服务人员有强买强卖之感。

(4)迎送语。迎客语主要适用于游客光临自己的服务岗位时,通常和问候用语一并使用。服务人员的迎客语一般离不开"欢迎",如欢迎光临、见到您很高兴等。当游客再次光临的时候,应尽可能地在迎客语中加上对对方的尊称或其他专有词,如"××先生,欢迎光临""××小姐,我们又见面了""欢迎您的再次光临"等。

送别语中最常见的就是"再见""一路平安""请慢走"等。需要特别注意:在游客因故没有消费时,服务人员仍要一如既往地保持送别的礼貌风度,千万不可在对方离开的时候默不作声。

(5)应答语。应答语是旅游从业人员在工作岗位上,用于回应游客问话时的礼貌用语。基本要求是:随听随答,有问必答,灵活应变,热情周到。

用来答复游客请求的应答用语主要有:"是的""好""很高兴能为您服务""好的,我明白您的意思";用来应答游客的感谢的用语主要有:"请不必客气""这是我们应该做的""请多多指教""过奖了";用来接受游客歉意的应答用语主要有:"不要紧""没有关系""不必,不必""我不会介意"等。使用应答用语时,应面带笑容亲切热情,不能表情冷漠、反应迟钝,必要时可以借助表情和手势来加强交流。

(6)祝贺语。在服务的过程中,可以向游客适时地使用一些祝贺用语,这不但是表现从业人员礼貌的工作需要,也是一种人们常用的真诚祝福,能够促进双方发展良好的人际关系。

应酬中的祝贺语,是根据祝贺的具体内容而发生变化的,如"祝您成功""一帆风顺""心想事成""身体健康"等;而节庆中的祝贺语,则主要是在节日、庆典以及他人喜庆之日使用的,时效性很强,往往能为他人讨个口彩,增添欢喜气氛,如"春节愉快""生日快乐""百年好合""福如东海,寿比南山"等。

(五)礼貌用语的艺术性

在旅游工作中,除了需要规范地使用礼貌用语之外,还必须在方法上讲究语言的艺术。著名美学家朱光潜曾说过:"话说得好就会如实地达意,使听者感到舒适,发生美感。这样的说话就成了艺术。"由此我们可以得知,语言艺术是指人们驾驭语言的能力和技巧,又指语言给人的一种美的享受。要使礼貌语言在使用的过程中成为一种艺术,我们需要注意以下4个方面。

1. 准确性

所谓准确性,就是使口头表达合乎语言规范,说话内容准确、简单、明了,能使人了解所要传达的信息,而不至于发生歧义。

(1)认字正确。在景点服务中,经常会遇到一些稀有少见的字,这需要导游特别注意。由于汉字中的形声字比较多,有人会想当然地读偏旁,结果把音读错了。比如,有人把洛阳龙门的"陈抟(tuán)碑"说成"陈抟(zhuān)碑"。还有的人不注意多音及异音字、词的使用,把开封繁(pó)塔读成繁(fán)塔,把姓氏中的"仇(qiú)"念成"仇(chóu)"等。

(2)语音正确。首先注意的是语调。语调是人们在说话时语音高低升降、曲直长短的变化。例如,人们纷纷猜测发言人是谁,当发言者出场时,立即有人用降抑调说"呵,原来是他呀",语调降低,配之以斜眼撇嘴,表达了对发言者的轻蔑之情。若有人用高升调说:"呵,原来是他呀",语调高升,配之以兴奋的神采,就表达了对发言者的喜爱之情。

其次是语顿,是有声语言表达语音时候的停顿、间歇。合适的语顿应依据内容表达的需要来设置。同时注意,停顿的地方不同,其意义可能就完全不同。如"已经考试及格的和尚未及格的学生",这句话本想表达"已经考试及格的学生"和"尚未考试及格的学生",对学生是否考试及格情况进行区别。但若是停顿错误,就变成"已经考试及格的和尚,未及格的学生",发生了表达错误。所以,在语言停顿时要正确停顿,这样才能增强语言表达的效果。

再次是语速。语速是指说话时候吐字的快慢速度。语速可以分为快速、中速和慢速。一般来说,处理紧急的事情,以及在兴奋、快乐的时候用快速;在平静的语境中用中速;而在哀悼的场合,讲话应为慢速。在旅游服务工作中,大多数的情况应该使用中速的语速。如果服务人员使用很快的语速,往往使游客听不明白,并容易引起困惑紧张,让游客觉得服务人员很不耐烦或是神经兮兮的。如果使用的语速很慢,又容易让人产生懒惰散漫、无精打采的感觉。

最后是重音。对于同一句话,如果在说话时的重音位置不一样,那么其分别强调的词语意义就有所不同,使听者获得的信息大相径庭。比如,同是一句"明天召开新年酒会",

若是将重音放在"明天",是在强调开会的时间;重音若是放在"酒会"上,就是突出了招待会的类别,并非是茶话会或冷餐会。重音的表达,强调了词语,突出了重点,加深了听众的印象,达到了预期表达的良好功效。

（3）遣词造句正确。为了避免语句有歧义,而造成误会,就要注意恰当地遣词造句。如果在某种重要的信息传递过程中,由于遣词造句的不够恰当而产生了歧义,就会产生不好的影响并妨碍交流。比如在旅游接待中,导游面对游客时说:"大家都出来旅游啦,这个景区已经人满为患了,大家注意安全。"服务员虽然是出于好心,但用词不合规范,在无意中伤害了游客。所以,我们在交谈的时候,要特别注意进行信息交流和表达情感时,要保证语言的准确性。

2. 生动性

所谓生动性,就是达到绘声绘色的境界,使人们产生共鸣,好比身临其境一般。这就要求旅游接待工作者必须掌握丰富的知识和恰当的语言词汇,注意修辞,学会运用对比、夸张、借代、比喻等手法,使语言艺术化、口语化、形象化,创造出生动的语言画面,以达到宾主之间相互理解和产生共鸣的效果。

例如,他唱起来嗓子像是纯银做的,那么清亮,那么悦耳,那么动听（比喻）。老校长的每一句话都打动着在场人的心弦,它像惊雷,把人震醒;它像强心剂,使人振奋;它像补药,壮人气力;它像火光,暖人心窝!（比喻、排比）。

3. 情感性

所谓情感性,就是要"情真意切"。人们的喜怒哀乐、七情六欲往往可以从眼睛的神态、手势的力度与面部的线条中显露出来。所以,在表达语言的时候,要注意使用非语交际手段,可以获得事半功倍的效果。例如,导游语言的情感性强弱与否关键在于导游人员自身是否进入了角色,是否喜游乐导、动之以情。假若一位在风景名胜面前无动于衷的导游,像和尚诵经似的只会干巴巴地倒背程式化的"台词",那么他恐怕就难以打动慕名而来的游客了。

4. 幽默

幽默是对言谈更高层次的要求,是一个人的文化、修养、道德、机智乃至应变能力和语言表达能力等多方面因素的综合反映。幽默风趣的话语能调节气氛、化解疑虑、消除隔阂、缩短距离,使人感到轻松愉快,是人际关系的润滑剂。特别是在长途旅行中,风趣的语言更能发挥出消除疲劳、振奋精神、调节情绪的效果,使游客在轻松的欢声笑语中度过快乐的时光。此外,幽默、诙谐还可以用来含蓄地拒绝对方的要求,或进行一种善意的批评。幽默在入情入理之中,引人发笑,给人启迪。

幽默感的形成非一朝一夕之功,需要慢慢培养。首先,要乐观地对待生活和生活中的一切挑战,努力发掘事物中有趣的地方。同时,敢于自嘲,不讳言自己的缺点和过失。此外,还要加强自身的文化修养,广泛地吸取生活的养料,掌握驾驭语言的本领;要主动接纳各种不同的人、事、物,使自己性格开朗;时刻保持愉快的心情让幽默感萌生;平时多积攒一些妙趣横生的幽默故事,比如看漫画和笑话从中体会幽默的感觉。要想培养幽默感,可以从给身边的人讲笑话开始锻炼。

幽默不同于滑稽,更不等于轻浮。有些人幽默过度成了油腔滑调;有些人不顾场合地插科打诨，"笑料"低级庸俗；还有人拿别人的生理缺陷开玩笑，伤害了别人的自尊。这些不仅不会给他人以睿智的美感，还是非常无礼的。

二、旅游从业人员的行业用语

（一）基本要求

1. 声音优美

在服务工作中，工作人员的语音一定要标准，无论是普通话，还是外语，都要咬字清晰，尽可能讲得标准；嗓音要动听，增强语言的感染力与吸引力；音量要适度，以让游客听清楚为准，轻声比高嗓门令人感到悦耳，忌大声说话、语惊四座；语调要婉转，抑扬顿挫，令人愉快；语速适中，避免连珠炮式地说话，轻柔地说话更能使游客满意。

2. 表达恰当

服务用语应力求语言完整、准确贴切，注意选择词句，这样才能够达到预期的服务效果，令游客满意。

3. 言简意赅

服务用语应尽量简洁，切忌长篇大论、喋喋不休。但同时也要注意，虽然有些语言很简短，但也有说的必要，不能为了达到简洁的目的，而省略某些服务用语。如：在工作中不慎碰到了游客，就算是轻轻一下，也应该对游客说声"对不起"或"抱歉，请您原谅"。如果不做任何解释，可能会引起游客的埋怨和反感。再者，在游客们热烈交谈的时候，是不喜欢被人无端打断或是遭到打扰的。这个时候，服务人员就需要避免过分殷勤，虽然是好意，但却容易遭到游客的反感。

4. 表情自然

对游客进行服务或回答问话时，面部表情要自然，不能做出一些奇怪的、多余的动作。像挤眼、挑眉、努嘴、哼鼻等，都是不自然的表情，不符合服务要求。最好的面部表情就是使用微笑，同时投以柔和的目光。

5. 举止文雅

在服务工作中，能够用语言讲清楚的内容，应尽可能使用语言表达，而不要指手画脚。对客服务的距离也要适度，不要离游客很近，更不能凑到游客的耳边小声说话，这样会把呵出的气体喷到游客脸上；若是异性，还会引起不必要的误会。

（二）服务忌语

在工作中，提倡对游客真诚服务，这就从根本上要求服务人员注意语言的文明，避免使用一些服务忌语。这些忌语一旦说出口，往往会给游客造成伤害，并给自己的工作带来不必要的麻烦，所以是有悖旅游服务工作宗旨的。忌讳的语言不能在服务的时候使用，需要我们在工作中提高警惕，并努力避免。

1. 俚语

俚语是指那些粗俗的、通行范围极窄的方言话。它的使用太过随便，不宜在服务行业中对游客使用。这些语言很容易触犯他人的个人忌讳，尤其是和他人的自身条件、健康条件相关的某些忌讳。

例如，对老年的游客，绝对不可以说"老没用""老不死"等，就算指的并不是对方，但对方也会很敏感并产生反感。

与病人交谈时,尽量不要提"病号""病秧子"一类的话。如没有特殊的原因,也不要提什么身体好还是不好。因为大多数的病人都是"讳疾忌医"的。

当面对有生理缺陷的游客时,切忌使用"残废"一词。一些不尊重残疾人的称呼,如"傻子""侏儒""聋子""地不平(腿残疾者)"等,是更不能使用的。在接触那些身体状况不甚理想的人时,对其身体的不满意地方,如胖人的"肥"、个子矮之人的"矮"等,都是需要回避的。

2. 秽语

秽语就是那些淫秽的话语。不言而喻,这类词语就算是委婉道出,或是使用缩写符号,也避免不了对他人造成伤害。

3. 行话

行话是一个行业内的专门用语,不容易被一般人理解。有鉴于此,在对游客的服务过程中最好不要使用行话,以免让游客觉得你是有意刁难或是有意孤立游客。

4. 性别歧视语

在如今男女高度平等的社会,无论男士还是女士,都很在意自己是否被他人所尊重。所以,在称呼女士的时候不要使用"小妞儿",称呼男士时不要使用"小子",在称呼来自某地区的人时,不要使用"××佬"等。

5. 敌视语

在工作中,服务人员因自身的意愿和感情,对游客给予瞧不起、鄙视的态度,如"这个很贵,你买得起吗"。

当游客表示不喜欢推荐的商品或是在经过了一番挑选,感到不甚满意而准备离开时,工作人员在其身后小声嘀咕,"一看就是个穷光蛋""没钱买就别在这儿费事"等。

有时,在游客对服务感到不满意,或是提出一些意见、批评的时候,个别服务人员公然顶撞游客,说"怎么样?我就是这个态度""谁怕谁啊,我还不想伺候你这号人呢""对我有意见?你算什么东西啊"等。

在劝阻游客不要动手乱摸乱碰商品时,说"瞎摸什么""弄坏了,你赔得起吗"。

这些都是不应对游客使用的敌视语。

6. 厌烦语

在服务工作中,我们的工作人员应该是:有问必答、答必尽心、百问不厌、百答不烦。在接待游客时,要从始至终表现出应有的热情和足够的耐心。如在游客询问某种商品功能时,不允许应付游客,不可以说"我怎么知道""从来没有听说过""你问我,我问谁去"等。

当游客询问具体的商品或服务价格时,不可以向游客进行训斥:"标签上不是写着的嘛,自己不会看?"

当游客要求为其提供必要的服务或帮助时,不能说"我不负责这个工作,找别人去""吵什么吵""着什么急"等。

在工作中遇到什么难题或是自己有什么烦闷事时,不能影响对游客的接待服务,尤其不能在岗位上不时地自言自语:"烦死了""累死人了"等。

单元五　交谈礼仪

交谈是指交往双方以语言为主要手段相互交流的过程。交谈是人们传递信息和情感、增长知识才能、增进了解和友谊的重要工具,也是沟通业务往来、建立良好人际关系的重要手段。通过交谈,能体现出一个人的思维能力、文化素质、道德品质等诸多内在素质。

一、交谈的基本原则

(一)真诚积极的态度

以诚相待是交往的基本原则。交谈时的态度会影响交谈的效果。真诚热情、不卑不亢、相互尊重、平等谦敬的态度能让交谈的双方感到亲切、自然,从而使谈话在轻松愉快的氛围中进行,获得真实而丰富的信息;而虚情假意、言不由衷,不仅会让对方反感,导致不欢而散,甚至会导致信息失真,最终影响交往的顺利进行。

(二)保持正确的空间距离

交谈的空间距离是指人们在交谈中,由于心理作用和远近亲疏的不同而产生的客观距离。在交谈和沟通中,双方距离的远近对交谈和沟通的效果会产生重要的影响。这里所说的"距离"有两层含义:一是指情感距离,二是指空间距离。一般情况下,情感距离和空间距离呈正比例关系。也就是说,情感距离越近,交际时的空间距离也就越近;反之,情感距离越远,空间距离也就越大。由于人与人之间的情感距离有远近之分,所以交谈时的空间距离也不相同。美国霍尔教授的研究结果表明,人们在交谈时一般有以下4种空间距离(图4-6)。

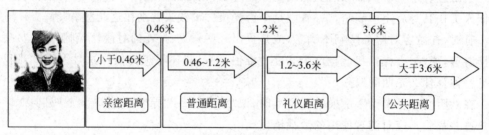

图4-6　空间距离

(1)亲密距离。双方距离在半米(0.46米)以内,是人际交往中间隔最小的距离,适用于家庭成员、恋人和好朋友之间的拥抱、挽臂执手、促膝谈心等,也称为"密切区域"。

(2)普通距离。双方距离在0.46~1.2米,在人际交往中属于安全和自我的距离,适用于普通朋友、同学、同事之间,也称为"个人区域"。

(3)礼仪距离。双方距离在1.2~3.6米,适用于不含感情成分的工作关系、与上级或下级之间的关系、与顾客的关系等,也称为"社交区域"。

(4)公共距离。双方距离在3.6米以上,这是一个与他人虽共处在某一空间但互不干扰的距离,适合正式讲话、演说、报告等活动中与听众所保持的距离,也称为"公共区域"。

在交谈中,一个人的社会地位、性格、性别、情绪态度都会影响人们交谈的空间距离。身份地位高的人喜欢与人保持距离,身份地位低的人则希望空间距离相对小一些;性格外向开朗的人乐意接近别人,内向孤僻的人比较敏感,不愿意让别人靠近自己;女性对喜欢的人会保持近距离,反感陌生的人靠近自己,而男士与人交往的空间距离要相对大一些;有良好情绪态度的人交谈时的空间距离较近,反之则空间距离增大。

（三）要善于倾听

善于倾听是谈话成功的一个要诀,善于倾听的人往往总是受到器重。现实生活中,有人健谈,口若悬河;有人木讷,期期艾艾,这些差别都是存在的。但是,不管对方如何木讷、不善辞令,既然双方在交谈,就要时刻注意给别人以说话的机会,尊重对方,这样既能获得对方的好感,同时也能体现出自己的修养。倾听时要注意以下两个问题:一是倾听时应神情专注,用表情、动作和简短的语言呼应对方,同时还可以简洁地表明自己的态度,如用"对""原来如此""是吧"等。对没有听懂的地方,也可恰当地向对方提问,表明自己认真倾听并虚心请教,同时还能满足对方的自尊心。二是当对方的观点与自己的有所不同时,应先以宽容平和的心态认真倾听,然后再与对方交换意见,避免因此发生争执和口角。

（四）善于控制气氛

交谈时要善于控制交谈气氛,巧妙制造有利于交谈、有利于相互和谐关系形成的气氛。一是要善于察言观色,寻找对方情绪高、心境好、有兴趣的心理时机进行交谈;二是在交谈中,善于用对方感兴趣、有研究体会、又乐于谈论和发表看法的内容,以此吸引对方;三是要注意以轻松、平和、宽容、理解的态度和心境,感染对方,语言要生动、活泼、平易,适度展现幽默感。

在交谈时,语气、声调要平和、沉稳。在公共场合中毫无顾忌地高谈阔论、大声说话,是缺乏修养的表现。与人交谈时,音量控制在对方能听清楚你的话即可。此外,在交谈时,对于不便直接表达的意思,为了不使对方难堪,可以采用一些委婉的措辞来表达,如用"遗憾"表示不满,用"无可奉告"代替拒绝回答等。如涉及他人隐私或隐痛时,要学会使用不同的措辞,委婉表达,这样才能达到较好的谈话气氛。以下行为易产生不愉快的交谈应尽可能避免:经常向人诉苦,包括个人经济、健康、工作情况,但对别人的问题却不予关心,从不感兴趣;唠唠叨叨,只谈论鸡毛小事,或不断重复一些肤浅的话题;态度过分严肃,不苟言笑;反应过度,语气浮夸粗俗;过分热衷于取得别人好感;传播秘闻、爱说风凉话等。

（五）善于使用体态语

交谈时要面带微笑,目光注视对方的社交区域,要善于使自己脸部表情随交谈内容的变化而变化,随着对方情感情绪的波动而丰富变幻,切忌一脸茫然、冷漠。但表情不要过分夸张和激烈,要让人感到自然、真实、动人;使用的手势不宜过多、幅度不宜过大、变化不宜太快,否则会给人造成张牙舞爪、轻浮做作的印象。此外,要注意:东张西望、心不在焉、打哈欠、伸懒腰、不断看表等举止都是很失礼的行为,会影响谈话的气氛。

（六）选择恰当的话题

谈话话题可以包括天文、地理、历史、文学、政治、经济、文化等,但也不能随心所欲;要把握分寸,尽量不造成对方难堪和不愉快。涉及他人隐私或隐痛的话题,应回避或婉转表达。如果谈到令对方反感的话题,应当立即表示歉意,或转移话题。谈话中还应避免故意卖弄自己的特长和学识,避免出言不逊和恶语伤人。在选择话题时,应注意以下几点。

1. 寻找双方共同感兴趣的话题

交谈的内容应以双方共同感兴趣或需要交流的内容为主。双方不熟悉的内容应尽量回避,自己熟悉但对方不熟悉的话题应掌握分寸。如对方感兴趣,则可多谈;若对方从动作、表情上表现出不感兴趣或不耐烦,应及时更换话题。多人交谈时,切忌只和一人交谈而冷落其他人。人们共同感兴趣的话题主要包括天气情况、国内新闻、国际形势、文艺演出、体育比赛等。

2. 交谈中应避免选择令人不愉快的话题

交谈是一件令人愉快的事情,应避免选择令人不愉快的话题,如疾病、死亡、淫秽的事情。在交谈中,应避免提及对方的生理缺陷和已往发生过的不体面的事情。因为这很容易使当事人因此而产生沮丧、痛苦、自卑等消极情绪,同时,也不要让对方感到你在注意他的缺陷或不体面之处。交谈中,除非出于工作需要,一般都不宜涉及此类话题。谈话时,不应当随意评价第三者,更应避免攻击、谩骂、中伤他人。

3. 交谈中应避免涉及个人隐私的话题

个人隐私是指不愿被他人干扰窥视的私人生活,主要包括年龄、收入、婚恋、家庭以及宗教信仰等。交谈中应尽量避免涉及这类内容。否则,会令交谈出现不愉快的气氛,也会给人留下浅薄无聊的印象。

(七)对客观事实的话题不要轻易表态

在交谈过程中需对某些事件进行描述时,应尽量客观描述事实本身,而不要把更多的主观臆断传递给他人,以免影响他人的判断。

二、交谈的技巧

(一)礼貌用语

运用礼貌用语时,应力求做到亲切自然,让游客"听在耳中,暖在心里"。但这种亲切必须是诚心所致、不落俗套,而非甜言蜜语、阿谀奉承。服务中礼貌用语包括上面已经讲解过的称呼语、问候语、征询语、应答语等,这里不再赘述。

(二)真诚赞美

赞美是能引起对方好感的交谈方式,是人际交往的"润滑剂"。它能使人自信,使人具有进取心,也能缓解矛盾,使人们友好相处。在人际交往中,学会真诚恰当的赞美是很有必要的。比如:去拜访别人家,可以赞美一下主人房间的装饰;看见某人穿了新的衣服,可以赞美说"你今天真漂亮,这衣服很适合你"等。在交谈中,不要怕因赞美别人而降低自己的身份,相反,应当通过赞美来表达自己对别人的真诚。表示赞美时,要坦诚、真挚,要因人而异、注意场合、讲究效果,要符合实际、恰到好处。赞美别人时必须是针对被赞美事物本身的确有值得赞美的地方,不能虚假客套和违背事实,甚至让人感觉是在讽刺和挖苦。

(三)婉言拒绝

在交往过程中有时会遇到对方所提要求无法满足的情况,此时应婉言拒绝,而不能承诺无法兑现的要求。否则，既失去了诚信，又耽误了他人的时间，最终造成不必要的损失。拒绝时，可使用以下三种方式。一是道歉式，即当对方的要求难以被立即满足时，不妨直接向对方表示自己的歉疚之意，以求得对方的谅解。二是转移式，即不纠缠于对方的某一具体细节问题，而是主动提及另外一件事情，以转移对方的注意力。例如，"您可以去对面的酒店看一看""我可以为您向其他航空公司询问一下"等。三是解释式，即在拒绝对方时尽可能准确说明具体缘由，以使对方觉得拒绝合情合理、真实可信。例如，"国家民航总局××号文件已经通知，机票不得自行打折""下班后我们酒店还有其他安排，很抱歉不能接受您的邀请"等。

（四）感谢与道歉

在与人交往中，每一个人都少不了其他人的帮助，在得到别人帮助时要诚恳地表示感谢。根据不同场合、不同对象，可以使用不同的感谢方法，从而巧妙地达到双方增进友情和理解的目的。常用的感谢语有"谢谢你""非常感谢"；在接受别人的礼物或款待时，应该说"谢谢！我非常喜欢""谢谢您的热情款待"等。

得到别人的帮助时，要感谢；因故打扰、影响、损害或伤害了他人时，则要道歉。道歉不是低贱和软弱的反映，而是文明礼貌和有教养的表现。道歉的妙处在于消解冲突，缓和矛盾，从而互相谅解。道歉同感谢一样，要诚恳，不应敷衍了事，否则会激起对方的不满。道歉时应注意以下几点。

1. 应当及时

知道自己错了，马上就要说"对不起"。拖得越久，越容易使人误解，也越不好开口。为一件多年前的事情道歉，实在没什么大意义。

2. 用语应当文明而规范

有愧对别人的地方，应该说"深感歉疚""非常惭愧"。渴望别人的原谅时，可以说"多多包涵""请您原谅"。在一般的场合，也可以讲"对不起""很抱歉""失礼了"。

3. 可以借物表意

如果有些道歉的话难以当面启齿，可以给对方打个电话、发个短信、送份礼品或提出一个约会邀请。如对方回复短信、接受礼品或邀请，则表明已接受道歉，这类借物表意的道歉方式会收到很好的反馈效果。

三、电话礼仪

随着人们生活节奏、工作效率的快速提高，电话已成为人们彼此联系和互通信息的重要工具。通电话时双方互不见面，此时主要发挥作用、影响通话效果的便是通话者的声音、态度和所使用的言词，电话处理得好往往会给对方留下良好的印象。因此，注意电话礼仪，和蔼、高效、得体地处理电话是非常重要的。

（一）一般性礼仪

1. 相互问候，自我介绍

电话接通后，双方均应问候对方"您好"以示礼貌，不允许"喂"个不停，也不可以开门见山，没有一句问候语就直奔通话的主题。为了让通话对方尽快了解自己的身份，通话双方应略作自我介绍；即使是熟人之间进行通话，也应这么做。通话时，不能让对方猜测，不能自认为与对方很熟而对方却半天听不出是谁又不好意思询问，结果双方通话半天却不知所云。

2. 内容紧凑，重复重点

在一般情况下，通话时不宜谈论与主题无关的话，而应在相互间问好之后，立即转入主题。此时，拨打电话的一方应直截了当地告诉对方为何打电话。首先给对方一个整体印象，接下来再把自己要说明的事依次叙说一遍，以做到主次分明、有条不紊。在通话中为确保重点内容被对方明白无误地理解，必要时应加以适当的重复，如时间、地点、价格、数据、号码等，通常都是应予以重复的重点内容。

3. 语音流畅，体姿正确

通话时，应力求使自己的声音让对方听清楚，要注意语音、语调和语速的控制。打电话虽然不是面对面的交谈，看不见对方的表情和姿态，但体姿的正确与否将影响发音的效果。因此，在通话时应站好或坐好，面带微笑地对着话筒，这样才能让对方感受到一种亲切感，从而得到对方的认可。通话时，严禁喝饮料、吃东西，或是兼做其他事情。

4. 认真倾听，积极呼应

通话时，要集中注意力，认真倾听，但不可长时间地沉默无语，以免使对方误认为你根本没有接听。在通话过程中，不妨经常以适当的短句积极呼应，如"是，是的""好的，好的""没错""是这么回事""请您继续说"，让对方感到你是在认真地听着，以示尊重。

5. 适时挂断，互相道别

结束电话交谈时，一般应由发话人一方提出；如果对方没有结束谈话，自己先挂断，会显得很不礼貌。受话人在结束交谈时，挂电话要比发话人慢一秒放下，要轻轻地放下话筒。如果对方的社会地位、年龄、职务高，则应该让对方先挂电话，然后自己再轻轻挂掉电话。在挂断电话前，双方应互道"再见！"。

（二）打电话的礼仪

1. 做好通话准备

拨打电话之前，应确认所打电话号码是否正确、单位名称和所找人的姓名或职务。在进行重要的电话通话之前，应准备好必要的资料文件和记录用的纸笔，最好备好一份通话提纲。这样在正式通话时，既可节约时间与费用，又可以抓住重点，有条有理，不遗漏内容。

2. 慎选通话时间

对于打电话的时间，有两个方面需多加注意：一是通话时间的选择。选择的通话时间应以方便对方为原则。在一般情况下，不宜选择过早、过晚或私人休息的时间，例如节假日、午休或用餐时间。而基于工作顺序，也要尽量避免在他人刚上班或者即将下班的时间打电话。二是通话时间的长短。通话时间一般不宜过长，一次通话的时长最好不要超过 3～5 分钟。随想随说或没话找话，使通话时间过长，这是很失礼的。第一，过长的通话时间妨碍了别人休息，会使人生厌；第二，电话占线，如有紧急电话无法打进来，容易耽误事情，所以通话时间过长是打电话的大忌。

3. 注重礼貌用语

打电话时，一般要自己主动介绍，基本句式为：问候＋自我介绍＋礼貌询问，比如，"你好，我是×××，请问您是×××吗？"

打电话需要对方找人时，应礼貌地说："麻烦您，帮我叫（找）一下×××"或"请您帮我叫一下×××，麻烦了"；如要请接电话的人帮助转达事项时，应先说："您能帮我转告一下吗？我是×××（单位），谢谢"或"我有急事，麻烦您帮我转告一下行吗"转告事宜时，要简明扼要。然后，要问清对方的姓名以示慎重，再表示感谢。当自己要找的人没找到或不在时，要说："对不起，麻烦您了""打扰了"如果自己打错了电话，要及时道歉："对不起，我打错了""打扰您了，对不起"，等对方挂断电话之后，自己再放下话筒。

4. 注意通话地点

在选择通话地点时应考虑以下因素：一是通话内容是否具有保密性；二是尽量不要借用外人或外单位的电话，特别是不宜长时间借用；三是尽量不要在办公室里打私人电话。

（三）接电话的礼仪

1. 及时接听电话

电话铃响后，应迅速拿起听筒，而不能故意延误。一般在铃响三声之前必须接起。如果一时腾不出手来，让电话铃响了四声以上，接起电话时应向对方致歉："对不起，让您久等了。"

2. 注重电话的起始语

接到电话后，应先问候，再自报家门，以便对方确认电话是否打对。一般话术结构为：问候、自我介绍加上礼貌询问，如"您好！这里是××大酒店，请问您要哪里"或"您好！这里是××大酒店客房部"，而不能粗暴简单地说"喂！找谁？"。

3. 特殊情况恰当处理

接电话后如果对方要找的人不是自己，应说："请稍候，我帮您叫（找）一下。"如果要找的人不在，应告诉对方，并表示歉意"对不起，×××不在"。然后询问是否有事要转告，如有，则应该详细做好记录，复述一遍，以免有误，并问清对方的姓名及联络号码。若是对方不愿告之，也不可贸然打听、刨根问底。接到打错的电话时，不能简单地说"你打错了"就马上挂断电话，可以说"对不起，您打错了，我们是×××……"或"这里是×××，您打错了，请再查一下电话号码"。

（四）手机的使用礼仪

手机给人们的工作和生活带来了极大的方便，因此得到了普遍的使用。但使用手机时，也应遵循一定的礼仪规则。

（1）手机的摆放位置。在一切公共场合中，如手机没有被使用，都要放在合乎礼仪的常规位置，最好不要一直拿在手里或是挂在上衣口袋外。放手机的常规位置有三处：一是随身携带的公文包里，这种位置最正规；二是上衣的内袋里；三是不起眼的地方，如手边、背后、手袋里。注意，不要把手机放在前方的桌子上，特别是不要对着对面正在聊天的游客。

（2）手机的铃声选择。在公共场所，尤其是相对安静的办公场合中，手机铃声的设置直接体现了使用者的公共意识程度。以下几个方面是作为礼仪应该严格遵守的：第一，不设置搞怪和噪声很强或具有刺激性的铃声。第二，不使用免提功能接听或拨打电话。第三，不在接电话时大声喧哗。第四，尽量让通话时间简短。第五，对于特别电话，应另行安排时间回复，避免情绪化地接打电话。建议：尽量调小铃声音量，最好选择静音或震动模式，也可以将手机呼叫转移至办公电话上。这里需要提醒大家特别注意的是，办公室是一个安静的公共环境，减少对他人的不良影响是每个成员应有的基本礼貌和义务。一个人发出干扰，全体都将受影响。这种影响不只是让别人感觉不妥，更重要的是破坏了和谐的氛围，也容易引发负面效仿，让大家都随意起来。

（3）会谈时的手机模式。在会议中、与别人业务洽谈的时候，最好的方式是把手机关掉，起码也要调到震动状态。这样既显示出对他人的尊重，又不会打断发话者的思路。而那种在会场上铃声不断，好像是业务很忙，使大家的目光都转向他的情况，实则显示出这个人缺少公共意识和修养。

（4）特殊的使用场合。注意手机使用礼仪的人，通常不会在公共场合、座机电话接听中、开车中、飞机上、剧场里、图书馆和医院里接打手机，即便在公交车上大声地接打电话也是有失礼仪的。同时，在有些公共场合，特别是楼梯、电梯、路口、人行道等地方，不可以旁若无人地使用手机，应该把自己的声音尽可能地压低一下，绝不能大声说话（图4-7）。特别指出的是，在看电影时或在剧院里打电话是极其不合适的；如果非得回话，采用静音的方式发送手机短信是比较适合的。

图4-7　手机使用注意事项

（5）不要在别人能注视到你的时候查看手机。即使是查看时间，也不要一边和别人说话，一边查看手机，以避免对别人造成不尊重感。

（6）在手机短信内容的选择和编辑上，应该和通话文明一样重视。因为通过你发的短信，意味着你赞同，至少不否认短信的内容，也同时反映了你的品位和水准。所以，不要编辑或转发不健康的短信，更不应该转发那些带有讽刺伟人、名人甚至是公众人物的短信。

（7）手机的号码一般不宜随便告诉别人。所以，对方不愿告诉手机号码时，不要再去索要，以免让对方为难。

单元六　聚会礼仪

旅游从业人员要擅长应对各种类型的聚会，掌握聚会应该遵循的礼仪。

一、舞会的礼仪

舞会是一种大众化的、颇受人们欢迎的社交活动。舞会举办成功的因素很多,最重要的因素就是礼仪礼节到位。

(1)仪表仪容。参加大型或级别较高的舞会,国际上的惯例是:在请柬上注明服装要求,以穿礼服或西服为多,有时要求女士穿大礼服、男士穿燕尾服。

在我国,参加舞会男女的服饰要尽可能同环境融为一体。但无论什么场合,都不许穿短裤、背心和拖鞋进入舞厅。男士应以庄重的色调为主,服饰要端庄得体、落落大方。若穿西装,可不必像参加正式会议或正式宴会一样严肃,但应注意西装衫、领带之间的颜色搭配。

女士参加舞会时,可打扮得雍容华贵一些。一般着装以裙装为宜,因为在悠扬的舞曲中,婀娜的舞姿衬以飘逸的长裙,会使人有飘飘欲仙的感觉。女士应根据服装、发式佩戴相应的首饰。可参考提示:白天不要戴钻石首饰;颈短的人不宜戴大颗珍珠项链;女士参加正式舞会不宜戴手表;穿考究的衣服时,不能戴劣质粗糙的首饰;如果没有与之相配的首饰,可以不戴,也可佩戴一朵鲜花。

(2)邀舞礼仪。正式的舞会,第一曲是主人夫妇、主宾夫妇共舞,第二曲是男主人与主宾夫人、女主人与男主宾共舞。

舞曲开始时,男士应主动邀请女士共舞。邀请时,男士向女士行鞠躬礼,伸出右手请舞,鞠躬的深度在15°左右,同时轻轻地说:"请您跳个舞,可以吗?"女士一般在受到邀请后,应马上起身,随着乐曲同邀请她的人一起跳舞,切不可傲慢无礼。如果女士已有舞伴,应客气地说明:"谢谢,我已邀好别人了。"这时,男士则应有礼貌地告退。当然,一曲结束后,若这位女士单独坐下,男士可再次邀请。女士如果远离舞池,独坐休息,不宜去打扰她。

男士如邀请一位素不相识的女性跳舞,首先要观察一下她是否有舞伴或同伴。如果已经有了舞伴,一般不宜前去邀请。如前去邀请,应首先向她的舞伴或同伴点头致意,再对女士发出邀请。

舞场上一曲未终,一般不要中途停下来换舞伴。舞场上一般允许女性之间共舞,不允许男性之间共舞。前者意味着他们没有舞伴,而后者则意味着他们不愿意向在场的女士邀舞,这是对女士的不尊重。

舞曲结束后,男士应将女士送回原位,并说声"谢谢"。

初次参加舞会的人往往容易怯场,担心舞步不熟练或没有舞伴,这些都是不必要的。游客不会因为舞伴跳得不熟练而放弃对他的邀请,倒是过分扭捏不仅影响舞场情绪、气氛,影响交际,也不符合礼仪。参加舞会的每一个人都有主动邀请他人跳舞的权利和义务,不应该坐等他人邀请。

(3)辞谢邀舞的礼仪。舞场上,女士一般不应谢绝男士的邀请,无故谢绝男士的邀请是失礼的。如果女士不愿意接受对方的邀请,也可以拒绝,但应采取礼貌的回绝方式"对不起,我很累了,我想休息一会儿",不可以说"对不起,我不想和你跳"这样的语言。如果女士刚回绝了一位男士的邀请后,不宜马上接受另一位男士的邀请,因为这对前者是不礼貌的。如果女士事先已接受别人邀请,则可以婉言解释:"对不起,已经有人邀请我了,等下一曲吧!"

(4)良好的舞姿。舞者肌肉应松弛、姿势要自然、动作要协调、脸部朝向正前方。舞者可以用眼睛的余光留心周围,避免碰撞;但不要转头四处观看,也不要低头看脚的动作,要凭身体的感觉来转换方向。随着步伐的变化,身体会产生高低起伏,这时舞者应按音乐节奏,保持一种均匀协调的优美动态。跳舞时,双方距离以两拳为宜,不要过近或者过远。男士不可以把女士的手握得太紧,不要和女方的身体贴得太近,也不能目不转睛地凝视女士的脸,以免引起女方的反感或造成误会。女士跳舞时舞姿应轻盈自如,给人以欢乐感。但是,即使是热恋中的情侣,也不宜过分亲昵,因为这对周围的其他人来说是不礼貌的。

(5)良好的环境。参加舞会时,要注意维护环境的卫生和良好的秩序。不要乱扔果纸屑;吸烟应到室外,以免污染室内空气;不允许在舞场内高声喧哗和口出污言秽语;在舞池内不能任意穿行,确需找人时,应缓步轻声,从场边用目光寻找,或待一曲完结后再找。在舞会上看到相识的朋友,可以打招呼问候或点头示意,不宜在舞池内攀谈、叙旧。

(6)舞会结束的礼仪。舞会结束后,应向主人告辞道谢。男士可送女士,但绝不可勉强。如果女士无意让对方送行,应礼貌地说"谢谢"或说"谢谢,我已有人结伴回去"。说话要婉转得体,不要使对方难堪。

二、参加婚礼的礼仪

结婚是人生的一件大事。在中国,举办婚礼是一种隆重的庆祝活动。婚礼上到处都洋溢着喜庆、欢乐、热闹的气氛。因此,参加婚礼时,男士的着装多以西装为主,容貌要整洁;女士以鲜艳、亮丽的衣裙或套装为主,可画淡妆,不宜浓妆艳抹;穿着应避免穿着大红与白色衣服,不可过于暴露。游客装扮以不超过新娘、新郎的装束为宜,否则有喧宾夺主的感觉。

送礼物为新人祝福是人之常情,也是一种礼节。最好事先了解一下新人最需要什么,不要无目的地送,这样不但新人用不上或已经有此类东西,而且也体现不出你的精心。如果确实不太了解新人需要什么东西,也可以根据一般的送礼原则,如送床上用品、茶具、餐具、厨具、装饰品、工艺品等。

送礼也是一种表示祝福的方式。送钱比送礼物要实惠,钱数的多少要根据自己的经济情况和与对方的友情关系来决定。按中国的传统,送钱要用红纸包好,并写上祝福之类的字样,并在下款署上自己的名字。

在婚礼上,要注意自己说话的分寸,不要讲些不吉利的语言,以免让别人感到不喜庆。如新人前来敬酒,要说些"恭喜,祝你们幸福"或"祝你们白头偕老"等祝福话语,以表示美好的祝愿。

三、生日聚会的礼仪

生日对每个人来讲都是最有意义的日子。在我国 60 岁以前一般都叫"过生日",60 岁开始称"做寿"。给小孩祝贺生日,一般送生日蛋糕、玩具、学习用具,或带孩子到科技馆、公园、动物园等地方游玩,以开阔孩子视野、表爱心、留纪念。给成年人祝贺生日,一般可赠送生日蛋糕、生日贺卡、鲜花、生日礼物、衣物等，表达彼此之间的友情。给老人做寿，除了赠送生日蛋糕和鲜花外，还要根据老人的喜好，精心购买老人喜欢的物品，如保健用品等，以表达孝心和爱心，让老人高兴，给生日带来欢乐、吉祥的气氛。如果离家远不能亲自到场，也要打电话祝寿。

无论参加哪种形式的生日仪式，都要以饱满的精神状态出现。活动要充满喜庆、热闹和吉祥。如留下来用餐，不可以大吃大喝、猜拳行令，更不要中途退场或自行其是。这样做不仅不礼貌，而且会给主人留下不好的印象。

四、丧葬礼仪

丧葬也是一件大事，人们把它与婚事一起称为"婚丧大事"或"红白大事"。因此，参加丧礼也要讲究礼俗习俗。

（1）注意着装。参加葬礼或追悼会，是为寄托对死者的怀念和哀思，所以要特别注意自己的着装。一般宜穿深色的衣服，也可穿比较素雅的服装。衣服上可佩戴白花或黑纱，但千万不能穿红着绿，或穿色彩鲜艳的大花服装。女性不宜化妆，这是一种严重失礼的行为。另外，女性不佩戴金银珠宝首饰等参加葬礼。

（2）注意礼貌。为了表示对死者的怀念，吊唁时可送一个花圈或一副挽联。在葬礼或追悼会上，态度要沉痛，走路要轻，说话要低声，奏哀乐时不要东张西望，默哀时要低头静默。切不可见了熟人就三五成群、谈笑风生，更不能中途退场，这既是对死者的不敬，也是对吊唁者不礼貌的表现。

（3）慰问死者家属。人生中最痛苦的事情莫过于生离死别。生离虽难，但总还有重聚之日，而一旦死别就成为永别。因此，慰问死者家属节哀顺变，并了解有无困难，这都是十分必要的。

五、影剧院活动的礼仪

在社会公共场所中，人员复杂，流动性强。人们的行为较随便，自身的约束力较弱，与人之间交往的随机性强。因此，在公共场所更需要讲究礼貌礼节。公共场所也最容易显示出一个人的文明礼貌程度。

影剧院是社会文化交流的重要场所。在国外，到剧院或音乐厅观剧或听音乐时，男士讲究穿着高雅，女士要穿晚礼服；到电影院看电影时，衣着可随意、休闲些。在我国，参加正式大型的晚会必须穿着讲究；一般情况下，着装以入时、适宜为好。夏天时，男士不应穿背心、短裤或拖鞋，女士不宜浓妆艳抹，服装过于暴露、简单等。

参加影剧院活动应准时入场，不要等到开演后再来回走动找座位，以免干扰他人。找座时，若从两排之间穿行走向自己的座位，应面向已经就座的观众，不要背对观众。女士应走在前面，男士随后。如果是几个男士和几个女士一起进场，先穿过就座观众的应是男士，接着是女士，最后是男士。如果是折叠椅，男士先替女士放下来，让女士坐下。坐下后不要将双手占住两边的扶手，因为邻座的人也有权利使用。

开演后，应该全神贯注于舞台或银幕。即便自己已经了解剧情，但也不可喋喋不休地向别人宣讲，道出结局。除了因剧情有趣引起的笑声外，剧场里需要安静，不需要"评论家"。携带手机的观众应事先将手机调为震动或者静音或者关闭。

有些人喜欢边看演出边吃零食,如瓜子糖果之类的食物;或尽管有"禁止吸烟"的提示,仍不顾他人而抽烟。这些行为不仅是不文明的举止,而且污染环境,影响他人,同样有损自身形象。

观众要尊重演员的劳动,一幕结束或一个节目终了,应报以热烈掌声。如果在演出中遇到设备故障或特殊情况应予以谅解。作为观众,不要喝倒彩、吹口哨、鼓倒掌,这样不仅失礼,也是缺乏教养的表现。

电影或演出结束后,观众应等演员离场后再退场,并稍坐片刻,免得出口处拥挤。退场时,男士要礼让女士先行。

六、卡拉 OK 演唱礼仪

卡拉 OK 是一种娱乐方式。特殊的音响效果,可使一个普通歌迷过一把"歌星"的瘾。而把握正确的演唱方式和有关演唱时的礼仪,则是帮你演唱成功的重要因素。

演唱前要先做好充分的准备,特别是初次演唱,最好把自己最拿手的歌曲献给大家。也就是说,选择的歌曲一定要适合自己的风格和嗓音,这样才能给他人留下美的感受。千万不要毫无准备,匆忙上阵,这样容易失误,有损自己的形象。

良好的心理素质,对演唱的成功也起着重要作用。在众人面前演唱,要全身心地放松,要充满自信,表情自然、热情、大方。同时,还要注意自己的形体感觉,把最佳的体态展示给大家。千万不要做作、扭捏,摆出一副难看的模样。

卡拉 OK 不仅可以展示自己的歌技,还可以促进社交。有些行为会导致他人的厌烦,应避免,如:抢麦克风,自己一直拿着麦克风唱个不停,就算不是他点的歌霸占着麦克风不放;不给别人机会唱,大家一起出来玩,整场就他在一直唱,别人都没有机会唱;卡别人的歌曲,有些人会看间奏太长,而下一首就是他的歌时,就假装误按,把别人的歌切掉等。

讨论案例

周末,单身的小王无事可做,想起前两天和局长聊天时的情形。那天,局长对他非常关心,两个人聊了许多事情。临分手时,局长说:"什么时候没事可以经常上家里玩儿。"小王也觉得局长平时对他特别好,就决定到局长家去玩。小王敲开局长家的门之后发现,局长夫妇穿着非常正式,似乎要准备出门。但局长却说:"没事,没事。"于是,小王就坐下和局长闲聊了一个多小时,而后才告辞。第二天,小王才知道,局长夫妇想去散步并观看一场电影的计划彻底落空了。

分析提示

小王的错误在于拜访前没有事前预约,成了局长家的不速之客,这既扰乱了别人的正常生活安排,也侵犯了别人的私人休息空间。周末时,大家一般都会安排一些个人活动,因此,要想拜访别人时,一定要提前预约,以免给别人造成不便。

课堂演练

(1)由教师进行问候和介绍礼仪的演示。

（2）运用图片或影像资料演示乘车礼仪。

（3）演示不同花卉图片或影像资料,培养学生感性认识。

实训操作

1. 问候与介绍礼仪

实训内容及操作要求见表 4-3～表 4-7。

表 4-3　握手礼实训内容及操作要求

实训内容	操 作 要 求
握手	（1）方式。两人相距约一步,上身稍向前倾,伸出右手,拇指张开,四指并拢,手掌相握 （2）时间。礼节性的握手一般不宜时间过长,两手稍稍用力,2～4 秒即可 （3）规则。年长者与年幼者、女士与男士、已婚者与未婚者、上级与下级、主人与游客,应由前者先伸出手,后者再伸手相握

表 4-4　致意实训内容及操作要求

实训内容	操 作 要 求
致意	（1）举手致意。公共场合与远距离的熟人打招呼,一般不出声,而只是举起右手,掌心朝向对方,轻轻摆一下即可,注意摆动幅度不要太大 （2）点头致意。不宜交谈的场合,头微微向下一动,不必幅度太大;与熟人在同一地点多次见面或有一面之交的朋友在,这类社交场合相见均可点头为礼 （3）欠身致意、身体的上部微微向前倾,表示对他人的恭敬 （4）脱帽致意。微微欠身,右手脱下帽子,然后将脱下的帽子置于大约与肩平行的位置,向对方致以问候之意

表 4-5　鞠躬礼实训内容及操作要求

实训内容	操 作 要 求
鞠躬	以腰部为轴,上体前倾,同时双手在体前,右手搭在左手上,视线落在对方鞋尖部分,分别行 15°、30°、45°或 90°躬

表 4-6　介绍礼仪实训内容及操作要求

实训内容	操 作 要 求
自我介绍	（1）标准式。简单介绍姓名即可,用于熟人、同事、朋友之间 （2）工作式。介绍本人的姓名、单位及其部门、担负的职务或从事的具体工作等,用于工作之中或正式沟通 （3）礼仪式。介绍姓名、单位、职务等项目,但还应加入一些适宜的谦辞、敬语等,适用于讲座、报告、演出、庆典、仪式等一些正规而隆重的场合
他人介绍	（1）如果你是身份高者或是年长者,听他人介绍后,应立即与对方握手,表示很高兴认识对方 （2）如果你是身份低者或年轻者,当自己被介绍给对方时,应根据对方的反应做出相应的反应
居间介绍	（1）介绍顺序。把男士介绍给女士,年轻者介绍给年长者,地位低者介绍给地位高者,未婚者介绍给已婚者 （2）在集体介绍中,把身份高者、年长者和特邀嘉宾介绍给大家 （3）将众人介绍给一个人,按身份高低顺序进行介绍

表 4-7　使用名片实训内容及操作要求

实训内容	操作要求
使用名片	(1) 递送名片时,要把名片的正面朝向对方 (2) 递送名片时,应同时配合礼貌用语,如"请多多指教" (3) 接受名片时,应双手接并点头致谢,说几句客气话。接受后,要认真地看一遍。看完名片后,把名片放进上衣口袋里或放入名片夹中,也可暂时摆在桌面上的显眼位置,注意不要在名片上放任何物品

注意事项如下。

(1) 握手的力度要适当,过重或者过轻都不适宜。

(2) 有礼貌地握手。手应该是洁净的,而且不能戴着手套。

(3) 鞠躬时,弯腰速度适中,之后抬头直腰。

(4) 在自我介绍中,不可长篇大论,洋洋洒洒,说得太多。

(5) 在介绍中,不可吞吞吐吐、模棱两可或躲躲闪闪、唯唯诺诺。

(6) 接过他人名片以后,看也不看,顺手一塞,或未经许可当着对方的面把名片让别人传看。

实训地点：带有壁镜的房间或礼仪实训室。

实训课时：2 学时。

2. 电话礼仪

实训内容及操作要求见表 4-8、表 4-9。

表 4-8　打电话礼仪实训内容及操作要求

实训内容	操作要求
打电话礼仪	(1) 打电话前,应准备好打电话的内容,列出通话提纲 (2) 当对方已拿起听筒,应先报出自己的所在单位和姓名。若对方回应时没有报出他们的所在单位和姓名,可询问:"这里是×××吗?"或:"请问您是×××吗?"对方确认后,可继续报出自己打电话的目的和要办的事 (3) 在通话过程中,发声要自然,忌用假嗓,音调要柔和、热情、清脆、愉快,音量适中,带着微笑通话 (4) 认真倾听对方的讲话内容,为表示正在专心倾听并理解对方的意思,应不断报以"好""是"等话语作为反馈

表 4-9　接电话礼仪实训内容及操作要求

实训内容	操作要求
接电话礼仪	(1) 接听电话,必先使用问候礼貌语言"您好",随后报出自己所在单位:"这里是×××。" (2) 在通话过程中,发声要自然,忌用假嗓,音调要柔和、热情、清脆、愉快,音量适中,面带微笑 (3) 认真倾听对方的讲话内容。为表示正在专心倾听并理解对方的意思,应不断报以"好""是"等话语作为反馈 (4) 重要的电话要做记录 (5) 接到找人的电话时,应请对方稍等,尽快去叫人。如果要找的人不在,应诚恳地询问:"有事需要我转告吗?"或"能告诉我您的电话号码,等他回来给您回电话,好吗?" (6) 通话完毕、互道再见后,应让打电话者先收线,自己再放听筒

注意事项如下。

(1) 嘴不要太靠近话筒,注意语音、语调和语速。

(2) 注意礼貌用语的使用和正确的体态体姿。

(3) 注意通话中对重点的重复。

(4) 电话要轻拿轻放。

实训地点:教室。

实训课时:1学时。

课外思考

一、单选题

1. 打对方的私人电话应该在(　　　)。

　　A. 早晨 8 点之前　　　　　　　　　　B. 早晨 8 点以后至晚上 10 之前

　　C. 上午 11 点以后至下午 3 点之前　　D. 晚上 10 点之后

2. 问候打招呼时的鞠躬应为(　　　)。

　　A. 15°　　　　　　　B. 30°　　　　　　　C. 45°　　　　　　　D. 90°

3. 张先生和李小姐见面了,握手时应该(　　　)先伸手。

　　A. 张先生　　　　　B. 李小姐　　　　　C. 同时伸手　　　　D. 都不动

4. 递给别人你的名片时要注意不要(　　　)。

　　A. 用双手递送　　　B. 用左手递送　　　C. 面带微笑　　　　D. 恭敬从容

5. 正确握手的时长一般为(　　　)秒。

　　A. 2～4　　　　　　B. 5～6　　　　　　C. 10

6. 电话铃响后,最多不超过(　　　)声就应该接听。

　　A. 三声　　　　　　B. 四声　　　　　　C. 五声

二、多选题

1. 在人际交往中,被他人介绍到的人应起立致意,可以例外的情形是(　　　)。

　　A. 上级　　　　　　B. 女士　　　　　　C. 游客　　　　　　D. 长辈

2. 谈话避免的话题,常见的有(　　　)。

　　A. 天气　　　　　　B. 新闻　　　　　　C. 疾病　　　　　　D. 死亡

3. 在递交名片时,应注意的礼节是(　　　)。

　　A. 应由下级先递出名片

　　B. 来宾人数比较多时只递给年长者和身份高者

　　C. 应由女士先递出名片

　　D. 递交名片时一般应双脚立正双手递出

三、判断题

1. 头衔称呼可以体现游客的尊贵身份,因此不管什么人,只要有头衔,就可以用头衔称呼。　　　　　　　　　　　　　　　　　　　　　　　　　　　　　　　(　　　)

2. 一位介绍者把一男子介绍给女子,说:"张小姐,请允许我介绍一下,这位是赵先

生。" （ ）

    3. 初见面时为了表示自己的友好,要握住对方的手,久久不放。 （ ）

    4. 赠送礼品越贵越好,这表示看得起对方。 （ ）

    5. 交谈时不可以问别人的隐私,因为隐私都是指见不得人的丑事。 （ ）

    6. 去拜访亲朋好友,不用事先预约,因为双方都很熟悉。 （ ）

    7. 电话交谈结束后,如果对方的社会地位、年龄、职务比自己高,应让对方先挂掉电话,自己再挂掉电话。 （ ）

    8. 幽默不是滑稽,更不等于轻浮,所以不能拿别人的缺点开玩笑。 （ ）

四、简答题

    1. 常用的问候礼节有哪些?

    2. 握手时应注意哪些问题?

    3. 交谈的一般礼仪是什么?

    4. 如何使用交谈技巧?

    5. 接打电话的正确礼仪是什么?

    6. 公务拜访时应注意哪些礼仪?

    7. 赠送礼品时应注意什么?

    8. 探望病人选择什么时间比较合适?

    9. 舞会礼仪有哪些内容?

模块三　旅游接待服务

项目五

旅游接待服务礼仪

项目引入

由于旅游行业的特殊性，从业人员需要与各行各业的人员与组织进行广泛的接触。其中不同的接待岗位又因岗位特点和服务内容的不同，对接待礼仪的规范要求自然有所区别。因此，掌握旅游饭店前厅部、客房部、餐饮部以及导游的接待服务礼仪是十分必要的，是旅游接待人员提高服务质量并赢得游客满意的前提。

知识目标

能了解旅游接待各服务岗位上对礼仪规范的要求；能掌握旅游饭店前厅部、客房部及餐饮部的接待服务礼仪；能了解旅游饭店其他服务环节的礼仪服务要求；能掌握导游接待服务礼仪。

技能目标

具有旅游饭店接待服务能力，具有导游人员接待服务能力，具有行业服务意识。

单元一 旅游饭店的接待与服务礼仪

旅游饭店是一个综合性接待服务企业，优质服务是旅游饭店的生命。熟练准确的礼仪服务既能表示对游客的尊重，又能弥补某些服务设施的不足，满足游客的需求。旅游饭店的接待服务礼仪贯穿从游客进店到离店的整个接待服务过程，主要包括前厅部服务、客房部服务、餐饮部服务、康乐部服务、商场部服务和保安部服务几个环节。

一、饭店前厅部服务礼仪

前厅部也称大堂部、前台部，是游客进出饭店的汇集场所，一般设置在饭店最前部的醒目位置，被称为饭店的"门面"和"窗口"。在此处工作旅游从业人员的素质和服务接待礼仪直接影响到游客对饭店第一印象的产生和最后印象的形成。因此，前厅部工作对接待人员的素质和礼仪服务有很高的要求。前厅部服务礼仪主要包括迎送服务、行李服务、接待服务和综合服务。

（一）迎送服务

前厅迎送服务主要由门卫负责，有时也称为门童、司门员，该职位一般由外表出众、讲究礼仪的人员担任,其工作装高雅华丽。人员上岗前,要做好仪表仪容的自我检查,做到服饰挺括、华丽,仪容端庄大方。上岗后应面带微笑,站姿端正,精神饱满,全神贯注,随时恭候游客的光临。

1. 迎客服务礼仪

游客抵达时,应微笑目视游客,在游客离门约 2 米处拉开大门(若饭店为自动门或转动门则无此服务)。当游客靠近时,应微笑问候:"您好,欢迎光临!"并躬身致礼。当游客较集中到达时,应不厌其烦地向游客微笑点头示意、问候,尽量使每一位游客都能听到亲切的问候声。

若游客乘坐车辆抵达时,要主动热情相迎,引导车辆停妥。车辆停妥后,要为游客开启车门。开门时一般是优先为女宾、外宾、老年人开门,然后才是其他游客。此时,要注意护顶礼的使用:开门时用左手拉开车门,用右手遮挡车门框的上沿,以防游客碰头,对信仰伊斯兰教、信仰佛教的人士除外。在开、关车门时要小心,注意不要夹、碰游客。如见游客随车带有行李,应立即招呼门口行李员,帮忙为游客搬运行李,并注意轻拿轻放;卸下行李后,应查看车内有无遗留物品,然后关门、退后一步示意司机开车,并向司机道谢。

站立在大堂主门内一侧的门童,要主动为出入的游客拉门;当游客走近时,应微笑问候;对于重要游客或常住游客,应用游客的姓氏称呼。如遇游客先致意,要及时还礼。在没有游客进出门时,大门应保持关闭状态。服务人员不可将身体靠在门上,或将手臂搁在门把上。

当遇见老人、儿童、残疾游客时,要注意扶老携幼,多加照顾。对不愿他人帮助的游客,不必勉强。如遇雨雪天气时,要撑伞迎接,以防游客被雨雪淋湿。

2. 送客服务礼仪

游客步行离店时,要为游客拉门,并向游客告别。

当游客乘车离店时,应把车子引导到游客易上车的位置,拉开门后,请游客上车并"护顶"。当游客已坐好,确认衣裙不影响关门时,再轻关车门,并礼貌告别:"谢谢光临,欢迎下次再来,再见!"然后,面带微笑地目视车内游客,招手致意。

当游客要乘坐出租车时,要主动向车辆驾驶员示意。如游客行李较多,应主动帮助游客将行李放入车内,并核实行李件数。一切处理完毕后,如果游客是外国宾客,出租车司机又不懂外语,应与司机讲明游客的目的地。

(二)行李服务

(1)行李员上岗前,应着装整洁、仪容端庄、工作期间始终坚持站立服务,其站立位置在大门入口内侧,站姿端正,精神饱满。当游客进店时,应微笑、点头以表示欢迎,并提供行李服务。

(2)对游客所携带的行李,行李员应主动帮助提拿。但对游客的公文包、照相机、贵重小件物品及易碎物品,则不必主动提拿;当游客要求提拿时,应小心、仔细,杜绝差错和丢失、破损,也可以委婉谢绝,以防意外。在帮助游客提拿行李物品时,既要主动热情,也要充分尊重游客的意愿。凡游客要亲自提拿的物品,就不能过分热情地要求帮助提拿。

(3)引领游客至总台,办理入住手续。游客在登记时,行李员应以正确的站姿站立在游客身后约 1.5 米处,将行李放在自己与游客之间伸手可得的地方,看管好游客的行李,并随时接受游客的呼唤。登记手续完毕后,应主动上前从接待员手中领取房间钥匙,引领游客至客房。引领游客时,要走在离游客两三步远的左前方,随着游客的步子徐徐前进;遇转弯时,要微笑向游客示意,以体现出对游客的尊重。

(4) 乘电梯时,行李员带行李先进,然后一手挡住电梯门,敬请游客进入。进电梯后,应靠近电梯控制台站立,以便操纵电梯;电梯到达指定楼层,关照游客先出电梯,然后将行李运出。如果大件行李挡住游客出路,行李员则先运出行李,然后按住电梯门,再请游客出电梯。

(5) 进入房间前,应先按门铃,再敲门;敲门时应先敲三声,稍候片刻再敲三声,确认房内无反应再用钥匙开门。开门后,扫视一下房间,确认房间无问题,则退到房门一边,请游客进房。然后,跟随游客进入客房,将行李轻放在行李架上(箱子正面朝上,箱把手朝外,便于游客取用)或按游客的吩咐要求放好,再向游客介绍房间设施和使用方法。介绍完毕后,询问游客是否有其他要求;如游客无要求,则向游客告别,并祝游客愉快。

(6) 大厅内的行李员看见离店游客携带行李时,应主动上前问好,并帮助游客提拿,全程负责送到大门口的车辆上;安放好行李后,应请游客清理行李件数,向游客道谢、告别,并祝游客旅途愉快。

(7) 当游客住店期间要求寄存物品时,应首先礼貌地问清行李中有无贵重物品和易碎物品。如有贵重物品,要以建议的口吻介绍游客把这些物品存放在饭店的保险箱内;对寄存的易碎物品,要做出"小心轻放"的标识,以示对游客行李物品的重视和负责。在游客寄存和取出行李物品时,要确保无误。

(三) 接待服务

前厅接待处是游客进入饭店住宿的必不可少的环节,其接待服务质量是整个饭店服务质量的基础和保证。

(1) 接待服务人员上岗前,应注意仪表仪容整洁,姿态端庄大方,精神饱满、思想集中;在整个工作过程中,要面带微笑,态度和蔼可亲,口齿清晰,声音柔和;在业务操作时,认真负责,讲究效率,快捷有序。

(2) 当游客走到柜台前时,接待人员应面带微笑,主动热情地问候每一位来店游客,询问游客需要或有无预订。如有预订,应核对订房内容,确认无误后请游客填写《入住登记表》;如无预订,应听清游客的要求后,尽量按游客的需求为其安排好房间,必要时还可根据房源情况灵活地向游客推荐本店的特色套房,以满足某些游客的特殊需要。当游客确认某一种客房类型之后,请游客填写《入住登记表》。

认真验看、核对游客的证件与登记单,确认正确无误后,要礼貌迅速地交还证件,并表示感谢。在整个过程中,应以"请"字当头,以"谢谢"结束。

(3) 当有较多游客同时抵达,接待工作繁忙时,既要按先后顺序依次办理入住手续,还应关心到所有游客。要做到"办理一个,接待下一个,招呼后一个",务必使所有游客都不感到受冷落。对中外游客要一视同仁,不能厚此薄彼。

(4) 当入住手续办理完毕后,应礼貌地将房间钥匙交给游客或交给行李员带客上房。游客离开时,要向游客表示感谢,并祝愿他居住愉快。

如有重要游客入住,当游客进房后,要及时用电话征求游客意见,以体现对重要游客的尊重;如果安排不尽合理,要进行必要的调整。

(5)游客对饭店有意见时,往往来接待处陈述。此时,要面带微笑,认真倾听,不要争辩或反驳,进行妥善处理。

(四)综合服务

1. 问讯服务礼仪

前厅问讯处是为游客解答疑难问题、回答各种提问的场所。大多数游客由于对饭店所在城市较为陌生,在住宿期间很可能会遇到这样或那样的问题。作为问讯员,要耐心、热情地解答游客的任何疑问,做到百问不厌。

问讯员应穿着整齐,仪态大方,站立服务,精神饱满,面带微笑,随时接受游客的问讯。

为便于向游客提供优质的问讯服务,要至少掌握一门外语,并能懂得一些应用较广的方言,在语言使用上应注意使用一些语言技巧,圆满地回答与处理游客提出的各种问题。

游客来到问讯处,应主动招呼,热情问候,一视同仁,依次接待问讯。接受游客问询时,应双目平视对方脸部,专心倾听;对有急事而词不达意的游客,应劝其安定情绪后再问。回答问讯时,应做到准确、有效,不使用"大概""也许"之类没有把握或含糊不清的话;语调应柔和、亲切。

问讯员应掌握与游客有关的信息和游客可能问及的问题,对饭店的设施、各部门的服务时间、具体位置、市内交通、旅游景点和商业区等问题应了如指掌,要尽量帮助游客解难。游客如查询电话、借用雨具等,应予以满足。

答复游客问讯时,对于自己不知道的事,不要不懂装懂,也不要轻率地说"我不知道";而应该请游客稍等一下,然后向有关人员请教,问清后再给游客一个满意的答复。对游客提出的问题,经过努力仍无法解答时,可向游客耐心解释,以求得谅解,并表示歉意,但要尽量避免这种情况发生。

问讯处经常有人来电或来访询问住店游客的有关情况,此时问讯员应在不涉及游客隐私的范围内予以回答。如住客事先交代有人来访时,问讯员则要问清来访者的姓名、工作单位及与住客的关系,按照住客的要求进行安排。如住客要求保密,则应问清住客的保密要求;在没有经过游客同意的情况下,不能将游客的国籍、房号、活动的日程安排及离店的去向告诉他人。

要及时把信件、汇款等邮件交给住店游客,不得随意拖延。对已离店游客的邮件,要及时按游客留下的地址批转退回。对访客留言的传递,要迅速、准确;但对容易造成事后纠纷的留言应婉言拒绝,如给已结账游客的留言、与买卖有直接关系的留言、时间要求紧迫的留言等。

2. 总机服务礼仪

总机服务人员与游客不是面对面地交流,游客往往通过总机服务人员的语言状况来衡量其服务质量。因此,总机服务人员应以清晰、准确的语言,轻柔圆润的音调,为游客提供温和、友善、诚恳的礼貌服务。

在转接电话时,要注意礼貌规范用语常不离口,努力提高转接电话的技能、技巧。当铃声响起时立即应答,高效率地转接电话。在通话结束时,不可匆忙挂断电话,要等游客挂断后才能切断线路。

在接受游客叫醒服务要求时,应认真询问要求叫醒的时间与游客的房号。在叫醒时,叫醒电话铃声应轻而短,游客应答电话后,过五分钟再叫醒一次;也可使用电话录音,确认叫醒服务已生效。

总机经常会接到游客提出各种问讯的电话,此时应像问讯员一样了解常用的信息资料,尤其是饭店各部门及当地主要有关机构的电话号码,要保证准确、快速地回答游客的问讯。当游客要求总机帮助提供某种服务时,应立即与有关部门联系,及时满足游客的要求。

当接到游客"免电话打扰"的通知后,应及时将电话号码锁上;当取消该服务时应及时将开锁的信息发送给所有当班人员。在游客需要免打扰时,应礼貌地向所有来电游客转达该信息,并建议留言或稍后再来电。

3. 商务中心服务礼仪

现代饭店为满足商务游客的需要大多设立了商务中心,商务中心通常都设立在一层或二层公共区域,并设有明显指示标志牌。

当游客来到商务中心要求提供服务时,服务人员应主动问候,表示欢迎,并按要求受理各项服务。商务服务具有很强的时间性要求,因此,在各个服务环节上应注重准确、快捷。

在游客进行商务活动期间,服务人员应尽可能回避商务活动现场;在游客提出服务要求时,对游客没有说明又不会影响服务的内容,服务人员不可多问;对涉及游客商务活动的任何内容,服务人员不得向任何人泄露。

对游客交办的文字资料原稿,必须当面交还游客,不得自留备份;对已作废的文字稿,应当立即销毁;当其他人查看游客文字资料时,应给予及时、有力、有效的制止。

如游客要求提供笔译服务时,应根据游客提供的资料及饭店确定的收费标准,请饭店专职翻译翻译,译好后及时通知游客取稿。游客取稿时,可请其先核对;如对译稿有异议,可请译者修改或与游客协商解决,直到游客满意。如游客要求提供口译服务,应问清服务时间、地点,并向游客说明收费标准,请专职翻译为其服务。

4. 收银服务礼仪

收银处也称为结账处,负责处理所有入住游客的账户,通常位于大厅总服务台内,与前厅的接待处、问讯处相邻。

收银人员应服饰整洁,仪容端庄,微笑站立,恭候游客到来。当游客前来付款结账时,要笑脸相迎,热情问候,提供迅速、准确的服务。

住离店日期要当场核对,收款项目要当面向游客解释清楚,单据书写工整,印鉴清晰,不得涂改。收款时,要当场唱票,找回的零钱要当面点清、不能含糊,避免游客有多收费的猜疑。

当游客使用设在前台的客用保险箱时,收银员应严格按照客用保险箱服务程序进行服务。每次使用时,都应准确核对、确认并签字。保险箱的使用者不在场时,任何人不得打开保险箱。

如遇结账的游客同时来得较多,要礼貌示意游客排队等候,依次进行;要注意避免因游客一拥而上而引起收银处的混乱,造成结算账目的差错。

如遇游客在结账时提出一些饭店无法接受的要求,要予以解释并婉转拒绝;但要注意语言恰当、态度友善,避免引起游客的不满。

结账完毕,要向游客道谢告别:"谢谢您的关照""祝您旅途平安愉快"等,给游客留下彬彬有礼的深刻印象,吸引游客再次光临。

二、饭店客房部接待服务礼仪

目前,我国的客房对客服务大多采用客房服务中心模式和楼层服务台服务模式。一般来讲,高层采用服务中心管理,低层采用楼层服务台服务。但无论采用哪一种模式,服务人员接待服务礼仪要求是一致的,即要求:服务人员必须时刻注意礼貌待客,让游客感到自己时时刻刻受到礼遇和尊重。

(一)日常接待服务礼仪

(1)客房服务人员上岗前,应整理好个人服饰和卫生,严禁吃葱、蒜等有浓烈气味的食物,力求精神状态饱满、仪容仪表规范。工作服务中,应热情诚恳,谦虚有礼,稳重大方,使游客感到亲切温暖。

(2)当接到总台的"游客抵达楼层"的通知后,应及时到电梯口迎候游客。游客由行李员引领到来时,服务员应面带微笑,热情问候。如果事先知道游客的姓名,招呼时应加上姓氏,这样使游客更感到亲切。然后,招呼游客:"请跟我来。"如果没有行李员,要主动帮助提拿游客的行李物品。在引领游客去房间的途中,应走在游客左前方约 1.5 米。对老、幼、弱、残的游客,要主动搀扶,给予热情的关心和帮助。

(3)到达房间门前,应用游客的钥匙开启房门。如果是白天,开门后应侧身一旁,礼貌地用手示意,请游客先进;如果是晚上,则自己先进,打开壁灯,再请游客入内。游客进房后,要向游客介绍房间的设备及其使用方法,饭店服务设施的位置及服务时间等。若游客没有其他事情,应尽快离开房间。退出前,应有礼貌地告别,后退两步,转身走出,并轻轻地把门关上。

(4)进入游客房间服务时,应先轻轻敲门,礼貌地报称,经允许后方可进入。进行房间整理时,应将门半掩着,不可关门。敲门时,不要过急,应先轻敲一次,稍隔片刻再敲一次;如无人回答,可再连续敲门三下;若再不见回应,方可用钥匙开门。若发现游客正在睡觉,应立即退出,轻轻将门关上。如房内无人,则可开始打扫,但必须把门全开着。

(5)工作中要保持环境的安静,不要与他人闲聊或大声说话;夜晚讲话要轻声细语,不得影响游客休息;搬动家具或开关门窗时,要避免发出过大的声响;应游客呼唤时,也不可音量过大,若距离较远可点头示意;对扰乱室内安静的行为,要婉言劝止。

(6)对于游客房间内的一切物品,打扫后应保持其原来的位置,不要随便移动。不可随意翻阅游客的书刊、杂志、文件和其他材料,也不可动游客的录音机、照相机等物,更不得拆阅其书信和电报。游客在读书、写字、看报时,不允许从旁窥视,滥发议论。游客的信件、电函,要及时转送;游客遗忘的文件、物品等,应及时送交接待单位处理,不得擅自抛弃或使用。游客与他人谈话时,切勿随便插话或从旁偷听。

(7)工作时,举止要庄重、文明。无论站、坐,姿势要端正。交谈时,不要在游客面前指手画脚,交头接耳。在游客面前咳嗽、打喷嚏时,须背转身,用手帕把嘴捂住。平时遇到游客外出或回房间,都要微笑、点头示意或问候、打招呼。在过道内行走时,不要并行,更不能搭肩搂腰;遇急事不要奔跑,以免造成气氛的紧张。与游客相遇时,应主动问好和让路;若与游客在同一方向行走时,一般不得超越游客,如有急事超越时要表示歉意。

(8)服务人员要随时掌握来往人员情况。如发现不认识的人,要有礼貌地查问,防止无关人员进入游客房间。对正常来访游客,在征得住店游客同意后,可引领访客进入游客房间;如住店游客不愿见访客,服务人员要礼貌地向访客说明游客需要休息或在办事情,不便接待访客,并请访客到大堂问讯处,为其提供留言服务。

(9)当游客离店时,服务人员要把游客送到电梯口或楼梯口,并与游客道别,欢迎游客下次光临。如无行李员,应有一名服务人员帮助游客提拿行李,并陪送至大厅。对老弱病残游客,要有专人护送下楼。

(10)游客离开房间后,应立即清查房间,尤其是枕下、椅下等处;如发现遗忘物品,且时间来得及,应追赶游客并当面交还;如来不及,则应速交接待单位。同时,要检查房间物品设备有无丢失或损坏;如有丢失或损坏,应用婉转的语言请游客协助解决,但应注意不能使游客当众难堪。

(二)其他服务礼仪

(1)洗衣服务。洗衣服务因其涉及的环节和人员较多而常常会出现差错,所以服务人员应在各个操作程序中给予特别细致的服务。在收取客衣时,应认真点清件数,与游客当面确认所洗衣物口袋里是否有物品、衣物是否会褪色缩水、能否按游客的要求洗烫、是否需要快洗服务等。衣物送回时,如发现出现差错或损坏,应及时与洗衣房联系,查明原因,妥善解决。

(2)托婴服务。托婴服务是一项责任重大的工作,要求负责看护的服务人员有高度的责任心。在接受委托时,应向游客认真了解看护要求、看护时间及婴幼儿的年龄及特点,看护时不能将小孩带出客房或饭店,不能将其带到游泳池旁、旋转门等危险地方,不得随便给婴幼儿吃食物,不得将尖利或有毒的器物给婴幼儿充当玩具,更不得随便将婴幼儿托给他人看管。为防止意外或紧急情况出现,应请游客留下联络电话或方法,以便及时与游客联系,妥善处理突发事件。

(3)贵宾服务。对贵宾的接待,从客房布置、礼品提供到客房服务的规格内容都要高出普通游客,使其感到饭店对自己确实特别关照。在其到达前,要将其房间的温度、设施、物品摆放等调整到最好状态;贵宾抵达时,要按游客到房人数及时送上小毛巾和热茶;游客住店期间,要以姓及职务尊称游客,按饭店规定奉送水果、鲜花。在提供各项服务时,将贵宾房放在首位进行服务,在游客外出时随时进房进行小整理;经常关心贵宾需要,确保居住期间一切顺利;在贵宾离店时,要迅速检查客房报告情况,如有设备损坏,应通知有关人员予以处理,除非重大损失,一般不要求赔偿。

(4)残疾人服务。此类游客都是身体某一部位完全或部分丧失其功能作用,在服务中应根据其行动不便、生活自理能力差等特点,予以特别照料。对残疾人的服务,应主动热情、耐心周到、针对性强;同时要注意照顾到游客的自尊心,对不愿接受帮助的游客要尊重其意愿,但要在暗处给予关注。对游客的残疾原因不询问、不打听,避免言语不当而使游客不愉快。当残疾游客有同行者时,服务中只需提供便利,做好辅助性工作。

（5）病客服务。住店游客由于水土不服等原因会患病。服务人员若发现游客生病，须及时向领班报告并做好记录。服务人员对游客要表现出同情、关怀、乐于相助的态度，对卧病游客要加倍注意，提供相应的物品，帮助游客与亲友联系。当发现游客病情危重时，应上报有关领导解决。对游客提出的协助购买药品的要求，服务人员应婉言谢绝，并建议其就诊。

（6）醉客服务。住客中出现醉酒现象不可避免，处理方法须因人而异。一般情况下，应视醉客的情绪适时劝导，令其安静。对因醉酒大吵大闹的游客，要留意监视，一般不予干预；对随地呕吐的醉客，要视情处理，对呕吐过的地面要及时打扫；对醉客的纠缠不休，要机警应付，礼貌回避，但不要刺激游客；对倒地不省人事的醉客，应与保安员配合，将游客搀扶至客房，但不要单独进入醉酒游客房间；如醉酒游客有严重损坏或侵害他人的行为，应通知保安人员出面干预。

三、饭店餐饮部接待服务礼仪

餐饮部是为游客提供饮食服务的重要部门，是饭店的重要组成部分。餐饮部接待服务水平是饭店服务水平的标志，其服务质量高低直接影响整个饭店的经营。餐饮部接待服务礼仪主要包括迎宾服务礼仪、餐前服务礼仪、餐间服务礼仪、结账送客服务礼仪等。

（一）迎宾服务礼仪

（1）迎宾接待人员在营业前要了解当天的预约游客的状况，应着装华丽、整洁、挺括，仪容端庄、大方，站姿优美、规范；营业时，应站在餐厅门前两侧或餐厅内便于环顾四周的地方，等待迎接游客。迎宾时，要神情专注，反应敏捷，主动积极。答问时，要热情亲切，使游客有受欢迎和被尊重的感觉。

（2）当游客走近餐厅时，应面带微笑，热情迎接，主动问候。如果来宾是多位，应先向主宾或先问候走在前面的游客，然后再向其他游客或走在后面的问候；如有女宾时，应先向女宾问候，再向男宾问候，同时用手平伸指向大厅，请客进入；如来宾中有年老体弱的游客，应主动上前搀扶，给予照顾。

（3）得到游客用餐的承诺或已预定餐位的回答之后，应走在游客左前方带路，并用手势引领游客。对已预定餐位的游客，要引领到其所预订的餐桌入座；对那些没有预定餐位的游客，应尊重游客意愿，安排合适的位置。在引领游客时，可根据游客的年龄及身份给予必要的建议，如：对情侣或商务游客，可以建议他们在比较安静的角落处入座；对漂亮、时尚、服饰华丽的女士，可以建议其在餐厅比较醒目的地方入座；对于亲友聚餐的游客，可以建议在餐厅的中央餐桌就餐；对年老体弱的游客，应建议其在离出入口较近的地方入座；对于有明显生理缺陷的游客，可建议其在能掩饰其生理缺陷的位置入座；对带小孩的游客，可建议其在孩子不易随便下位、乱跑的位置入座等。

（4）引领游客到达餐位后，应将游客介绍给值台服务人员，由其继续为游客进行服务。

（二）餐前服务礼仪

（1）游客到达餐位后，应主动为游客拉椅让座。拉椅让座时，应注意动作自然、适度，平稳。当有长者或女宾时，应先为其服务；当同批游客较多时，可示意性地为其中的一、二位游客拉椅让座。

（2）若有的宾客需脱衣摘帽时，应主动协助其将衣帽放好；如果衣服较为贵重，应用衣架挂好，以防衣服折皱、走样。

（3）游客就座后，服务人员应及时给每位游客递送香巾、茶水。递香巾时，可用不锈钢夹从托盘内夹递给游客；上茶时，茶杯应先放在垫盘上，然后放在桌上，注意轻拿轻放，避免发出声响，茶杯的把应转向游客的右手方向。递送顺序应是从主宾开始，按顺时针方向依次进行，同时要招呼游客："先生（女士），请！"

（4）递送茶水后，服务人员应适时地递上菜单。递送菜单时，要从游客的左边递上，态度恭敬。对于男女游客或夫妇，应将菜单先递给女士；对于宴请，应将菜单递给主宾，然后按逆时针方向递上菜单。

（5）接受游客点菜时，应始终面带微笑地站在游客左侧，上身稍向前倾，手持点菜簿，认真记录好游客选定的菜肴、点心、酒水，严禁出现差错。在点菜的过程中，必须耐心等候，不要催促，让游客有充分的时间选择、商量决定。当发现游客拿不定主意时，应当好参谋，热情推荐本餐厅的名菜、特色菜、创新菜及时令菜；在推荐时，要讲究说话的方式和语气，充分尊重游客的意愿，避免给游客造成强行推销的感觉；当发现游客点的菜肴已经卖完或菜单上没有列出本餐厅又无法满足时，应礼貌地致歉解释，求得谅解，并婉转地向游客建议其他类似的菜肴。

（6）当游客点完菜后，应礼貌地将所点内容复述一遍，得到游客确认后，迅速将其中的一份送给厨台值班，一份送给账台结账。

（三）餐间服务礼仪

（1）从第一道菜开始，服务人员应为游客斟酒。斟酒前，应先向游客示意，征求游客的同意后再进行。在斟酒时要严格按照规格和操作程序，站在游客的右边，右手握住酒瓶的中部，将酒瓶的商标朝向游客。斟酒的浅满程度，要根据各类酒的要求和接待对象的不同而定。中餐常要斟满杯，以示对游客的尊重；西餐则有所不同，斟白酒一般不要超过杯的 3/4；红酒一般只斟 2/3 杯；斟香槟酒要分两次斟，第一次先斟 2/3 杯，待泡沫平息下来，再斟至 2/3 或 3/4 杯即可。斟酒的顺序一般是先主宾、再主人，然后按顺时针方向绕台进行。如果是两个服务员同时为一桌游客斟酒，一个从主宾开始，一个从副主宾开始，顺时针绕台进行，注意不可站在同一个位置为两位游客同时斟酒。斟酒时，先倒烈性酒，然后倒果酒、啤酒、汽水、矿泉水。

（2）席间要适时为游客添酒，要随时注意每位游客的酒杯和水杯，见杯内酒水还剩1/3 时，就应及时添加。添烈性酒时，要轻声征求游客的意见；当游客用手遮住酒杯时，即不可再斟酒，不得使游客等酒下菜或等酒干杯。

（3）当主人和主宾祝酒讲话时，服务员应停止一切活动，精神饱满地站在适当的位置，保持场面安静。

（4）上菜要严格按照上菜规则进行，从游客的左边用双手将菜放在餐桌上，上菜时要掌握好时机和间隔，不能只管上菜造成桌面杂乱，也不能出现上菜不接下菜的难堪局面。如台面上无空位时，应在征得游客的同意后拿走剩菜最少的菜盘。对于新上的菜肴，应将其最佳部位对向主宾和主人,同时要简要介绍菜名及其特色,介绍时应后退一步以示礼貌。菜上齐后,应告诉游客"菜已上齐,请慢用",以示尊重。如宴会上菜,应按主桌在前、陪桌在后的顺序进行。

（5）派菜时,服务人员要站在宾客左侧,站立要稳,左手垫上布,将热菜盘托起,右手拿派菜用的叉、匙,按照"先游客,后主人;先女宾,后男宾;先主要宾客,后一般宾客"的顺序进行分派。如果是一个人服务,可先从主宾开始,按顺时针的顺序逐次派菜。派菜时,要注意将菜肴的优质部分分给主宾或其他游客,要掌握好分量,做到分让均匀,特别是主菜。派菜要做到一勺准,不允许把一勺菜分让给两位宾客,更不允许从宾客的盘中往外拨菜。

（6）撤换餐具时,要注意游客是否吃完;如无把握,应礼貌地询问,征得游客同意后再撤换。在游客正吃时撤餐具是很不礼貌的。撤餐具时应按逆时针方向进行,中餐服务时从宾客的左侧用左手将盘子撤下;西餐服务时撤餐具从宾客的右侧撤,要用右手撤盘,左手接盘。撤下的餐具要放到就近的服务桌上的托盘里,不要当着宾客的面刮盘子内的剩菜或把盘子在餐桌上堆得很高再撤掉。

（7）在游客用餐的整个过程中,服务人员应始终侍立一旁,随时准备应答游客的招呼。当发现游客有需要帮助的种种迹象（手势、表情、姿势等）时,应主动迎上去给予帮助。如游客将壶盖抬离壶口或将茶壶拿起,服务人员应主动加茶水;如游客不慎将餐具、口布掉落在地上,服务人员要迅速上前取走并更换。对游客提出的各种要求,均应尽量满足;如果游客的要求不合理或确实无法满足,应委婉地表示拒绝,礼貌地解释,并致以歉意。

（四）结账送客服务礼仪

（1）游客用餐将要结束时,服务人员要准备好账单,以备游客结账付款。结账时为表示尊敬和礼貌,应把账单放在垫有小方巾的托盘（或小银盘）里（账单要正面朝下,反面朝上）,送到游客面前,请游客对账单进行过目,账单核实无误后进行付账。

（2）如果游客要直接到收银台结账,应礼貌地告诉游客收银台的位置,并用手势示意方向。如果是住店游客要签单,应礼貌地请游客出示酒店欢迎卡或房间钥匙,认真、迅速地检查后送上记账单和笔,请游客签字。不论是签单还是付现金,服务人员都应向游客表示感谢。

（3）游客起身离去时,一般是身份高者、年长者、妇女先走。服务人员要主动为他们拉开椅子,方便其行走,并注意观察和提醒游客不要遗忘随身携带的物品。在游客离开餐厅之前,不可收拾餐具（撤台）。

（4）要有礼貌地将游客送到餐厅门口,热情话别,躬身施礼,微笑着目送游客离去。

四、饭店康乐部接待服务礼仪

康乐部是为游客提供健身、娱乐、美容美发等服务的饭店配套部门,一般设有游泳池、保龄球房、健身房、桑拿浴室、美容美发厅等服务项目。这些服务对服务人员素质要求较高,不仅要求服务人员具有专业知识、懂操作,还要能够为游客提供高标准的礼貌服务。

（一）游泳池接待服务礼仪

（1）当游客到来时,服务台前的服务人员应对游客表示欢迎,办理必要手续后,送上更衣柜钥匙和毛巾。然后，引领游客到更衣室，并请游客妥善保管好自己的衣物。接待员要准确记录游客的到达时间、更衣柜号码（住店游客要记录游客姓名和房间号码），提醒游客妥善保管存衣牌。

（2）在游客游泳过程中要加强巡视，时刻注意游泳者的动态；特别对老年人、儿童和酒后的游客要多加注意，以免发生事故。

（3）游客在中间休息时如需要饮料，应热情地为游客提供塑料软包装的饮料，不提供瓷装或玻璃瓶装饮料，以确保游客安全。

（4）游客离开时，要主动收回衣柜钥匙，并礼貌地提醒游客不要遗忘随身携带的物品；应将游客送至门口，并向游客表示谢意，欢迎游客再次光临。

（二）保龄球房接待服务礼仪

（1）游客来到保龄球房时，服务人员应对游客表示欢迎，并把干净完好的保龄球鞋礼貌地递给游客。

（2）礼貌地为游客分配好跑道，开动机器，帮助游客选择重量适当的保龄球，送上记分单，并主动征询是否需要协助记分。对初次玩保龄球的游客，要根据他们的性别、年龄、体重等，帮助选择重量适当的保龄球，详细介绍活动的步骤与方法，并提醒游客注意避免发生扭伤等意外事故。

（3）游客活动过程中，应注意观察游客是否有需要帮助的要求，及时为游客进行礼貌周到的服务。

（4）活动结束后，要礼貌地收回保龄球鞋，恭请游客结账，并向游客道谢，礼貌告别，欢迎以后再来。

（三）健身房接待服务礼仪

（1）当游客到来时，应热情礼貌地向游客问好，主动向游客介绍健身器材设备的种类及性能。

（2）当游客需要健身活动时，应热情地介绍和讲解各种设备的操作方法，必要时给予示范指导。

（3）当游客进行健身活动时，应密切注意游客的健身动态，随时给予正确的指导和健身保护；对违反规则的行为要进行礼貌劝止，确保游客安全，以防意外发生。当游客发生不适或损伤时，要视情况，及时送饭店医务室或医院处理。

（4）当游客健身活动结束后，要热情地送客道别，并表示欢迎游客再次光临。

（四）桑拿浴室接待服务礼仪

（1）当游客到来时，要热情问候表示欢迎。

（2）主动征询游客要求，把温度控制选择盘转到游客所需要的温度上。如果是初次来的游客，要认真介绍桑拿浴的方法和注意事项，然后根据游客的要求调好温度。

（3）每隔几分钟要从门的玻璃窗口观察游客浴疗是否适宜，密切注视游客的动静，防止发生意外，保证游客的安全。

（4）游客离开时，要提醒游客是否有遗忘物品，热情道别并表示感谢，同时欢迎游客再来光临。

（五）美容美发厅接待服务礼仪

（1）当游客到来时,应礼貌迎宾,热情问候,并帮助游客挂好衣帽,将游客引到美容或美发的座位上,递上香巾让游客擦手。如已客满,应为游客送上当天的报纸或杂志,并向游客致歉,请游客稍候。

（2）提供美容美发服务时,要充分尊重游客的意愿。当游客拿不定主意时,可热情介绍适合其皮肤特点的化妆品及美容方法,或推荐适宜其脸型气质的发式。在为游客美容美发时,要神情专注,动作娴熟,使游客感到轻松愉快。

（3）美容美发完毕,要礼貌地征求游客的意见,并做必要的修饰,达到游客满意。

（4）送客时,要为游客递送衣帽物品,并向游客表示感谢,礼貌告别。

五、饭店商场部服务礼仪

饭店的商场部一般设于饭店的公共区域,是为下榻饭店的游客提供购物的场所,其商品主要以旅游商品和纪念品为主。与社会商场相比,饭店商场部要求服务接待人员熟悉饭店所销售的商品,掌握饭店服务的基本礼仪,为游客提供高品位的接待服务。

（1）服务人员要坚持站立服务,站姿要端正、文雅,精神要饱满,随时准备迎候游客光临。当游客来到柜台前时,服务接待人员要微笑点头,热情问候。

（2）当游客毫无目的地随意浏览商品时,不要急于展示或推荐产品,应与游客保持适当的距离,为游客创造一个宽松、舒畅、自由的环境。当发现游客对某种商品集中注视时或四处注视寻求帮助时,要及时热情接待。

（3）在接待游客时,在服务态度上应该做到"四个一个样"——买与不买一个样,新老游客一个样,内宾外宾一个样,男女老少一个样。当游客有特殊需要时,应千方百计地帮助游客排忧解难。

（4）服务人员向游客介绍和推荐商品时,应面带微笑,使用敬语。服务人员应当运用全面的商品知识,针对游客的心理,有礼貌地说服游客,而不能将自己的看法强加于游客。当游客选好商品时,可予以适当的赞美:"非常漂亮""很适合您""您真有眼力"。

（5）当游客挑选物品时,要耐心为游客解答疑问和展示商品,做到百问不烦、百挑不厌,不计较游客言语的轻重,不计较游客态度的好坏,帮助游客当好"参谋"。如果在语言沟通上出现问题,要多主动、多解释、多介绍,不厌其烦。

（6）当游客要买的商品暂时没有时,不要直接说"没有"或"卖完了",而应当说:"对不起,请稍等,让我找找看。"如果确实无货,应向游客表示歉意,并向游客推荐介绍其他的同类产品或请游客留下姓名、房号、电话,待有货时及时通知游客。

（7）当游客离开柜台,要向游客致谢道别:"谢谢您的光临,欢迎再来""先生,您慢走,再见",并目送宾客远去。对提拿大件物品的宾客,应热情询问是否需要帮助送货;对老弱病残幼的游客,要特别提醒和关照。

（8）当游客以正当理由要求退货时,应接受办理,并致歉意。如果理由欠妥、不能退货时,要以委婉的语言耐心讲明原因,求得游客的谅解,不能粗暴拒绝。

六、饭店保安部服务礼仪

饭店保安部是饭店的一个重要职能部门,负责保障游客的人身安全、财产安全、心理安全及员工和饭店的安全,其管理范围几乎涉及饭店的各个部门及区域,是饭店进行正常经营的前提和保证。其中,在保障游客安全方面应注意礼貌服务。

(1) 饭店大门的门卫既是迎宾员,又是经过安全方面训练的安全员。在上岗时,应服饰整洁、举止稳重、仪态威武,礼貌迎送游客,答复问讯时不厌其烦,文明礼貌、有条不紊地指挥车辆,使客车道和停车场的车辆进出井然有序。同时,能用眼光观察、识别可疑分子及可疑的活动。

(2) 专职保安巡逻员是与门卫密切配合、负责饭店大门及门厅安全巡视的人员,负责对进出的人流、门厅里的各种活动进行监视。如发现行为可疑的游客,应礼貌地进行盘查或监控;如没有特殊情况和未经批准,不允许随意扣压游客证件,更不允许随意限制游客的人身自由。

(3) 大厅的电梯服务员应礼貌迎送,并协助游客合理安排电梯上下,尽快疏散人流,保证游客安全。同时,学会发现、识别可疑人物进入客房楼层,与在客房楼层巡视的保安人员配合,对进入客房楼层的可疑人物进行监视。必要时,采取行动,以制止不良或犯罪行为。

(4) 客房楼层保安人员应认真地进行日常巡视。在巡视中,应注意走道上有无徘徊的外来陌生人及不应该进入客房或客房区的饭店员工;同时,应注意客房的门是否关锁好。如发现某客房的门虚掩,应礼貌地提醒游客关上门;如游客不在房内,可直接进入客房检查是否有不正常的现象。任何进入客房区域的员工,都有责任随时留意可疑的人、物;如发现不正常情况,应及时向保安部报告,以保证游客安全。

(5) 为保障游客心理上的安全感,在饭店保证必要的防盗和消防设施完好的基础上,服务人员在服务时应注意礼貌规范服务,避免因服务不当而使游客产生不安全感。不当的服务行为有:收费不合理,价格不公道,不敲门进房,随便翻动游客的东西,不恰当的询问,不负责的查房,饭店气氛过于紧张,禁止通行、闲人莫入、此路不通的标牌随处可见,保卫人员表情严肃、态度生硬等。

单元二　导游服务礼仪

导游服务是旅游服务中的一个重要组成部分。导游人员是导游服务的承担者,是为游客提供旅游服务的主体。在旅游服务中,导游人员同游客交往时间最长、联系最多,其服务质量的状况直接影响到游客的旅游生活是否舒适愉快。因此,导游人员在导游服务的过程中,要始终为游客提供礼貌、热情、周到的服务,尤其是在迎送、沟通协调、导游讲解、处理突发事件等环节中,更应注重提供符合礼仪规范的服务。

一、导游迎送礼仪

(一) 欢迎礼仪

(1) 导游人员与游客大多为初次见面,游客对导游人员的第一印象将成为游客在日后整个旅游过程中与导游人员交往时的心理基础。因此,导游人员在上岗前应认真做好仪容、仪表方面的准备工作,着装要结合本民族、本地区的着装习惯和导游人员的身份,要方便导游服务工作,体现整洁、大方、自然的要求,化妆要适度,不浓妆艳抹,不使用味道太浓的香水。

(2)为保证旅游团在迎接地点得到及时、热情、友好的接待,导游人员应提前半小时抵达机场(车站、码头)迎接游客。当旅游团所乘的交通工具抵达后,导游人员要佩戴导游胸卡、持接站牌,在出口醒目位置热情地迎接旅游团。

(3)旅游团出站后,导游人员应尽快从出站游客的民族特征、衣着、组团社的徽记等来分析、判断或上前委婉询问,主动认找自己的旅游团,准确使用礼貌用语和问候语,要特别注意谦虚、谨慎。如该旅游团有领队或全陪时,导游人员应及时与领队、全陪接洽、确认,避免出现漏接、错接情况,造成游客抱怨、投诉,影响游客情绪。

(4)接到旅游团后,导游人员应认真核实实到人数,主动协助本团游客将行李集中放在比较安全的位置,礼貌地提醒游客检查其行李是否完好无损,与领队、接待社行李员(或宾馆行李员)共同清点行李。行李核对无误后,移交给行李员,双方办好交接手续。

(5)导游人员在提醒游客检查自己的随身物品是否带齐后,引导游客前往乘车处;如游客所带物品过多,要主动帮游客提携。游客上车时,导游人员要恭候在车门旁;如有老人、小孩等游客,要扶携、照料。待游客全部上车后,应帮助游客将手提行李和随身物品放在行李架上,协助游客就座。等游客坐稳后,导游人员应检查一下游客行李架上的物品是否放稳,礼貌地清点人数,请司机开车。

(6)从机场(车站、码头)到下榻饭店的行车途中,导游人员要向游客致欢迎辞。致欢迎辞时,如果旅游车的车型允许,导游人员应该采取面向游客的站立姿势,站在车厢前部、靠近司机、使全体游客都能看到的地方。欢迎辞的内容应视旅游团的性质及其成员的文化水平、职业、年龄及居住地区等情况有所不同,注意用词恰当,给游客以亲切、热情、可信之感。欢迎辞可以有不同模式,但应包括以下内容:代表所在接待社、本人及司机欢迎游客光临本地;介绍自己的姓名及所属单位;介绍司机;表示提供服务的诚挚愿望;预祝旅途愉快顺利。致欢迎辞时,应注意音调轻柔甜润,举止大方。

(7)致完欢迎辞后,导游人员应根据车程时间长短进行首次沿途导游,以满足游客的好奇心和求知欲。首次沿途导游是显示导游人员知识、导游技能和工作能力的好机会。精彩的首次沿途导游会使游客产生信任感和满足感,有助于导游人员树立良好的形象。首次沿途导游的内容主要是介绍当地的风光、风情及下榻饭店的情况。

(8)到达饭店后,导游人员应尽快协助领队和全陪办理好入店手续。导游人员要掌握领队、全陪和团员的房间号,并将与自己联系的办法告诉全陪和领队,以便有事时尽快联系。导游人员要认真地向游客介绍饭店设施,让游客及时了解饭店的基本情况和住店的注意事项,帮助游客进住房间并取到行李,并通知游客当天或第二天的活动安排,带领旅游团用好第一餐。在离开饭店之前,应与领队或全陪确定第二天的叫早服务,通知饭店总服务台或楼层服务台叫早时间。在将所有游客安排妥当后,导游人员方可离开旅游团。

(二)欢送礼仪

(1)当旅游团结束本地的参观游览活动后,导游人员应使游客顺利、安全离站,使遗留问题得到及时妥善的处理。

(2) 在旅行团离开的前一天,导游人员应认真核实旅游团离开的机(车、船)票,核对团名、代号、人数、去向、航班(车次、船次)、起飞(开车、启航)时间、在哪个机场(车站、码头)启程等事项。

(3) 导游人员带团到达机场(车站、码头)时,必须留出充裕的时间:出境或去沿海城市的航班,提前2小时;乘国内线航班提前90分钟;乘火车提前1小时。导游人员应及时与领队、全陪商议出发时间,同时征求司机的意见,待确定后及时通知游客,并通知饭店有关部门及时安排游客用餐。

(4) 导游人员应及时提醒、督促游客尽早与饭店结清与其有关的各种账目(如洗衣费、长途电话费、饮料费等);若游客损坏了客房设备,导游人员应协助饭店妥善处理赔偿事宜。若无特殊原因,导游人员应在中午12:00以前办理退房手续。

(5) 导游人员要恭候在车门旁,协助游客上车;等游客放好随身行李入座后,导游人员要礼貌地清点实到人数。全体到齐后,提醒游客再检查清点一下随身携带的物品,如无遗漏则开车离开饭店。

(6) 在行车途中或在机场(车站、码头)。导游人员向游客致欢送辞,以加深与游客之间的感情。致欢送辞时,语气应真挚、富有感情。欢送辞的内容一般包括:回顾旅游活动,感谢大家的合作;表达友谊和惜别之情;诚恳征求游客对接待工作的意见和建议;若在旅游活动中有不顺利或旅游服务有不尽如人意之处,导游人员应借此机会再次向游客赔礼道歉;表达美好的祝愿。

(7) 旅行车到达机场(车站、码头)下车前,导游人员应提醒游客带齐随身的行李物品;照顾全团游客下车后,要再仔细检查一下车内有无游客遗漏的物品。

(8) 送乘坐国内航班(火车、轮船)的游客离站时,导游人员应等旅游团所乘交通工具起动后方可离开;送乘坐国际航班(火车、轮船)出境的游客时,导游人员要在旅游团进入隔离区后方可离开。

二、沟通协调礼仪

(1) 导游人员的服务对象非常广泛。在与各类层次不同、品质各异、性格相左的中外人士打交道的过程中,应能够礼貌有效地进行沟通协调,熟练运用相关知识随机应变地处理问题,在待人接物时自然、得体,处理好各方面的关系。

(2) 导游人员应在游客心目中快速树立起良好形象,较为深入地洞悉游客的希望和想法,为安排好日程、提供有针对性的服务创造前提条件,尽快缩短与游客之间的心理距离,融洽彼此之间的关系,这样有利于组织协调工作的开展。良好的形象可以通过良好的仪容仪表和自信的仪态来树立。作为服务人员,导游人员要时刻注意自己的身份,服饰化妆不能太艳丽,以免影响工作,导致游客的不满,尽量避免让人用"太"字来评价自己的服饰化妆;待人要自然大方,办事果断利索,站、坐、行有度;与人相处时,直率而不鲁莽,活泼而不轻佻,自尊而不狂傲,工作紧张而不失措,这样导游人员才能较为容易地获得游客的信任。

(3) 由于导游工作性质的特殊性,导游人员要培养自己具有活泼、外向的性格,使自己在工作岗位上永远情绪饱满、有爱心、待人诚恳、富于幽默感,对自己的工作有自信心。在旅游过程中遇到问题时,导游要有能力进行解决,让游客感到信赖和可依靠。

(4)导游人员接受工作任务后,要根据旅游合同安排旅游活动,并严格执行旅游接待计划。在安排旅游活动时,要有较强的针对性并留有余地。在组织各项活动时,要讲究方式方法,并及时掌握变化着的客观情况,灵活地采取相应的有效措施,避免出现不必要的问题和纠纷,带领全团人员游览好、生活好。

(5)导游人员应随时调动游客的积极性,使游客顺着导游的思路去分析、判断、欣赏和认知,从而获得旅游的乐趣和美好的享受;熟练地运用丰富的知识、幽默的语言、抑扬顿挫的语调、引人入胜的讲解以及有节奏的导游活动来征服游客,使游客沉浸在欣赏美的愉悦之中,自觉地配合自己的工作。

(6)在整个服务过程中,导游人员应经常性地与游客进行真诚的沟通。与游客的沟通,包括意见沟通和情感沟通两方面。意见沟通是指当导游人员在导游服务过程中与游客产生意见分歧时,导游人员应及时排除,以求得与游客的意见趋于一致。为此,导游人员要把自己的意图明确表达出来,让游客了解自己;同时,要设法让游客说出自己的真实想法,以达到相互了解,在此基础上求得意见的一致。情感沟通是指导游人员要促进与游客之间的情感共鸣,一方面要满足游客正当的情感需要,如自尊的需要、友爱的需要等,另一方面要尽量使自己的情感频率与游客的情感频率趋于一致,即"乐游客之所乐,急游客之所忧"。

(7)对游客提出的有关问题,要热情地给予答复;如果没有听懂游客的问话,可请求再重复一遍。陪同游客参加晚间活动时,要注意遵守各种活动、各种场所的礼貌礼节和服饰要求。

(8)为了使旅游活动顺利进行,使所有游客——至少使绝大多数游客获得旅游的愉悦、美的享受,导游人员在服务过程中要善于处理好一些关系,如强弱关系、多数与少数的关系、劳和逸的关系等。

(9)导游人员在旅游团的旅游过程中,要与领队协调好关系,得到领队的理解、合作和支持,这是导游人员带好旅游团的一个重要方面。导游人员要诚心诚意地尊重领队,支持领队工作,尽量避免与领队发生正面冲突。

(10)导游人员应通过及时沟通,协调好和接待单位的协作工作。各方应在共同的工作原则之下,互利合作,坚持原则,平等协商,相互支持。遇到合作者随意改变日程,增加购物等不正确的做法时,首先尽量说服对方按协议执行计划;如对方一意孤行,则要采取必要措施,以保护游客的利益。

三、讲解服务礼仪

(1)导游人员的讲解服务是一个语言传播的过程。在这个过程中,应使用规范化语言,将知识性、思想性、趣味性相结合,达到传播知识、沟通思想、交流感情的目的。

(2)在讲解中,对所讲解景点的背景材料必须准确,要有根据有出处,不能胡编乱造;对民间传说也要有据可查,不可信口开河。对说法不一的内容,可忽略不讲或有选择地将具有代表性说法介绍给游客,请他们根据自己的理解来做出判断。

（3）在讲解中，要注意条理分明、脉络清晰、符合逻辑，把所讲的内容交代清楚；同时，注意语言的趣味性与感染力，适当使用幽默，用充满活力的语言打动游客，制造一种轻松、愉快的气氛。

（4）在导游讲解时，要有针对性，要因人、因时、因地而异，不能千篇一律。导游人员应根据不同的对象，决定讲解的内容、顺序、语言的方式、音量的大小等。此外，要了解游客的背景，做好准备工作，包括知识准备和心理准备，根据游客的年龄、职业、爱好、文化程度、宗教信仰等，选择适当的讲解方法和内容，使特定景点的讲解适应不同旅游者的文化修养和审美情趣。

（5）在讲解过程中，导游人员应善于利用各种媒介（如动作、表情、图片等），把信息有计划地与游客进行传递和交流；同时，还应了解客源地的民族历史、生活方式、风俗习惯、文化艺术等，与游客建立起共识领域达到有效交流。

（6）在使用口头语言时，要学会并善于运用一些修辞手法（如比喻、比拟、夸张、对比、映衬等），来美化自己的语言，切忌死板、老套、平铺直叙，这样才能把所讲的内容（如故事传说、名人轶事、自然风物等）讲得鲜明生动、风趣活泼，才能打动听众，吸引游客领会导游人员的意图，并体验所创造的意境。

（7）在讲解中，要注意讲解语言的文明优雅，把美传递给旅游者。要注意，不要使用不文明的词语，以免给旅游者留下粗俗的印象；不使用游客忌讳的词语，以表示对游客的尊重；不讲黄色故事、黄色笑话，避免影响行业形象和自身形象。

（8）导游人员应随时注意对自己思维能力和表达能力的锻炼，做到讲解时思路清晰、口齿伶俐，避免因紧张、对所讲内容不熟悉或是思维不敏捷而造成思维空白，出现不良的习惯性口语，不自觉地用"这个""喂""啊"等无意义的字眼来重复，用以延长时间，妨碍了讲解内容的连贯性，影响游客的心情。

（9）在讲解服务中还要善于使用体态语（包括表情、姿态、动作），帮助导游人员传递有声语言无法传递的信息，补充和强化有声语言的作用，如善意的微笑、抱歉的眼神等。

（10）导游服务工作繁杂多变，导游人员的主观失误、相关部门服务上的欠缺以及不可抗拒的自然因素，都会造成工作上的失误，引起游客的不满和抱怨甚至投诉。一旦出现不愉快，不管原因是主观的还是客观的，不论责任在不在导游人员身上，导游人员都应妥善处置，同时采取恰当的语言表达方式，真诚及时地向游客道歉，以消除误会，平息怨气，求得谅解。

（11）游客大部分出行的目的是为了放松、休闲和快乐，一旦离开原来的生活环境，解放感油然而生，懒散心态随之而来。导游人员在讲解服务过程中，应当就可能发生危及旅游者人身、财物安全的情况，向游客作出真实说明和明确警示。提醒时，语言要尽量委婉，多用"请"少用"不准""不许""必须"等命令性语言，以免游客反感。

（12）在讲解服务中，对游客提出的合理但不可能实现的要求或不合理但可能的要求，以及不合理又不可能实现的要求，导游人员应给予回绝。在拒绝游客时，要注意给他们一个体面的台阶、一个合理的解释，不能伤害游客的自尊心，特别是在他们的要求合理但满足不了时，最好先肯定其动机，然后婉言回绝。

四、处理突发事件礼仪

（1）导游人员在带团过程中，要努力做好服务工作，与各方密切合作，时刻警惕，采取各种必要措施，预防问题和事故的发生。一旦旅游活动中出现意外事故，导游人员应临危不惧、积极主动、头脑清醒、果断及时地处理好，使游客满意。

（2）在旅游过程中，如遇到旅游团（者）提出变更路线或日程的要求时，导游人员原则上应按合同执行；若有特殊情况，应上报组团社，根据组团社的指示做好工作。如因客观原因需要变更旅游团的旅游计划、路线和活动日程时，首先，导游人员要认真分析形势，分析游客因情况变化可能出现的心理状态和情绪，迅速就以上情况制定出应变计划，并报告旅行社；其次，导游人员要寻找适当时机，向领队及团中有影响的游客实事求是地说明困难，诚恳地道歉，以求得谅解，并将应变计划安排向他们解释清楚，争取他们的认可和支持，再分头做游客的工作；最后，适当地给予游客物质补偿或请旅行社领导出面向游客表示歉意。

（3）在导游人员接站、出现漏接事故时，从游客的角度来讲，无论是哪方面的原因造成的漏接都是不应该的，因此游客见到导游人员后都会抱怨、发火甚至投诉。这时，导游人员应给予理解，并设身处地为游客着想，尽快消除游客的不满情绪。导游人员应实事求是地向游客说明情况，诚恳地赔礼道歉，用自己的实际行动（如提供更加热情周到的服务）来取得游客的谅解；同时，尽量采取弥补措施，高质量地完成计划内的全部活动内容，使游客的损失减少到最低程度。必要时，还可请旅行社领导出面赔礼道歉或酌情给予游客一定的物质补偿。

（4）如在接团时发生错接事故，导游人员应首先向游客道歉。若错接发生在同一家旅行社接待的两个旅游团时，导游人员应立即向领导汇报，经领导同意后可不再交换旅游团；若错接的是另外一家旅行社的旅游团时，导游人员应立即向旅行社领导汇报，设法尽快交换旅游团，并向游客实事求是地说明情况，并再次诚恳地道歉。

（5）在游客离开本站时，由于某些原因或旅行社有关人员工作的失误，旅游团没有按原定航班（车次、船次）离开本站而导致暂时滞留，即发生误机（车、船）事故。此类事故属重大事故，不仅会给旅行社带来巨大的经济损失，还会使游客蒙受经济或其他方面的损失，严重影响旅行社的声誉。事故发生后，导游人员应立即向旅行社领导及有关部门报告，请求协助，并尽快与机场（车站、码头）联系，争取让游客乘坐最近班次的交通工具离开本站或改乘其他交通工具前往下一站。同时，导游人员诚恳地向游客赔礼道歉，稳定游客的情绪，安排好在当地滞留期间的食宿、游览等事宜。

（6）参观游览时，导游人员要提醒游客保管好随身物品和提包，尤其是在热闹、拥挤的场所和购物时更应注意；离饭店时，导游人员要提醒游客带好随身行李物品，检查是否带齐了旅行证件。如游客发生财物丢失，导游人员要详细了解失物的形状、特征、价值，帮助游客分析物品丢失的可能时间和地点，并积极帮助寻找；若是行李丢失，导游人员还应帮助其解决因行李丢失而带来的生活方面的困难。证件、财物特别是贵重物品被盗，属于治安事故。导游人员要立即向公安部门和保险公司报案，力争找回被窃证件、物品，挽回不良影响。若找不回被盗物品，导游人员要协助失主持旅行社的证明到当地公安局开具失窃证明书；同时，要提供热情周到的服务，安慰失主，缓解其不快情绪。

（7）在参观游览或自由活动时，时常会发生游客走失的情况。游客一旦走失，会使其极度焦虑，感到恐慌，严重时会影响整个旅游计划的完成，甚至会危及游客的生命财产安全。此时，导游人员应立即采取有效措施加以解决。首先，要了解情况，迅速寻找游客，在经过认真寻找仍然找不到走失者后，应立即向游览地的派出所和管理部门求助。在寻找过程中，导游人员可与饭店前台、楼层服务台联系，请他们注意该游客是否已经回到饭店。如采取了以上措施仍找不到走失的游客，导游人员应向旅行社及时报告并请求帮助，必要时向公安部门报案。在找到走失的游客后，导游人员要做好善后工作，认真分析走失的原因。如属导游人员的责任，导游人员应向游客赔礼道歉；如果责任在走失者，导游人员也不应指责或训斥对方，而应对其进行安慰，讲清利害关系，提醒其以后注意。

（8）由于旅途劳累、气候变化、水土不服、起居习惯改变等原因，游客尤其是年老、体弱的游客常会感到身体不适甚至患病；甚至游客在旅途中突然患病、患重病、病危的事，也会时有发生。导游人员应尽力避免人为原因致使游客生病；如遇游客患病的情况，导游人员要沉着冷静地及时处理，对一般性疾病要劝其及早就医并多休息。如果游客留在饭店休息，导游人员要前去询问身体状况并安排好用餐，必要时通知餐厅为其提供送餐服务。如游客患重病，应及时送医院治疗。同时，导游人员应安排好旅游团内其他游客的活动，努力使旅游活动继续进行。

（9）导游人员在接待工作中应该具有安全意识，协助司机做好行车安全工作。在安排活动日程的时间上要留有余地，不催促司机为抢时间、赶日程而违章、超速行驶。遇有天气不好（如下雨、下雪、下雾）、交通拥挤、路况不好等情况，要主动提醒司机注意安全，谨慎驾驶。如遇有交通事故发生，只要导游人员没负重伤，神智还清楚，就应立即采取措施组织抢救，同时注意保护现场、立即报案。交通事故发生后，导游人员应做好团内其他游客的安抚工作，继续组织安排好参观游览活动。事故原因查清后，要向全团游客说明情况。

（10）在旅游活动过程中，遇到坏人行凶、诈骗、偷窃、抢劫，导致游客身心及财物受到不同程度的损害时，在场的导游人员应毫不犹豫地挺身而出，勇敢地保护游客，并立即将游客转移到安全地点，力争与在场群众、当地公安人员缉拿罪犯，追回钱物。如有游客受伤，应立即组织抢救。事件发生后，导游人员应采取必要措施安定游客的情绪，努力使旅游活动顺利地进行下去。

（11）在旅游活动中，为了防止火灾事故的发生，导游人员应提醒游客不携带易燃、易爆物品，不乱扔烟头和火种。一旦发生了火灾，导游人员应立即报警，迅速通知领队及全团游客，配合工作人员，听从统一指挥，迅速疏散游客。游客得救后，导游人员应立即组织抢救受伤者，采取各种措施来安定游客的情绪，解决因火灾造成的生活方面的困难，设法使旅游活动继续进行。

（12）游客食用变质或不干净的食物之后，常会发生食物中毒。发现游客食物中毒之后，导游人员应设法为之催吐，让食物中毒者多喝水，以加速排泄、缓解毒性，并立即将患者送医院抢救，请医生开具诊断证明。食物中毒常由饮食不卫生引起，所以导游人员应带领游客在定点餐馆用餐，并随时提醒游客不要食用小摊上的食品。

（13）如在盛夏季节旅游，导游人员在带团时要注意劳逸结合，避免游客长时间地在骄阳下活动。若有人中暑，要将患者置于阴凉通风处，平躺，解开衣领，放松裤带，可能时让其饮用含盐饮料；对发烧者，要用冷水或酒精擦身散热，服用必要的防暑药物，症状缓解后让其静坐（卧）休息；对严重中暑者做必要治疗后，立即送医院。

（14）游客发生骨折时，导游人员应在现场做力所能及的初步处理，首先应及时止血，然后进行包扎。包扎前，最好要清洗伤口；包扎时动作要轻柔，松紧要适度，绷带的结口不要在创伤处；最后就地取材，上夹板，以求固定两端关节，避免转动骨折肢体，然后及时送往医院救治。

（15）如在游览中遇游客心脏病猝发，应让其就地平躺，头略高，切忌急着将患者抬或背着去医院；由患者亲属或领队或其他游客从患者口袋中寻找备用药物，让其服用；同时，导游人员应主动到附近的医院找医生前来救治，待患者病情稍稳定后送往医院。

讨论案例

清晨 8 时，某旅行团全体成员已在汽车上就座，准备离开饭店前往火车站。地方导游员 A 从饭店外匆匆赶来，上车后清点人数，又向全程导游员了解全团行李情况，（全程导游员告诉他全团行李一共 15 件，已与领队、饭店行李员交接过）随即讲了以下一段话："女士们、先生们，早上好！我们全团 15 个人都已经到齐。好，现在我们去火车站。今天早上，我们乘上午 9 点 30 分的××次火车去×市。两天来。大家一定过得很愉快吧。我十分感谢大家对我工作的理解和合作。有句古话：'相逢何必曾相识。'短短两天，我们增进了相互之间的了解，成了朋友。在即将分别的时候，我希望各位女士、先生今后有机会再来我市旅游。人们常说，世界变得越来越小。我们肯定会有重逢的机会。现在，我为大家唱一支歌，祝大家一路顺风，旅途愉快！（唱歌）。女士们、先生们！火车站到了。现在请下车！"

请运用所学知识，分析导游员 A 在这一段工作中违反了哪些导游服务礼仪。

分析提示

在旅游团离开饭店时，导游人员应提前到达饭店，及时提醒、督促游客尽早与饭店结清与其有关的各种账目，做好行李的交接工作，然后恭候在车门旁，协助游客上车。全体游客到齐后，提醒游客再检查清点一下随身携带的物品，如无遗漏方可开车离开饭店。在向游客致欢送辞时，语气应真挚、富有感情。欢送辞的内容应包括：回顾旅游活动，感谢大家的合作；表达友谊和惜别之情；诚恳征求游客对接待工作的意见和建议；若在旅游活动中有不顺利或旅游服务有不尽如人意之处，导游人员应借此机会再次向游客赔礼道歉；表达美好的祝愿。

课堂演练

通过 DVD、工作过程录像演示各岗位接待礼仪规范要求。

实训操作

1. 前厅接待服务礼仪

实训内容及操作要求见表 5-1 和表 5-2。

表 5-1　大堂经理接待礼仪的实训内容及操作要求

实 训 内 容	操 作 要 求
迎接宾客	精神集中,使前厅处在自己的视觉范围内
答复一般询问	耐心、尊重游客
处理一般宾客投诉	(1) 要表示理解、重视、关心,善解人意,逐步引导,理解投诉者的心情,细心地安慰,并尽力为之解决 (2) 做好书面记录
对大声喧嚷、脾气火暴的投诉者	加强安抚,使之心态平稳
接待结束	态度诚恳,语气温和

表 5-2　大堂应接员接待礼仪的实训内容及操作要求

实 训 内 容	操 作 要 求
站岗	符合规范
宾客光临时迎接	主动招呼,热情问候
散客乘车到达迎接	主动迎接,引导车辆停妥,主动、热情地为游客打开车门,并向游客问候
团体游客到达迎接	主动迎接,引导车辆停妥,主动、热情地协助游客下车,并向游客问候

注意事项如下。

(1) 做到仪表整洁,仪容端庄,仪态大方,精神饱满,面带微笑,思想集中,重视自己的形象。

(2) 当游客提出询问时,要尽力给予全面详细的答复,使对方感到可信、满意;对确实不了解、没把握的事项,不要不懂装懂,更不能不负责任地给予答复,而要向宾客婉转说明。

(3) 对游客所提的问题做到百问不厌,不要无礼地对待游客。

(4) 在听取游客投诉时,要迅速根据实际情况做必要的核查,不能主观臆断、轻率表态;要妥善解决,以免饭店遭受不必要的名誉和经济损失。

(5) 大堂经理应时刻记住使用礼貌用语,态度诚恳,彬彬有礼,语气婉转,出言谨慎。在任何场合,都不与游客争辩,做到得理也得让人。

(6) 开车门原则是"先女后男,先外后内,先左后右";如果难以明确以上情况,则先开朝大门一侧的后门,有必要再开前门,最后开另一侧的后门。

(7) 与外宾交流时要用外语。

(8) 为游客开启车门,对佛教界和伊斯兰教人士不能将手置于车门框上沿。

(9) 如遇老弱病残的游客,必要时应给予搀扶。

(10) 车辆离店时,也要向司机招呼问候:"您辛苦了!""再见!"

(11) 游客离店时,为他们开启大门,并目送游客离去。

(12) 如果游客需要出租车时,要帮助他们联系车辆,替游客拉开车门,请游客上车,并核实行李件数。一切完毕,为游客关上车门,并面带微笑地挥手与游客告别。

(13) 迎送中外宾客要一视同仁。

(14) 做好日常值勤工作,保持岗位周围的卫生和整洁。

(15) 如遇游客询问,应礼貌地给予回答。如不能确切告知时,应请同事或上级解决,决不可将错误的或不确切的信息传递给游客。

实训地点：模拟前厅实训室。

实训课时：4 学时。

2. 导游服务礼仪

实训内容及操作要求见表 5-3 和表 5-4。

表 5-3　迎接服务礼仪的实训内容及操作要求

实 训 内 容	操 作 要 求
准备接团标志	醒目、易辨别
与旅行团领队接头	先自我介绍，然后有礼貌地询问对方姓名
向宾馆转移	(1) 要提醒游客带好物品，防止遗失 (2) 要特别关照老人、小孩、女士上车
向宾馆转移	清点人数时，不可用手点数
介绍沿途街景	适当介绍，注意观察游客的精神状况
到达酒店，登记入住	协助游客登记入住，尽快安排游客休息
介绍游程安排	(1) 简单明了 (2) 再一次与领队进行细节问题的沟通协调

表 5-4　游览服务礼仪的实训内容及操作要求

实 训 内 容	操 作 要 求
出发前服务	表现出饱满的精神和礼貌、端庄的仪表
车上服务	多与游客目光交流，辅以适当的手势动作
游览服务	适时、适度地提醒游客不掉队、不走散

注意事项如下。

(1) 带游客去用第一餐，并把游客的饮食习惯、禁忌等告诉餐厅的服务员。

(2) 不要忘记询问游客的健康状况。

(3) 与游客告别时，应将自己的房间号码和电话号码告知游客。

(4) 遵守时间，必须及时把每天的活动时间安排向每一位游客交代清楚。

(5) 若遇特殊情况无法准时到达时，须向游客解释并表示歉意。

(6) 导游员必须尊重所有游客，包括他们的宗教信仰、风俗习惯等。

(7) 对游客要讲究礼节，做得有分寸，大方得体。

(8) 主动与领队协调沟通，通力合作。

(9) 对游客的特殊要求，要尽量予以满足。若有不合理的或无法满足的要求，要耐心解释。

(10) 对意外事件的发生，导游人员要冷静耐心，有礼貌地协调。

实训地点：校园场地、模拟导游室或模拟旅游车。

实训课时：4 学时。

课外思考

一、单选题

1. 饭店客房部的工作人员在陪同游客到达房间时，如果是白天，应该是（　　）房间。
　　A. 游客先进　　　　B. 服务员先进　　　C. 一起进入　　　　D. 谁走得快谁先进

2. 服务员在餐间服务时，服务人员要站在宾客的（　　），从主宾开始，按照（　　）顺序逐次派菜。
　　A. 左侧　逆时针　　B. 左侧　顺时针　　C. 右侧　逆时针　　D. 右侧　顺时针

3. 导游在服务时，为了避免有游客走失，最好的做法是（　　）。
　　A. 严格要求游客不可以乱走　　　　B. 向组织要求不带人多的团队
　　C. 避免队伍拉得过长　　　　　　　D. 走几步路就停下来数数人

4. 如果导游出现错接的事故，应该（　　）。
　　A. 隐瞒事实　　B. 向游客道歉　　C. 要求游客保密　　D. 压制游客的意见

二、多选题

1. 导游在讲解服务时，应该（　　）。
　　A. 自由发挥
　　B. 有针对性，避免千篇一律
　　C. 善于使用体态语
　　D. 为了保证游客的安全，要用命令性语音加以强调

2. 导游处理的一般性突发事件，大多产生于（　　）。
　　A. 迎接时，接错或漏接　　　　B. 讲解中
　　C. 欢送时　　　　　　　　　　D. 就餐时

3. 导游人员要和游客协调沟通好，应该（　　）。
　　A. 注意自己的性格，要使人易亲近　　B. 随时调动游客的积极性
　　C. 认真和游客协商　　　　　　　　　D. 严格要求游客服从自己

4. 作为保安部的人员，应该（　　）。
　　A. 表情严肃，不苟言笑　　　　B. 监视所有人
　　C. 礼貌迎送游客　　　　　　　D. 给游客以安全感

5. 酒店行李员在接待宾客时，应注意以下服务环节（　　）。
　　A. 遇游客下车，均应为其开启车门，并做遮挡动作
　　B. 接待团体宾客时，应连续向每位游客点头致意
　　C. 送行李进客房后离开时，应面向游客，后退一二步，再转身离去
　　D. 引领游客时，应走在其右前方二步左右

三、判断题

1. 客房部人员有各个房间的钥匙，所以可以自己进出房间。　　　　　　　　（　　）
2. 客房分配时，最好将不同的游客分配到不同的楼层，将老人安排在靠近电梯的地方。　　　　　　　　（　　）

旅游商务宴请礼仪

项目引入

商务宴请是现代商务人士用来款待同业、政界要人及重要客户等举行的餐饮活动,可以增进友谊和融洽气氛,是一种非常具有潜力的交际方式。如能恰如其分地运用礼仪,自如地对待诸如就座、照顾他人、点菜、使用餐具等场合,你将处处受到尊重和欢迎。

知识目标

能熟悉宴请礼仪,掌握宴请组织流程;能够熟悉基本的中西餐程序与餐具的使用,能够掌握中西餐就餐礼仪,能明确宴请服务的内容要求。

技能目标

能够开展中西餐宴请的组织和服务工作;日常就餐时,做到优雅就餐,能够完成宴请服务礼仪。

单元一　宴请的基本礼仪

一、宴请的类型

宴请种类复杂、名目繁多,要根据不同的交际目的、邀请对象以及费用开支等因素。常见的宴请形式主要有宴会和招待会两大类。

(一)宴会

宴会是指一种比较隆重、正式的设宴招待,宾主在一起饮酒吃饭的聚会。按规格,宴会可分为国宴、正式宴会、便宴和家宴;按时间的不同,宴会又可分为早宴、午宴和晚宴。一般来说,晚上举行的宴会要比白天举行的宴会更为隆重。

1. 国宴

国宴特指国家元首或政府首脑为国家庆典或为外国元首、政府首脑来访而举行的宴会。因为主办者和参加者的特殊身份和地位,这种宴会规格高、庄严而又隆重,礼仪要求也最严格。

我国接待来访的外国领导人时,通常在其抵达北京的当日或次日晚上举行欢迎宴会,由出面接待的国家领导人主持。宴会邀请来访者一行及其驻华使馆的外交官员及其夫人出席。国宴出席者的身份、规格高代表性强,礼仪要求严格。

国宴的礼仪要求如下。

（1）由国家元首或政府首脑亲自主持。

（2）座次按照礼宾次序排列。

（3）场地布置要隆重、热烈，主席台中设有大型鲜花花台。

（4）宴会厅内悬挂宾主两国国旗。

（5）宾主入席后，乐队要演奏两国国歌。

（6）主人和主宾先后发表祝酒词。

（7）乐队在席间穿插演奏两国民族音乐作品。

（8）赴宴者必须正式着装，国宴大都安排在晚上进行；男宾一般穿中山装或西装，女宾穿旗袍或晚礼服。

（9）宴席卡、菜单上均印有国徽，代表国家的最高规格。

2．正式宴会

正式宴会通常是政府和团体等有关部门为欢迎应邀来访的宾客，或来访的宾客为答谢主人而举行的宴会。与国宴相比，正式宴会除不悬挂国旗、不奏国歌及出席者规格有差异外，其余的安排大体与国宴相同，有时也会安排乐队奏席间乐，宾主均按身份排位就座。许多组织对正式宴会的举办十分讲究礼仪，对餐具、酒水、菜肴的道数及上菜程序也均有严格规定。许多国家的正式宴会十分讲究排场，会在请柬上注明对游客服饰的要求（往往从服饰的规定来体现宴会的隆重程度）。在具体安排上，中、西宴会有所不同，各具特色，并着重体现热烈而隆重、注重实效而不铺张浪费的原则。中餐正式宴会的礼仪要求如下。

（1）有正式的请柬，请柬上注有宴请日期、时间、地点等内容。

（2）排座严格按照礼宾要求，赴宴者按照席位卡对号入座。

（3）对宴请服饰的要求，会在请柬上注明。

（4）对餐具、酒水、菜肴道数及上菜程序，均有严格的规定。

（5）宴会的服务质量要求较高。高档宴会要求上一道菜换一次餐盘，每道菜上桌后先向宾客示盘，然后再进行分菜。

（6）宴会进行中，通常配有背景音乐或穿插文艺表演，以调节宴会气氛。

3．便宴

便宴是一种非正式宴会，主办者和参加者既可以是政府部门、社会组织，也可以是以私人名义招待熟悉的亲朋好友。这种宴会的最大特点是形式简便，规模较小，对菜肴的道数、质量、上菜程序、服务侍应顺序及餐具等没有严格的礼仪规定，可不排席位、不作正式讲话，宾主间较随便、亲切，适用于日常友好交往。常见的便宴按举办的目的差异来分，有迎送宴会、生日宴会、婚礼宴会、节日宴会、特别宴会等。

4．家宴

家宴，顾名思义，就是在家中设宴招待游客，它在社交和商务活动中发挥着尊敬游客和促进人际交往的重要作用。相对于正式宴会而言，家宴最重要的是要制造亲切、友好、自然的气氛，使赴宴的游客轻松、自然、随意，彼此增进交流，加深了解，促进信任。家宴在礼仪上往往不作特殊要求，基本上由女主人亲自下厨烹饪，男主人充当服务员；或男主人下厨，女主人充当服务员，来共同招待游客，使游客感到主人的重视和友好。

（二）招待会

招待会是一种灵活、经济实惠的宴请形式。常见的招待会主要分为冷餐会、自助餐和酒会三种。

1. 冷餐会

冷餐会的特点是一种立餐形式，不排座位。菜肴以冷食为主，也可冷热兼备，连同餐具一同摆设在餐桌上，供游客自取。游客可以多次取食，站立进餐，自由活动，彼此交谈。当然，对于老年、体弱者，要为之准备座椅，可由服务员接待。这种形式既节省费用，又亲切随和，已得到越来越广泛的采用。我国举行大型冷餐会，往往用大圆桌，设座椅，主桌安排座位，其余各席并不固定座位。食品和饮料均事先放置在桌上，招待会开始后，游客可以自行进食。

2. 自助餐

自助餐和冷餐会大致是相同的，可以是早餐、中餐、晚餐，有茶点、冷菜，也有热菜，甚至有厨师当场煎炒，餐具放在菜桌上供游客使用。根据宴请游客人数的不同，一般可选择在室内或院子、花园里举行。如果场地太小或是没有服务人员招待比较多的游客，自助餐就是最好的选择。

自助餐宴会的礼仪要求如下。

（1）自助餐宴会注重突出宴会气氛，餐台布置讲究，色彩缤纷。

（2）不设固定席位，方便游客自由活动，有利于游客的沟通与交流。

（3）菜点丰富，冷菜、热菜、主食、甜品、水果、汤类皆成系列。

（4）赴宴者须按类别取食，不能用同一餐盘食用多种类别的食品。

（5）赴宴者须按量取食，不可浪费。

（6）不同类别的食品须搭配不同的餐盘，不可混用。

3. 酒会

酒会也称鸡尾酒会，其形式活泼、简便，便于人们交谈。招待品以酒水为重，略备一些小食品（如点心、面包、香肠等），放在桌子、茶几上或者由服务生拿着托盘，把饮料和点心端给游客酒会上不设座位，宾主皆可随意走动，自由交谈。这种形式比较灵活，便于广泛接触和交谈。举行时间较为灵活，中午、下午、晚上均可，持续时间为两小时左右。在请柬规定的时间内，宾客到达和退席的时间不受限制，可以晚来早退。近年来，在国际上组织各种大型活动的前后期，往往都要举办鸡尾酒会。

鸡尾酒会的礼仪要求如下。

（1）酒会一般采用站立形式，不设座椅，仅设置小桌供宾主安放酒杯、盘碟，便于游客四处走动、交流。

（2）招待品以酒为主以及由多种酒水配制而成的各种类型饮料；食品供应多为小食品，如三明治面包、小香肠、肉卷等。

（3）举办时间不受限制，中午、下午、晚上均可。

（4）酒会请柬上一般都注明起讫时间，游客可在此期间的任何时间入席，来去自由，不受限制。

（5）配制好的鸡尾酒放在桌上，游客按需要自取，小食品由服务人员托送。

二、宴请的礼仪

宴请是一种商务礼仪性活动，是对游客的一种礼遇。宴会的组织，必须按规定礼节礼仪的要求进行。

进行必要的准备工作是宴请者通过此项活动达到宴请目的的先决条件，准备工作一般包括以下几个方面。

1. 确定宴请目的、范围、规格

宴请的目的一般很明确，如节庆日聚会、贵宾来访、工作交流、结婚祝寿等。根据不同目的，应当事先明确宴请的对象和范围，宴请哪些人参加，请多少人参加。在确定邀请对象时，应考虑主宾的身份、国籍、习俗、爱好等，以便确定宴会的规格、主陪人、用餐形式等。同时，还应考虑到其他陪同游客中不要与主宾有什么矛盾，以免出现不快和尴尬的局面。宴请时，主客双方的身份要对等，主宾如携夫人，主人一般也应以夫妇名义发出邀请。选择哪些人作陪，也应认真考虑。对出席宴会的人员还应列出名单，写明职务、称呼等。宴请的规格对礼仪效果的影响是十分明显的，如规格过低，会显得失礼、不尊重；如规格过高，则无必要。

2. 确定宴请的时间、地点

宴请的时间和地点，应根据宴请的目的和主宾的情况而定，尽量为游客方便着想，避免与工作、生活安排发生冲突，通常安排在晚上 6—8 点。在时间的选择上，一般不应选择在重大节日、假日，也不应安排在双方的禁忌日，最好事先征求一下主宾的意见。宴请的地点也应视交通、宴会规格和主宾的情况而定，如是官方隆重的宴请活动，一般安排在游客下榻的宾馆酒店内举行；一般规格的则根据情况安排在适当的酒店进行。总之，要选择那些交通方便、环境幽雅、食品卫生、菜肴精美、价格公道、服务优良的酒店作为宴请的场所。确定了宴请的时间、地点后，应提早预约酒店，越高档的酒店越需要事先预约。预约时，不仅要说清人数和时间，也要表明是否要吸烟区或视野良好的座位。如果是生日或其他特别的日子，可以告知宴会的目的和预算。

3. 发出邀请

邀请的形式有两种，一种是口头邀请，一种是书面邀请。口头邀请就是当面或者通过电话把活动的目的、名义以及邀请的范围、时间、地点等告诉对方，然后等待对方答复，对方同意后再作活动安排。书面邀请是一种较为正式的邀请形式，其方式是向对方发送请柬，既礼貌又可起到备忘的作用。请柬通常要提前 1~2 周发出，以便被邀请者及早安排。请柬内容应包括：活动的主题、形式、时间、地点、主人姓名。请柬的书写要清晰美观，打印要精美。为了慎重起见，宴请者在宴请前夕，还要确认被邀请者是否收到请柬，并对是否能够出席宴会予以确认。无论以何种形式发出邀请，均应热情真挚。邀请发出后，及时与被邀者取得联系，以便做好游客赴宴的准备工作。

4. 确定菜谱

宴会菜谱的确定，应考虑游客的规格身份和宴会范围，要尊重游客的饮食习惯和禁忌。整桌菜谱应有冷有热，荤素搭配，有主有次，主次分明，既突出主菜（如鲍鱼、鱼翅等），以显示菜肴的档次，也要配一般菜（如特色小炒、传统地方风味菜等）以调剂游客的口味，以使整个宴请的菜肴精致可口、赏心悦目、特色突出。

宴会菜单的拟定,要根据宴请的规格,在规定的标准内安排。菜单拟定时,要考虑以下五个方面的因素。

(1) 菜肴的选定与酒水的搭配,主要以主宾的口味习惯为依据,而不是以主人的好恶为标准。主人要注意尊重对方的民族饮食习惯和宗教信仰。如印度教徒不吃牛肉;伊斯兰信徒不饮酒,也不饮含有酒精的饮料;回民不吃猪肉等。此外,主人还要注意根据游客的身体健康情况安排菜肴,个别游客因身体原因而不能吃某种食品时,需特别照顾;根据邀请游客的职业、信仰,确定是否可以饮酒,等等。

(2) 要注意菜肴的营养构成,荤素搭配要合理。时令菜、特色菜、传统菜应合理选择,另外要注意菜点与酒水、饮料的搭配,力求照顾到多数游客的需求。

(3) 菜肴不一定要选名贵菜,而应以精致、干净卫生、可口为佳。菜肴的分量要适中。宴请注重的是气氛,而不一定是吃喝的内容。

(4) 要注意量力而行。"力"主要指经费的合理开支,以及厨师的烹饪技艺是否能达到拟定菜肴的烹饪制作水准。

宴请的菜单是很有讲究的,这不仅需要从规格、标准上考虑,而且更需适合游客的习惯与爱好。从原则上讲,不同级别的宴会菜单,由不同级别的主管部门负责人亲自审定。菜单一经确定,即可印制,印制要精美大方,对菜品介绍详细。宴会菜单宜每桌上放 2～4 份;规格较高的宴请可每人 1 份,供游客留作纪念。

5. 席位安排

中餐宴会往往采用圆桌布置,西餐宴会往往采用方桌布置,通常 8～12 人为一桌。国宴和正式宴会一般都要事先安排好桌次和座次,以便参加宴会的人都能各就其位,入席时井然有序。席位的安排也体现出主人对游客的尊重,席位的高低排序应考虑以下几点(图 6-1)。

(1) 以主人的座位为中心,如果女主人参加时,则以主人和女主人为基准,近高远低,右上左下,依次排列。

(2) 主宾应安排在主人的右手位置,主宾夫人安排在女主人右手位置,以示尊重。

(3) 主人方面的陪客,尽可能与游客相互交叉便于交谈,要避免主方陪同集中坐在一

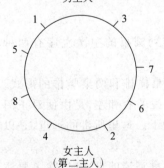
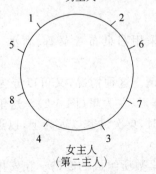
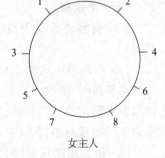

图 6-1 中餐宴会席位安排

起,以免冷落游客。

（4）译员的席位安排在主宾左后侧。

（5）席位确定后,席位卡放在桌前方,桌次卡放在桌中间。

6. 确定与落实宴请程序

（1）主人在宴会厅门口迎候贵宾。在隆重的宴请中,除主人外,还有其他有关人员在旁排列,组成迎宾线。其位置在游客进门至签到处。游客陆续到达时,均由接待人员请其签名,引进休息厅（或者直接进入宴会厅）,休息厅内安排有相应身份的人员照料游客,服务人员送上饮料。

（2）主宾到到达后,由主人陪同进入休息厅与其他游客见面,如还有其他游客尚未到齐,由迎宾和其他有关人员代表主人在门口迎接。

（3）主人陪同主宾进入宴会厅时,全体游客就座,宴会即可开始。如休息厅小,宴会规模大,也可以请主桌以外的游客先入座,主桌的贵宾最后入席。

（4）如主、宾要发言,一般安排在热菜之后甜食之前,主人先致辞,然后主宾讲话;也常有刚入席时,双方即讲话。

（5）菜单上最后一道菜品用毕后,主人与主宾起立,宴会结束。

（6）主宾告辞,主人送至门口,握手以后目送主宾离去,原礼宾人员仍按顺序排列与其他游客握手告别。

单元二　中餐礼仪

中国的饮食文化驰名世界,其形成的就餐礼仪源远流长。随着对外交流活动的不断开展,现代较为流行的中餐礼仪是在继承传统与融合国外礼仪的基础上发展而来的,因而在遵守宴请基本礼仪的基础上,在桌次与席位排列、餐具使用以及上菜次序等方面也应特别加以注意。

一、中餐桌次和席位的安排

中餐的桌次和席位排列,关系到来宾的身份和主人给予对方的礼遇,所以是一项重要的内容。

（一）桌次排列

在中餐宴请活动中,往往采用圆桌布置菜肴、酒水。排列圆桌的主次次序有两种情况。

（1）由两桌组成的小型宴请。这种情况,又可以分为两桌横排和两桌竖排的形式。当两桌横排时,桌次是以右为尊,以左为卑（图6-2）。这里所说的右和左,是由面对正门的位置来确定的。当两桌竖排时,桌次讲究以远为上,以近为下。这里所讲的远近,是以距离正门的远近而言。

（2）由三桌或三桌以上的桌数所组成的宴请。在安排多桌宴请的桌次时,除了要注意"面门定位""以右为尊"等规则外,还应兼顾其他各桌距离主桌的远近。通常,距离主桌越近,桌次越高;距离主桌越远、桌次越低（图6-3）。

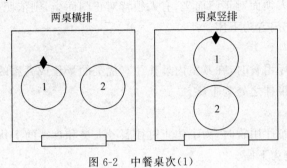

图 6-2　中餐桌次（1）

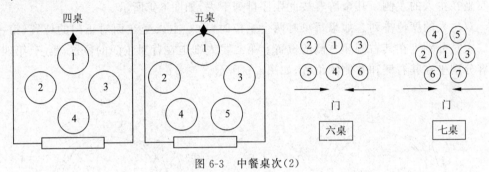

图 6-3　中餐桌次（2）

在安排桌次时，所用餐桌的大小、形状要基本一致。除主桌可以略大外，其他餐桌一般以十人台为宜不要过大或过小。

为了确保在宴请时赴宴者及时、准确地找到自己所在的桌次，可以在请柬上注明对方所在的桌次、在宴会厅入口悬挂宴会桌次排列示意图、安排引位员引导来宾按桌就座，或者在每张餐桌上摆放桌次牌（用阿拉伯数字书写）。

（二）席位排列

在正式宴请时为了便于来宾准确无误地在自己席位上就座，除服务人员和主人要及时加以引导和示意外，应在每位来宾所属席位正前方的桌面上，事先放置醒目的个人姓名席位卡。举行涉外宴请时，席位卡应以中、外两种文字书写，在我国书写惯例是"中文在上，外文在下"，必要时座位卡的两面都应书写用餐者的姓名。除正式宴请外，中餐席位的排列在不同情况下也有一定的差异。一般来讲，应遵守以下几种情况原则。

1. 右高左低

当两个人一同并排就座时，通常以右为上座，以左为下座。这是因为中餐上菜时多以顺时针方向为上菜方向，居右而坐者因而要比居左而坐者优先受到照顾。

2. 中座为尊

三人一同就座用餐时，居于中座者在位次上要高于在其两侧就座者。

3. 面门为上

倘若用餐时有人须面对正门而坐,有人须背对正门而坐,则依照礼仪惯例以面对正门者为上座,以背对正门者为下座。

4. 观景为佳

在一些高档餐厅用餐时,在其室内外往往有优美的景致或高雅的演出供就餐者观赏,此时应以观赏角度最佳之处为上座。

5. 临墙为好

在某些中低档餐厅用餐时,为了防止过往服务人员和食客的干扰,通常以靠墙之位为上座,以靠过道之位为下座。

席位排列有单主人、双主人两种情况。单主人席位排列。每桌只有一个主位时,一般遵循"面门为上""以右为尊"的原则,主人在主位上就座,第一主宾坐在主人的右侧,第二主宾坐在主人的左侧。其余游客按此顺序排列下去,如图6-4所示。

双主人的席位排列。如果每桌有两个主位时,第一主人坐在面对正门的位置,第一、第二主宾分别坐在其右侧和左侧的位置。第二主人则坐在背对正门的位置,第三、第四位游客分别坐在其右侧和左侧的位置,如图6-5所示。

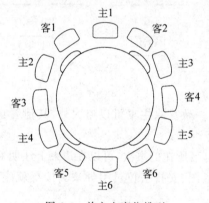

图6-4 单主人席位排列

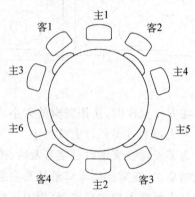

图6-5 双主人的席位排列

二、中餐餐具的使用

伴随中国饮食文化的发展和饮食习惯的形成,中餐有着极具中国饮食文化特色的中餐餐具,其基本餐具包括筷子、汤勺、食碟、湿巾、牙签、餐巾、水杯、饭碗、汤碗、筷座和酒杯,下面介绍主要餐具的使用礼仪。

1. 筷子

筷子是中餐最主要的餐具。中国人使用筷子用餐是从远古流传下来的,古时又称其为"箸"。筷子是华夏饮食文化的标志之一,也是世界上常用餐具之一,其发明于中国,后传至朝鲜、日本、越南等汉字文化圈。筷子一头圆、一头方,对应天圆地方,这是中国人对世界基本原则的理解;手持筷子时,拇指食指在上,无名指小指在下,中指在中间,是为天地人三才之象,这是中国人对人和世界的关系理解。规范的握筷姿势应是用右手执筷,大拇指和食指捏住筷子的上端,另外三个手指自然弯曲扶住筷子灵活使用。

在用餐过程中,筷子使用禁忌有以下几点。

(1) 不可含筷:不可把筷子的一端含在嘴里,用嘴来回去嘬,并不时地发出咝咝声响。

(2) 不可响筷:不可用筷子敲击盘碗。

(3) 不可搅筷:用筷子取菜时,不可将筷子在各碟菜中来回移动或在菜盘中翻动。

(4) 不可巡筷:夹菜时手的动作要利落,不可在餐盘上方来回盘旋,不要将菜汤流落到其他菜里或桌子上。

(5) 不可叉筷:不要用筷子叉取食物放进嘴里,或用舌头舔食筷子上的附着物,更不要用筷子去推动碗、盘和杯子。

(6) 不可供筷:有事暂时离席时,不能把筷子竖插在碗里,应把它轻放在筷架上。

(7) 不可戳筷(指筷):在席间说话的时候,应把筷子放下,不能把筷子像指挥棒似地乱舞,或用筷子指点他人。

(8) 不可剔筷:筷子只是用来夹取食物的,严禁用来剔牙、挠痒或是用来夹取食物之外的东西。

另外,夹起的菜肴不能再放回盘中。如果要给游客或长辈布菜,最好用公用筷子,也可以把离游客或长辈远的菜肴送到他们跟前。按我们中华民族的习惯,菜是一个一个往上端的;如果同桌有领导、老人、游客的话,每当上来一个新菜时,应请他们先动筷子,或者轮流请他们先动筷子,以表示对他们的尊敬和重视。

2. 汤勺

汤勺的主要作用是用以饮汤的,因此尽量不要用它去舀菜。有时用筷子取食时,可以用汤勺来辅助。用汤勺取食物时,不要过满,免得溢出来弄脏餐桌或自己的衣服。在舀取食物后,可以在原处暂停片刻,等汤汁不再往下流时再移回来享用。暂时不用汤勺时,应放在自己的汤碗里或食碟上,不要把它直接放在餐桌上或立在食物中。用汤勺取食物后,要立即食用或放在自己汤碗里,不能再把它倒回原处。而如果取用的食物太烫,不可用汤勺舀来舀去,也不要用嘴对着吹,可以先放到自己的汤碗里,等凉了再吃;不要把汤勺塞到嘴里,或者反复吮吸。

3. 食碟

食碟的主要作用,是用来暂放从公共的菜盘里取来食用的菜肴的。使用食碟时,一次不要取放过多的菜肴,注意不要把多种菜肴堆放在一起,以免相互“窜味”,不好看,也不好吃。不要将不吃的残渣、骨、刺等吐在地上、桌上,而应轻轻堆放在食碟前端;放的时候不能直接从嘴里吐在食碟上,而要用筷子夹放到食碟前端;如果堆放较多,可以让服务人员重新更换食碟。

4. 湿巾

宴会开始的时候,通常要为每位用餐者上一条湿毛巾,用来擦手。擦手后的毛巾,应放回盘子里,由服务员撤走,绝不可拿去擦脸、擦嘴。在宴会即将结束时,服务人员会再次送来一条小一些的湿毛巾,是专供擦嘴用的,但仍不能用来擦脸。

5. 牙签

中餐就餐一般会提供牙签,但尽量不要当众剔牙,必须要用时应该用餐巾或手掌在前遮挡一下,侧过身体,不能毫无遮掩地剔牙。有可能的话,最好不要在餐桌上剔牙,更不能直接用手去抠。剔牙后,不要长时间叼着牙签,更不要用来扎取食物。

6. 餐巾的使用

许多正式宴会上都为用餐者备有一条餐巾。这既是为了防止弄脏衣服,也可用于擦嘴及手上的油渍。坐定后,应当把餐巾铺在并拢之后的大腿上,以其折缝向内或大三角的顶端向外,不要把它围在脖子上、挂在领口或腰带上,可用餐巾的不同部位来擦嘴或擦手,但绝不能用来擦餐具。

宴会上有时还会给用餐者提供一些餐巾纸,它主要是用来擦嘴或手的,不能用来擦脸或身体的其他部位。若餐巾纸用完了,可向服务人员索取,不能用自己的其他用纸,尤其是卫生纸来替代。

三、上菜次序

在正式的中餐宴会上,上菜的先后顺序是:先上冷盘,接下来是热炒,随后上的是主菜,然后上点心和汤,最后上的是水果拼盘。如果上咸点心的话,一般上咸汤;如果上甜点心的话,则要上甜汤。即使桌数再多,各桌也要同时上菜。上菜的具体方式一般有三种:以小碟盛放,一人一份;以大盘盛放,由服务人员依次为每个人的食碟里分让;以大盘盛放,直接上桌,由用餐者随意自取。

单元三　西 餐 礼 仪

随着对外交流的深入,西餐已经逐渐进入了中国人的生活,并且受到了一定程度的欢迎。在组织的涉外活动中,为迎合外国游客的饮食习惯,有时也要用西餐来招待游客。所以,在西餐就餐时应了解必要的知识与礼仪。

一、西餐的特点

"西餐"是我国对欧美地区菜肴的统称。事实上,无论从形式上还是从内容上来看,西方各国的饭菜是存在着很大差异的。一般来讲,如果菜品源自西方国家的饮食文化,所使用的餐具以刀、叉取食为主,则都可以称为西餐。西餐大致可以分为两类:一类是以英、法、德、意等国为代表的"西欧式",其特点是选料精纯、口味清淡,以款式多、制作精细而享有盛誉;另一类是以苏联为代表的"东欧式",其特点是味道浓,油重,以咸、酸、甜、辣皆具而著称。此外,还有在英国菜基础上发展起来的"美式"西餐。若进一步细分,可将西餐分为英国菜、法国菜、俄国菜、美国菜、意大利菜以及德国菜等。各国菜系自成风味,各有各的风格,其中尤以法国菜最为突出。与中餐相比,西餐具有以下几个显著的特点。

(1) 西餐极重视各类菜肴中营养成分的搭配组合,在充分考虑人体对各种营养(糖类、脂肪、蛋白质、维生素)和热量需求的基础上来安排原料或加工烹调。

(2) 选料精细,用料广泛。西餐烹调在选料时十分精细、考究,而且选料十分广泛。如美国菜常用水果制作菜肴或饭点,咸里带甜;意大利菜则会将各类面食制作成菜肴,诸如各种面片、面条、面花都能制成美味的席上佳肴;而法国菜的选料更为广泛,诸如蜗牛、洋百合、椰树芯等均可入菜。

（3）讲究调味，注重色泽。西餐烹调的调味品大多不同于中餐，如酸奶油、桂叶、柠檬等都是常用的调味品。法国菜还注重用酒调味，在烹调时普遍用酒，不同菜肴用不同的酒做调料；德国菜则多以啤酒调味，在色泽的搭配上则讲究对比、色泽鲜艳明快，因而非常刺激食欲。

（4）工艺严谨，器皿讲究。西餐的烹调方法很多，常用的有煎、烩、烤、焖等十几种；而且西餐十分注重工艺流程，讲究科学化、程序化，工序严谨。烹调的炊具与餐具均有不同于中餐的特点，特别是餐具，除瓷制品外，水晶、玻璃及各类金属餐具也占很大的比重。

二、西餐桌次与席位的安排

由于饮食习惯的差异，中餐多使用圆桌，西餐一般都使用长桌，所以西餐的位置排列与中餐有很大的区别。

（一）西餐的桌次安排

餐桌的排列次序同中餐桌次的排列原则一样，主桌为首位，但西餐桌子设置的方法可根据用餐人数的多少和场地大小而定。有时还会用其拼成其他各种图案，如图 6-6 所示。

图 6-6　西餐桌次

（二）西餐的席位安排

西餐座次的排列次序是右高左低，男女交叉安排（图 6-7），以女主人的座位为准，主宾坐在女主人的右上方，主宾夫人坐在男主人的右上方。

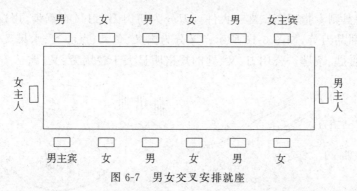

图 6-7　男女交叉安排就座

西餐以长桌排位，一般有两种排列方法，如图 6-8 所示。第一种方法是男女主人在长桌中央对面而坐，客人按主次分坐于男女主人两边，餐桌两端可以坐人，也可以不坐人；第二种方法是男女主人分别就座于长桌两端,其他客人分坐于桌子两边。西餐入座时,一般应当从椅子的左侧入座。

图 6-8　西餐的两种排列方式

三、西餐餐具的使用

西餐的一个特点就是餐具多,包括各种大小杯子、盘子、银器具等。所以,学习西餐礼仪时,掌握餐具的正确使用方法是重点内容之一。在所有的西餐餐具之中,餐刀、餐叉、餐匙以及餐巾是最具代表性的。

(一)西餐餐具的种类

广义的西餐餐具包括刀、叉、匙、盘、杯、餐巾等。其中,盘又有菜盘、布丁盘、奶盘、白脱盘等;酒杯种类也比较多,正式宴会每上一种酒,都要换上专用的玻璃酒杯,如图 6-9所示。

鸡尾酒杯　香槟杯　红、白葡萄酒杯　白兰地杯　古典杯

图 6-9　西餐常用酒杯

狭义的餐具则专指刀、叉、匙三大件。刀分为切肉刀(刀口有锯齿,用以切牛排、猪排等)、主餐刀、甜品刀等,如图 6-10 所示。叉分为肉叉、鱼叉、点心叉、水果叉和色拉叉。匙则有汤匙、甜食匙、茶匙。公用刀、叉、匙的规格明显大于餐用刀、叉、匙。

图 6-10　西餐餐具

（二）餐具的使用

吃西餐时,必须注意餐桌上餐具的排列和置放位置,不可随意乱取乱拿。餐具的使用要根据上菜顺序来确定,一般来说,按照西餐的规矩,吃什么菜用什么餐具、喝什么酒水用什么酒杯。在正规宴会上,每一道食物、菜肴即配一套相应的餐具(刀、叉、匙),并以上菜的先后顺序由外向内排列,进餐时从左右两侧拿取使用。

1. 刀叉

刀叉是人们对于餐刀、餐叉这两种西餐餐具所采用的统称。两者既可以配合使用,也可以单独使用,在大多数情况下多配合使用。

1）正确持刀的方法

右手持刀,拇指抵刀柄一侧,食指按于刀柄上,其余三指弯曲握住刀柄,如图 6-11 所示。不用餐刀时,应将其横放在盘子的右上方。

2）正确持叉的方法

若叉不与刀并用时,右手持叉取食叉齿向上。当刀叉并用时,右手持刀,左手持叉,叉齿向下叉住肉;肉被割下后,先把刀放下,叉换右手,用叉子叉上肉送到嘴里。

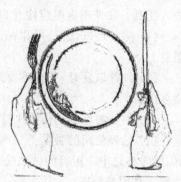

图 6-11 刀叉拿法

3）刀叉并用的方法

刀叉并用方式有英式和美式两种。英式的使用方法要求就餐者在使用刀叉时,始终右手持刀,左手持叉,一边切割,一边叉而食之,这种方法显得比较文雅;美式的具体方法是右刀左叉,一次将要吃的食物全部切好,然后再把右手的餐刀斜放在于餐盘的前面,将左手的餐叉换到右手,最后右手执叉就餐,这种方法的好处是较为省事。

4）刀叉的暗示作用

就餐者通过放置刀叉的不同形式,可以向服务人员暗示本人是否还想再吃某一道菜肴。每吃完一道菜,将刀叉合拢并排置于碟中,表示此道菜已用完(图 6-12),服务人员便会主动上前撤去这套餐具。如尚未用完或暂时停顿,应将刀叉呈八字形左右分架或交叉摆在餐碟上,刀刃向内,意思是"我还没吃完,请不要把餐具拿走"(图 6-13)。

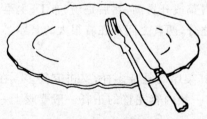

图 6-12 表明用餐完毕

图 6-13 表明尚未用完

5）使用刀叉时注意事项

使用刀叉就餐时,不管采用哪种方式均应注意以下几点：切割食物时,不要弄得叮当作响;切割食物时,应当从左侧开始,由左而右逐步进行;切割食物时,应当双肘下沉,前后移动,切勿左右开弓;每块被切割好的食物,应当不大不小,入口刚刚合适,不可以用餐叉叉起之后一口一口地咬着吃。

2. 匙

西餐就餐时,匙是一种不可缺少的主要餐具。在西餐中有两种匙,一种是汤匙,其形状较大,通常被放在就餐者右侧刀的最外端,并且与餐刀并列排放;另一种是甜品匙,其形状较小,一般被放在吃甜品所使用的刀叉的正上方,并且与之并列。使用汤匙的方法是用右手拇指与食指持汤匙柄,手持汤匙,使其侧起,汤勺朝外侧将汤从盘子中徐徐舀起,不要使汤滴在汤盘外面。甜品匙是用来调饮料的,无论喝什么饮料,用毕应将匙从杯中取出,放入托盘。在使用匙时应注意以下几点。

(1) 除了可以饮汤、用甜品外,决不可以直接去舀取红茶、咖啡以及其他任何主食、菜肴。

(2) 以匙取食时,务必不要过量,一旦入口就要一次用完,不要把一匙的东西反复品尝多次。

(3) 使用餐匙的动作要干净利索,不要在汤、甜品、红茶、咖啡之中不停搅拌。

(4) 已经使用的餐匙不可再次放回原处,也不可将其插入菜肴或是放在汤盘、红茶杯、咖啡杯之中。正确的做法是将其暂放于餐盘之上。有时,将匙柄正对着就餐者,还可以暗示其用餐完毕。

3. 餐巾

西餐里的餐巾除与中餐里的餐巾用途、用法大致相似外,另有一种特殊的作用就是暗示的作用。

(1) 暗示用餐开始。按惯例,享用西餐时,就餐游客均向女主人自觉看齐,当女主人为自己铺上餐巾时,一般等于正式宣布用餐就开始。

(2) 暗示暂时离开。用餐时若需要中途暂时告退,往往不必大张旗鼓地向他人通报,而只要把本人的餐巾置于自己座椅的椅面之上即可。

(3) 暗示用餐结束。当女主人把自己的餐巾放在餐桌之上时,意在宣告此次用餐结束,其他游客见此情景均应自觉地告退。

四、西餐的菜序

西餐的上菜顺序与中餐完全不同。首先是开胃菜或开胃酒,然后是汤、布丁、主菜、色拉、甜品、咖啡或红茶。西餐有正餐和便餐的菜序之分,两者之间存在着很大的差异。

(一) 正餐的菜序

西餐的正餐,尤其是在正式场合所用的正餐,其菜序既复杂多样,又讲究甚多。在大多数情况下西餐正餐的菜序由下列八道程序构成,一顿内容完整的正餐一般要吃上一两个小时。

1. 开胃菜

所谓开胃菜,即用来为进餐者开胃的菜肴。因为在西餐里它最先上桌,所以也称为头盆。在大多数情况下,开胃菜是由蔬菜、水果、海鲜、肉食所组成的拼盘。它多以各种调味汁凉拌而成,色彩悦目,口味宜人。在西餐的正餐里,有时并不将开胃菜列入正式的菜序里。

2. 面包

在西餐正餐里所吃的面包,一般都是切片面包,或是需要时从整个的大面包上切片而食。在吃面包时可根据个人爱好,涂上各种果酱、黄油或奶酪。

3. 汤

西餐中的汤大都是必不可少的,其口感芬芳浓郁,具有很好的开胃作用。按照传统说法,汤是西餐的"开路先锋"。只有开始喝汤时,才算正式开始吃西餐了。常见的汤类有白汤、红汤、清汤等,吃西餐时仅可上一种汤。

4. 主菜

主菜是西餐的核心内容。西餐里的主菜通常有冷有热,但大都应当以热菜作为主角。在比较正规的西餐上,一般都要上一份冷盘和两份热菜。在上桌的两份热菜中,往往还讲究一份是鱼菜,另一份是肉菜,有时还会添加上一份海味菜。在西餐的主菜里,肉菜被用来代表本次用餐的档次与水平。

5. 点心

吃过主菜后,一般要上一些诸如蛋糕、饼干、土司、馅饼、三明治之类的小点心,使那些还没有吃饱的人借以填满自己的肚子,已经吃饱的人可以不吃点心。

6. 甜品

甜品会紧接着点心上桌。最为常见的甜品有布丁、冰淇淋等。在西餐正餐上,甜点被视为一道例菜,因此应尽可能地加以品尝。

7. 果品

甜点之后为果品,用餐者在力所能及的情况下可酌情享用干、鲜果品。常用的干果有核桃、榛子、腰果、杏仁、开心果等。最常见的鲜果主要有草莓、菠萝、苹果、香蕉、橙子、葡萄等。

8. 热饮

用餐结束之前主人会为用餐者提供热饮,最正规的热饮是红茶或者不加任何东西的黑咖啡。但是,两者只选择其一,不宜同时享用。它们的主要作用都是要帮助消化。西餐的热饮可在餐桌上饮用,也可以换一个地方,到休息厅或者客厅之内饮用。

(二)便餐的菜序

西餐的正餐,多见于宴会或者其他重要的节假日。在一般情况之下,出于经济和时间方面的考虑,人们并不总是要去吃西餐全餐。西餐便餐的标准菜序方便从简,通常很受欢迎,主要由开胃菜、汤、主菜(只供应一份)、甜品、热饮等构成。

单元四　参加宴会的礼仪

一、接受邀请,适度修饰

在西方国家,赴宴举止是否得体,用餐姿态是否规范,历来被认为是衡量一个人文明修养水平的标准之一。虽然随着时代的变迁,餐桌礼仪已由烦琐逐渐趋于简化,但一些基本的礼节规范却依然保存着,成为人们相沿成习的行为标准。

（1）当收到请柬时,应当先了解是参加哪一种类型的宴会,是中式的,还是西式的;是去邀请者家里做客,还是去饭店参加庆典,或是陪同外国代表团等。对于宴会的类型,在请柬上一般都有说明。

（2）宴请一般分为正式和非正式两种,但不论何种宴请,请柬上都印有"敬候回音""如不光临请予回复"的字样。前一种是指被请者无论是否参加宴会都要予以回复;后一种则指被邀请者如不能赴宴才予以回复。按照一般的礼节要求,应在收到请柬后的第一天内回复邀请,如果回复太迟会被视为无礼。

（3）接到邀请后,对能否出席应尽快给出答复,以便主人做出安排,这是最起码的礼节,特别是指定了席位的宴会。现在一般采用电话答复的方式,简单快捷。如能用书信的形式,婉转地说明一下不能出席的理由,则更好。答复对方邀请后,不要随意改动;万一遇到特殊情况不能出席时,尤其是作为主宾,要尽早向主人解释、道歉,甚至亲自登门表示歉意。

（4）出席宴会之前,要核实宴请的时间、地点、是否邀请配偶以及对服饰的要求。出席宴会之前,一般应对仪表进行适度修饰,女士应化妆,男士梳理头发并剃须。衣着要整洁、大方、美观,以便与宴会隆重热烈的气氛相适应。如果是去高档的餐厅,男士要穿着整洁的上衣和皮鞋;女士要穿套装和有跟的鞋子。如果指定穿正式服装的话,男士则必须打领带。

（5）抵达宴请地点之后,先到衣帽间脱下大衣和帽子,然后前往主人迎宾处,主动向主人或其代表问好。如是节庆活动,应表示祝贺,可按当地习惯,赠送花束或花篮;如是参加家宴,可酌情给女主人赠少量鲜花。

二、按时到达,按位入座

（1）按时出席宴会是最基本的礼貌。出席宴请活动时,抵达时间的迟早、逗留时间的长短,在一定程度上反映对主人的尊重,应根据活动的性质和当地习俗来掌握。一般说来,除长者、尊者、女士可出席略晚一些,其他宾客一般均宜提前5分钟或正点到达。

（2）若因特殊情况不能到达或迟些到达,应提前通知主人,以免主人空等;迟到时,应向主人和众人致谦,并说明原因。在进入宴会厅之前先掌握自己的桌次和座位。入座时,注意桌上座席卡是否写有自己的名字,不可随意入座。如果席位没有明确排定,应遵从主人安排,或与其他人彼此谦让,切勿争先恐后、急于就座。如邻座是长者或女士,应主动协助他们先坐下。入座后,坐姿要端正,不可用手托腮或将双臂肘放在桌上,也不要随意翻动菜单,摆弄餐具或餐巾。

（3）入席就座以后,首先要注意自己的姿态:既要坐得端正,又不要显得过于拘谨:椅子不要坐满,只坐2/3的位置,身体轻轻靠在椅背上;双手放于膝部,不得趴在桌沿上,也不宜弄小物件或做理头发等不雅的习惯性动作。

（4）上菜前,将餐巾轻轻展开,放在膝盖上,而不是围在脖颈上或系在胸前。餐巾的用途是防止菜食弄脏衣服,也可用来擦嘴,但决不能用于擦拭餐具。

三、正确取食，友好交谈

坐定后，如已备有茶水可轻轻饮用；就餐过程中如需取食，不要站立起来；对于拿不到的食物，应等转台将食物转到自己面前时再取用，或请别人传递。有时，主人会为游客布菜。游客应尽量食用，对自己不愿吃的食物也应要先放在盘中，以示礼貌。当参加自助餐时，应该排队等候取用食品，不可加塞或逆行取食。要坚持"少吃多跑"的原则，可以多取几次，但不要一次拿得太多，盘子里堆着满满的食物会使人认为你贪得无厌。

宴会是社交场合。在就餐过程中无论是主人还是宾客或陪客，都应与同桌的人交谈，特别是左邻右座，不可只与几位熟人或一两人交谈。若彼此不相识，可自我介绍。谈话要掌握时机，别人讲话时不可搭嘴插话，交谈时音量要小，以保证对方能听见为度，不要影响到邻桌，切忌大声喧哗。话题要视交谈对象而定，应选择一些愉快的话题，避免谈论一些疾病或死亡等不幸话题影响就餐气氛。

四、文明就餐，招呼侍者

宴会开始时，一般由主人先致敬酒词，不管是致正式的敬酒词，还是在普通情况下致敬酒词，均应内容愈短愈好，千万不要长篇大论、喋喋不休、让他人久等。主人致辞时，游客应停止谈话，不可吃东西，要注意倾听。致辞完毕主人招呼后，即可开始进餐。进餐时，要注意举止文雅，吃东西要闭着嘴嚼，不可发出声响；要将食物送进嘴巴，不可伸出舌头去接食物。食物过热时，可稍候再吃，切勿用嘴吹；鱼刺、骨头、菜渣等不可直接外吐，要用餐巾掩嘴，用筷子取出放在碟中。嘴里有食物时不可谈话。剔牙时，要用手或餐巾遮口，不可边走动边剔牙。用餐前，应先将餐巾打开铺在腿上，用餐完毕之后，再将餐巾叠好，放在盘子右侧，不可放在椅子上，也不可叠得方方正正而被误认为未使用过。餐巾只能擦嘴，不能擦面、擦汗等。

在高档餐厅里，游客除了用餐以外，诸如倒酒、整理餐具、捡起掉在地上的物品等事都应让侍者去做。侍者会经常注意游客的需要。若需要服务，可用眼神向他示意或微微把手抬高，侍者会马上过来，切忌高声呼唤。

五、适度饮酒，告辞致谢

作为宾客参加宴请时，应了解对方敬酒的习惯，以便做好必要的准备。敬酒时，主人和主宾先碰杯。饮酒碰杯源自古罗马时代，当时的帝王、贵族常常以观赏奴隶在角斗场决斗为娱乐。在决斗之前，双方要先喝一杯酒。为了怕有人在酒中放毒，两人喝酒前要把自己的酒倒给对方一点，互相掺和一下，证明酒里没毒。然后，双方一饮而尽。这种习俗流传下来，演变成今天宴会上碰杯的礼节。人多时，不一定碰杯，可以同时举杯示意。敬酒可以随时在饮酒的过程中进行，频频举杯会使现场氛围热烈而欢快。饮酒时切忌过量，一般应控制在本人酒量的 2/3 以内，不可因饮酒过量而失言失态。假如因为生活习惯或健康等原因不能饮酒，可以申明不能饮酒的客观原因，主动以其他软饮料代酒，或委托亲友、部下或晚辈代为饮酒等。在谢绝饮酒时，不能在他人为自己斟酒时又躲又藏、乱推酒瓶、敲击杯口、倒扣酒杯，或将自己杯中酒偷偷倒掉或倒入别人杯中——尤其是把自己喝了一点的酒倒入别人杯中,更是不礼貌的。

正式宴会一般吃完水果后,宴会即结束。此时,一般先由主人向主宾示意,请其做好离席准备,然后从座位上站起,这是请全体起立的信号。告辞时,应礼貌地向主人道谢。通常是男宾先向男主人告辞,女宾先向女主人告辞,然后交叉,再与其他人告辞。席间一般不应提前退席;若确实有事需提前退席,应向主人打招呼后轻轻离去,也可事先打招呼到时离去。退席时要有礼貌。退席理由应当尽量不使主人难堪和心中不悦。正式宴会除了在宴会结束告辞时表示谢意之外,还可在2~3天内使用印有"致谢"等字样的名片或便函寄送或亲自送达,以表示感谢。

六、进餐中其他注意事项

(1) 进餐时如自己或者其他人出现小情况(如杯碟掉落等),重要的是不动声色,好像什么都不曾发生一样,以免吸引周围人的注意。

(2) 没有吃过的菜肴,或者食用方法独特的菜肴上席时,不知如何食用不要紧,慢一点动筷,等别人食用时你再依样而为,自然就学会了。

(3) 如遇本人不能吃或不爱吃的菜肴,当接待员上菜或主人夹菜时,不要拒绝,可取少量放在盘内,并说声"谢谢,够了"。对不合口味的菜,切勿显露出厌恶的表情。

(4) 不要面对其他游客张嘴剔牙,剔牙时应该用餐巾或纸巾遮住口,边走边剔牙更是不雅观的行为。

(5) 不可在餐桌前化妆、擤鼻涕、打嗝。进餐时,打嗝是最大的禁忌;万一忍不住打了嗝,应立即向周围的人道歉。

(6) 在社交场合,无论气温多高,也不能当众解开纽扣,敞开外衣。在小型便宴中,如主人请游客宽衣,男宾可脱下外衣,搁在椅背上。

(7) 不可中途退席。如果有重要事情,一定和主人说明情况,表达歉意。

七、席间祝酒注意事项

(1) 宴会进行过程中,敬酒是不可缺少的项目,在重要的宴请活动中还有专门的祝酒仪式。作为与宴者,要事先准备好为何人何事祝酒,何时祝酒等,以便做到心中有数,避免失礼。

(2) 主人和主宾致辞、祝酒时,其他人应暂停进餐和交谈,并注意倾听。

(3) 碰杯时,先在主人和主宾之间进行,人多时可同时举杯示意,不必逐一碰杯。祝酒时,要注意不可交叉碰杯。主宾、主人有时还会到各桌敬酒,遇此情况其他人应起立举杯,碰杯时在餐桌上不要将手伸得太长,男士应当把自己的酒杯举得比女士的酒杯略低些。碰杯时,要目视对方致意。

(4) 宴会上相互敬酒表示友好,也可活跃气氛,但切忌饮酒过量,饮酒过量容易失态,因此在宴会上必须控制自己的酒量。当有人为你斟酒或提议碰杯时,不可随意拒绝,即使不能喝,也应有所表示,以示敬意。

八、席间谈话注意事项

（1）宴会上沉默寡言会使宴会气氛显得沉闷，男女主人应主动引出交谈的话题，促使游客们相互谈论大家都感兴趣的内容，使宴会始终保持愉快的气氛。

（2）不要只同几个熟人或一两个人谈话，邻座如不相识，可先自我介绍。谈话时，应避免高声失态、窃窃私语。

（3）注意不要一边吃食物一边进话，或一边摆弄刀又一边讲话。想说话时，要等吃完嘴里的食物再说。

九、宴会结束注意事项

（1）当绝大部分游客已停止进餐之时，主人把餐具放在桌上，或者从餐桌旁站起来。表明宴会到此为止。只要看到这种信号，宾客即可把自己的餐巾放下，起身离席。

（2）离开餐桌时，不要将座椅拉开就走，而应将椅子再挪回原处。男士应帮助身边的女士移开座椅，再把座椅放回餐桌旁。

（3）一般情况下，贵宾是第一位告辞的人。在分手时，游客要对主人的盛情款待表示感谢，不可吃完抹抹嘴巴就走。离席时，应让身份高者、年长者或女士先走。

（4）有的主人会为每位出席宴会者备有纪念品，当宴会结束主人分发给游客时，游客可略表感谢之意，但不必郑重表示感谢。除主人特别作为纪念品的物件外，游客不能随意带走各种招待用品（糖果、水果、香烟等）。

（5）致谢礼仪。游客离别时，则应对主人的盛情款待表示感谢。在出席私人宴请活动之后，往往致以便函或名片表示感谢。致谢信最好在第二天就发出。根据传统，致谢信要写给女主人。但若男女主人都是你的挚友，则致谢信应写给他们两人。如果女主人是你亲密的朋友，也可以在第二天用电话代替致谢信向她致谢。致谢信通常由妻子代表夫妇俩写出。如果女主人收到一封以夫妇两人名义合写的致谢信，很可能会把这看作是一种特别的礼貌表示而铭记在心。

单元五　宴请服务礼仪

宴会要求气氛热烈隆重、格调高雅，在环境布置、台面设计和菜点选配上，非常讲究贴近宴会的主题；注重菜点的色、香、味、形、器及雕刻拼图等形式；强调接待服务的周到细致、讲究礼仪。整个宴会的成功与否，关键在于服务接待的综合水平，包括服务技能、礼仪规范、语言能力。

宴席中的礼仪礼节，依时间而论，可分为席前礼仪、席间礼仪和席后礼仪；依对象而论，可分为接待者的礼节和赴宴者的礼节。下面从旅游服务行业的角度，根据宴请的程序，主要介绍宴席中接待服务的礼仪。

一、宴会开始前的准备工作

宴会开始前准备工作的方方面面，主要涉及宴请场所的布置、宴会的餐具、摆台以及服务人员的准备工作等。

(一) 宴会厅的布置、宴会气氛的调节与控制

正式宴会和大型宴会的布置应该庄重、大方、设备齐全,可以使用鲜花、盆景等作为点缀,也可以配乐队演奏席间音乐。对宴会场所的设备、服务用具等要一一检查;并根据场地大小及人数等,调整好餐台和座椅的布局,摆上座位卡及菜单。如是大型宴会,应在宴会厅前陈列宴会简图或印制全场席位示意图。同时,整理布置好休息厅、衣帽间等。此外,宴会的成功与否,不仅仅取决于宴会菜品的质量,还取决于宴会厅的布置、装饰是否得体到位,宴会的气氛是否浓烈,游客的情绪是否高昂,主客双方是否在一种亲切、友好的气氛中使友谊得到升华,使情感得以沟通,使关系进一步融洽,使合作的意愿变得更加强烈。所以,宴会的组织者应当重视对宴会厅的布置,重视对宴会气氛的调节与控制宴会气氛的调节,主要指在宴会进行过程中通过采用一些必要的辅助手段来烘托和调节气氛,从而使宴会达到高潮。宴会气氛的调节可运用以下手法。

(1) 色彩的运用。宴会厅的布置,在色彩选择上应尽量选用暖色系列,如红色、橙色、黄色等。置身于暖色系列的进餐环境中,易使赴宴者的情绪饱满开朗,有交流与沟通的欲望,同时暖色调还可以增进人的食欲。

(2) 灯光的调节。在宴会厅里,通过运用灯光的调节来制造和烘托宴会的气氛往往会收到意想不到的效果。灯光调节主要指通过灯光明暗度的变化,或无色光源与有色光源的变幻,来调动和调节进餐者的情绪,以烘托宴会的气氛。如在一次高规格的宴请活动中,当宴会逐渐进入高潮时,宴会厅的灯光突然熄灭。正当游客不知所措时,着装整齐的服务人员手托"火烧冰淇淋",步伐整齐地步入宴会大厅。在一片漆黑的大厅里行走的服务员队伍,宛如一条游动的火龙;当他们向四周的餐桌散开时,又好像繁星点点。这时,音乐声缓,灯光重新点燃,宴会游客在组织者的调动下,仿佛经历了一场梦境,先是一阵沉默,接着爆发出一阵热烈的掌声。

(3) 背景音乐的运用。背景音乐在宴会厅里的运用,往往对调节宴会的气氛起着十分重要的作用。它可以使与宴者在品尝美味佳肴的同时,得到味觉与听觉上的双重享受。轻松而舒缓的音乐,有利于减轻大脑的疲劳,使身心得以放松,从而保持较好的精神状态。当与宴者情绪高涨时,组织者调节宴会气氛就显得得心应手了。宴会厅里背景音乐的选择,应以轻柔舒缓的抒情音乐为主,如钢琴曲、小提琴曲、萨克斯独奏曲、民乐及小曲等。一般而言,快节奏、有强烈震撼力的音乐,不适合用作宴会的背景音乐。

(4) 邀请文艺团体现场助兴。在较高规格的宴请活动中,邀请文艺团体、著名艺术家做现场表演,也是调节宴会气氛的非常行之有效的方法。它不仅可以提高宴会的档次,也使得宴会进行过程中始终保持一种热烈、欢快的气氛。必要时,组织者还可以邀请主宾或重要游客上台即兴表演,将宴会气氛推向高潮。

(二) 宴会的餐具与摆台

摆台是将各种进餐用具按照一定的要求摆放在餐桌上。摆台的基本要求:餐位安排有序,台面设计合理,餐具距离均匀,位置准确,成形美观,图案对正,使用方便。摆台作为宴请活动中必不可少的礼仪程序,它将不同的餐具、酒具及用餐必备的其他器具按一定要

求摆放在席桌上。由于国家及民族的习俗不同,中式和西式的餐具摆台自然有所不同。熟悉餐具摆台的程序要求,这对做好接待服务工作很有必要。

(1) 中式餐具主要由各种规格的条盘、圆盘、汤碗、碟子、饭碗、筷子等组成,酒具多用瓷杯或玻璃杯(容量 50 克以下),多用瓷器餐具。中式主要餐具的摆台如图 6-14 所示。

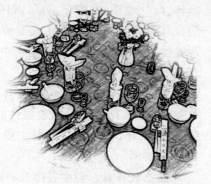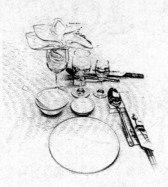

图 6-14　中式主要餐具的摆台

摆台时,餐具一律使用托盘,左手托盘。

① 骨碟定位:骨碟以 10 个一摞,放在托盘上。通常,从主人座位处开始,按顺时针方向依次摆放骨碟,要求碟边距离桌边 1.5~2 厘米,骨碟与骨碟之间距离均匀相等;若碟子印有店徽等图案的,图案要以正面示人(两个公用骨碟)。

② 摆放味碟:位于骨碟正上方的 1 厘米处。

③ 摆放汤碗、汤勺:在骨碟中心点与转盘中心点的连线两侧,左侧摆放小汤碗,汤勺摆放在汤碗中,勺柄朝左,连线右侧摆放味碟,汤碗与味碟之间相距 1~2 厘米,横向直径在一条直线上(两个公勺)。

④ 摆放筷架、长柄汤勺、筷子:在小汤碗与调味碟横向直径右侧延长线处,放筷架、长柄勺、袋装牙签和筷子,勺柄与骨碟相距 3 厘米,筷套离桌边 1.5 厘米,并与骨碟纵向直径平行,袋装牙签与银勺末端平齐。

⑤ 摆放玻璃器皿:在骨碟中心点与转盘中心点的连线上,汤碗和味碟的上方摆放葡萄酒杯,葡萄酒杯的左侧摆放饮料杯,饮料杯与汤碗之间的距离为 1.5 厘米,葡萄酒杯的右侧摆放白酒杯,三杯呈一条直线并左高右低的排列,三杯之间的距离相等为 1~1.5 厘米,三杯横向直径的连线与汤碗与味碟横向直径的连线平行。

⑥ 摆放餐巾花:若是选用杯花,需提前折叠放置杯具内,侧面观赏的餐巾花(如鸟、鱼等)则头部朝右摆放;注意把不同样式、不同高度的餐巾花搭配摆放,主人位上要摆放有高度的花式。

⑦ 摆放公用餐具:在正、副主人杯具的前方,各摆放一个筷架或餐盘,将一副公用筷和汤勺摆放在上面,汤勺在外侧,筷子在内侧,勺柄和筷子尾端向右。

⑧ 摆放宴会菜单、台号、座卡:一般 10 人座放两份菜单,正、副主人餐具一侧各摆放一份,菜单底部距桌边 1 厘米;高级宴会可在每个餐位放一份菜单。

⑨ 摆放装饰物:转台正中摆放插花或其他装饰品,以示摆台的结束。

摆台后,再次检查台面上的餐具有无遗漏、破损,餐具摆放是否符合规范,餐具是否清洁光亮,餐椅是否配齐。

(2)西式餐具种类多样,常见的有刀、叉、匙。仅以匙为例,便有汤匙、咖啡匙、甜点匙、冰茶匙、服务匙等。西式酒具主要有葡萄酒杯、白兰地杯、香槟杯、鸡尾酒杯等。常见的摆台有英美式、法式、国际式三种。无论哪种西餐摆法,其基本规则是垫盘正中,叉左刀右,刀尖向上,刀刃朝内,前横匙,主食在左,饮料在右,其他用具可酌情放置,酒杯数目与上酒种类相等,从右起依次摆放烈性酒杯、葡萄酒杯、香槟酒杯、啤酒杯。西餐主要餐具的摆台如图 6-15 所示。

图 6-15　西餐主要餐具的摆台

① 摆放餐盘。与中餐摆台一样,从主人位开始,按顺时针方向在每个席位正中摆放餐盘;注意店徽等图案摆正,盘边距桌沿 2 厘米,盘与盘之间的距离相等。

② 摆放刀叉。在餐盘的右侧,从左到右依次摆放主餐刀、鱼刀、汤匙、开胃品刀,刀口朝左,匙面向上,刀柄、匙柄距桌沿 2 厘米。在餐盘左侧,从右到左依次摆放主餐叉、鱼叉、开胃品叉,叉面朝上,叉柄距桌沿 2 厘米。鱼刀、鱼叉要向前突出 4 厘米。

③ 摆放水果刀叉(或甜品叉)、甜品匙。在餐盘的正前方,横摆甜品匙,匙柄朝右。在甜品匙的前方,平行摆放水果叉(或甜品叉),叉柄朝左。在水果叉的前方,平行摆放水果刀,刀柄朝右。

④ 摆放面包盘、黄油刀和黄油盘。开胃品叉的左侧摆放面包盘,面包盘中心与餐盘中心在一条线上,盘边距开胃品叉 1.5 厘米,在面包盘上右侧边沿处摆放黄油刀,刀刃朝左。黄油盘摆放在黄油刀尖上方 3 厘米处。

⑤ 摆放玻璃杯具。冰水杯摆放在主餐刀顶端,依次向右摆放红葡萄酒杯、白葡萄酒杯,三杯呈斜直线,与水平线呈 45°角;如果有第四种杯子,则占白葡萄酒杯的位置,白葡萄酒杯顺次向后移动,杯子依然成斜直线,各杯相距 1.5 厘米。

⑥ 摆放餐巾花。将叠好的盘花摆放在餐盘正中,注意主人位上放置有高度的盘花,另外注意式样的搭配。

⑦ 其他。盐瓶、胡椒瓶、牙签筒按四人一套的标准摆放在餐台中线位置上。烟缸从主人右侧摆起,每两人之间放置一个,烟缸的上端与酒具在一条线上。菜单最少每桌摆放 2 张,高级宴会可每座摆放一张。插花或烛台等装饰品摆放在长台的中线上。

摆台结束后,要进行全面检查,发现问题后及时纠正,要达到全台看上去整齐、大方、舒适的效果。

(三)服务人员自身的准备

一要注意明确宴会的性质、规格、人数及形式等,了解来宾的国籍、宗教信仰及生活习俗;二要注意熟悉菜点及特色菜,做好上菜、派菜及介绍特色菜的知识准备,并备好酒水调味品,做好餐具的卫生工作等。

二、席前的迎接工作

席前接待主要有迎接宾、主和引宾入席三项工作。

（1）恭候宾客光临。根据宴会开席时间，服务人员、工作人员应提前在各自的岗位上恭候宾客光临。当宾客到达时，主人热情上前迎接，主动招呼问好；服务人员应面带微笑向游客致意，并协助来宾脱、挂外套、帽子。

（2）按照礼宾次序引导宾客入休息厅。按照"先女宾后男宾、先主宾后一般来客"的顺序，服务人员引宾客进休息厅或会客室。厅内应有身份相应的人员陪同、照料来宾。服务人员接待来宾时，按照不同的生活习俗热情送茶或派酒，或及时递送饮料、递送毛巾，并视情况为吸烟的游客点火。

（3）引宾入席。主人陪同主宾进入宴会厅主桌，接待人员随即引导其他宾客相继入厅，然后拉开座椅，引请宾客入座。

三、席间服务工作

（1）一般正式宴会均有致辞。主宾双方致辞时，服务人员应保持肃静，停止上菜、斟酒等活动，不能发出任何响声；奏国歌时，应肃立，停止走动。致辞完毕通常是祝酒环节，服务人员应在致辞即将结束时，迅速把酒斟足，供主、宾双方祝酒用。

（2）上菜、派菜、分汤的服务次序。按国际惯例，先从男主人右侧的女宾或男主宾开始，接着是男主人，然后由右向左按顺时针方向进行。若宴会规格高，须由两人担任服务工作，其中一人按上述顺序开始，至女主人或第一主人右侧的宾客为止；另一服务人员则从女主人或第二主人开始，依次向右，至前一侍者开始的邻座为止。

（3）大多数宴会上只用一种酒。中式宴会从开始上冷盘即开始饮酒。西式的正宴会，各种酒不是同时上桌，而是上一道菜、换一种酒。上桌的酒水可由服务员斟完再端上来，也可按一定顺序摆放在餐桌上，由服务员或男主人为宾客斟酒。斟酒时，将酒的品牌标识对向宾客，走到游客右侧。

四、席后的整理工作

（1）主人与主宾吃完水果后起立之时，宴会即告结束。服务人员应及时为宾客移开座椅，以方便其离座行走。如来宾需要在会客厅或休息厅叙谈抽烟或休息，可视实际情况为宾客上茶或咖啡、递送毛巾等。

（2）来宾离别时，服务人员及时、准确地将衣帽取递给游客，并主动、热情地协助穿戴。主人把主宾送至门口，主宾离去后，原迎宾人员按顺序排列，与其他游客握手告别。服务人员可视情况目送。

（3）宴会结束时，有的主人为每位来宾备有小纪念品或一朵鲜花；有的外国朋友希望把宴会上的菜单作为纪念品带走或请其他宾客在菜单上签名留念。但除主人特别示意的纪念品外，各种接待用品（诸如糖品、水果、香烟等）不能拿走。服务员收台时，应认真仔细检查；如发现有宾客遗留物品，应及时送还。

讨论案例

致辞时有菜端出

某四星级酒店里,富有浓烈民族特色的贵妃厅里热闹非凡,可以容纳 30 余张圆桌的空间座无虚席,主桌的上方是一条临时张挂的横幅,上书"庆祝×××(集团)公司隆重成立"。今天来此赴宴的都是商界名流,由于人多、品位高,餐厅上自经理下至服务员早就忙坏了。

宴会前 30 分钟,所有服务员均已到位。

宴会开始,一切正常进行。值台员送菜、报菜名、派菜、递毛巾、倒饮料、撤菜盘碟子,秩序井然。按预先的安排,上完"红烧海龟裙"后,主人与主宾要到前面讲话。

只见主人和主宾离开座位,款款走到话筒前,值台员早已接到通知,此时便给每位游客的杯子里斟满了酒水。还有一位长得很英俊的男服务员站在离话筒几步之处,手中托着一只垫有小毛巾的圆盘子,盘子上有两只斟满酒的杯子。主人和主宾简短而热情的讲话很快便告结束,那位男服务员及时递上酒杯。正当宴会厅内所有来宾站起来准备举杯祝酒时,厨房里走出一列服务员,手中端着刚出炉的烤鸭,向各个不同方向走去。主宾不约而同地把视线朝向这支移动的队伍,热烈欢快的场面就此被破坏了,主人不得不再一次提议全体干杯,但气氛已大打折扣。

分析提示

按大型宴会要求,在有人致辞时,除了要做好本案例中已介绍过的那些程序外,还需通知厨房,这期间不能送菜出来,即使菜刚煮好,也应采取措施保温,例如加上盖等。宴会内,不准有人随便走动,也不可讲话或发出其他声音,这样可以显示酒店参加宴会主宾的尊重。在有人讲话时,服务员通常站立两旁,保持端正的姿势,与他人一起聆听讲话。此时的厅内,除话筒里的讲话外,不许有其他的杂音。本例中酒店的服务员总的说来还不错,只是厨房在不应出菜的时间出了菜,因此严重影响了所有出席者对本次宴会的评价。

课堂演练

中西餐座次的排列及就餐礼仪。

实训操作

本实训的主题为宴请礼仪,实训内容及操作要求见表 6-1～表 6-6。

表 6-1　主人礼仪的实训内容及操作要求

实训内容	操作要求
主人礼仪	(1) 在宴请之前,主人要做好充分的宴请准备,包括宴请的对象、形式、请柬、席位安排、现场布置等 (2) 在宴请开始时,主人要热情接待,要在门口迎接游客,主动招呼问候 (3) 对待游客要有礼貌,用敬称称呼游客,用征询和商讨的口气与游客谈话 (4) 创造轻松、愉快、和谐的环境。当游客较多时,主人要善于为他们互相介绍,协调好他们之间的关系,不要冷落一部分游客 (5) 当游客告别时,应主动相送与游客话别,祝游客返家路上平安,欢迎并诚恳邀请游客再来做客

表 6-2　游客礼仪的实训内容及操作要求

实训内容	操 作 要 求
游客礼仪	(1) 当收到请柬时,首先应当了解是参加哪一类型的宴会,是中式还是西式的 (2) 接到宴会邀请,能否出席都应给予回复 (3) 答应邀请后,不宜随意改动;遇到特殊情况不能出席宴会,尤其是主宾缺席,应尽早向主人解释并道歉 (4) 应邀出席宴会前,核实宴请的时间和地点、是否邀请了配偶、有无服装要求等,以免出错 (5) 当宴会结束时,及时向主人表示感谢与道别

表 6-3　入席礼仪的实训内容及操作要求

实训内容	操 作 要 求
入席礼仪	(1) 游客应邀出席宴请活动,应听从主人的安排 (2) 宴会的桌次较多时,应在进入宴会厅前,先了解自己的桌次和座位。入席注意看清桌上的桌签和自己的名字,不要随便乱坐 (3) 如果邻座是长者和妇女,应主动协助她们先坐下,然后自己再坐 (4) 入席就座后,应注意自己的姿态 (5) 上菜前将餐巾轻轻展开,放在膝盖上,而不是围在脖颈上或系在胸前

表 6-4　进餐礼仪的实训内容及操作要求

实训内容	操 作 要 求
进餐礼仪	(1) 入座后主人招呼,即开始进餐。在中国是以男主人为主,西方是以女主人为主 (2) 讲究吃相,吃东西时要文雅,应闭嘴细嚼慢咽,不可狼吞虎咽,不要舔嘴或咂嘴发出声音。如汤、菜太热,待稍凉后再食用,不要用嘴吹 (3) 吃剩的菜、鱼刺、骨头以及用过的餐具、牙签等,都要放入骨盘内,勿吐在桌上 (4) 剔牙时,应用手或餐巾遮住口,不要面对游客张嘴剔牙 (5) 进餐过程,由于不慎而发出声响,可轻轻说声"对不起" (6) 如中途退席,要向主人及周边的人表歉意后再离席 (7) 当主人致辞时,游客应停止用餐,并保持安静

表 6-5　告别礼仪的实训内容及操作要求

实训内容	操 作 要 求
告别礼仪	宴请结束后,男主人将游客送至大门口;游客与主人分手时,应对主人的盛情款待表示感谢

表 6-6　服务礼仪的实训内容及操作要求

实训内容	操 作 要 求
准备	先布置好宴会厅:一要注意明确宴会的性质、规格、人数及形式等,了解来宾的国籍、宗教信仰及生活习俗;二要注意熟悉菜点及特色菜,做好上菜、派菜及介绍特色菜的知识准备,并备好酒水调味品,做好餐具的卫生工作等
摆台	完成中餐、西餐的摆台,了解餐具位置摆放
迎接工作	(1) 恭候宾客光临。服务人员应面带微笑,向游客致意,并协助来宾脱、挂外套、帽子 (2) 按照礼次序引导宾客入休息厅 (3) 引宾入席。主人陪同主宾进入宴会厅主桌,接待人员随即引导其他宾客相继入厅,然后拉开座椅,引请宾客入座

续表

实训内容	操作要求
席间服务	(1) 主宾双方致辞时,服务人员应保持肃静,停止上菜、斟酒等活动,不能发出任何响声;奏国歌时应肃立,停止走动。致辞完毕通常是祝酒环节,服务人员应在致辞行将结束时迅速把酒斟足,供主、宾双方祝酒用 (2) 注意上菜、派菜、分汤的服务次序。以上菜顺序为例。中餐的上菜顺序一般是冷盘、热菜、汤菜,最后上甜食、水果。西餐则是按照开胃菜、面包、汤、各式菜肴、甜点水果、咖啡或红茶的先后顺序依次上桌 (3) 斟酒时,将酒的品牌标识对向游客,走到游客右侧
整理目送	(1) 宴会结束,服务人员应及时为宾客移开座椅,以方便其离座行走。如来宾需要在会客厅或休息厅叙谈抽烟或休息,可视实际情况为宾客上茶或咖啡、递送毛巾等 (2) 来宾离别时,服务人员及时、准确地将衣帽取递给游客,并主动、热情地协助穿戴 (3) 服务员收台时,应认真仔细检查;发现有宾客遗留物品,应及时送还

注意事项如下。

(1) 注意席位的安排。

(2) 中西餐具的正确使用要求。

(3) 宴请的迎送礼仪。

(4) 服务中的细节。

实训地点:模拟中西餐实训室。

实训课时:2 学时。

课外思考

一、单选题

1. 国宴和正式宴会的主要区别在于(　　)。

　　A. 国宴的座次安排按礼宾次序　　　　B. 国宴挂国旗、奏国歌

　　C. 国宴配有背景音乐　　　　　　　　D. 国宴有专人发表祝酒词

2. 小赵的老同学从国外回来,于是小赵约了几个好友相聚就餐,这属于(　　)。

　　A. 国宴　　　　　　B. 正式宴会　　　　C. 便宴　　　　　　D. 家宴

3. 就餐时,如果吃完不再吃了,应该(　　)。

　　A. 将刀叉摆成八字　　　　　　　　　B. 将刀叉放在盘子下面

　　C. 将刀叉并拢放在盘内　　　　　　　D. 双手持刀叉,看别人吃

4. 进餐时吃得热了,要(　　)。

　　A. 忍耐　　　　　　B. 用餐巾猛擦汗　　C. 脱掉外衣　　　　D. 卷起袖子

5. 使用餐巾时,不可以用餐巾来(　　)。

　　A. 擦嘴角的油渍　　B. 擦手上的油渍　　C. 擦拭餐具　　　　D. 什么脏了就擦什么

二、多选题

1. 在自助餐上,你看到了自己最喜欢的食物,你应该选择(　　)。

　　A. 往自己的盘子里多弄,免得过一会儿被别人都吃光了

　　B. 往自己的盘子里少弄一些,注意形象,保持文雅

C. 往自己的盘子里少弄一些,不够的话再加一些

D. 根本不吃,免得狼吞虎咽的丢人

2. 喝咖啡时,要注意(　　)。

　　A. 要慢慢喝　　　　　　　　　　B. 用小勺喝

　　C. 可以放糖和牛奶　　　　　　　D. 大口吞咽

3. 中餐席位的排列顺序原则有(　　)。

　　A. 右高左低　　　　B. 中座为上　　　　C. 面门为上　　　　D. 观景为佳

4. 西餐席位的排列次序是(　　)。

　　A. 右高左低　　　　　　　　　　B. 以女主人的席位为准

　　C. 以男主人的席位为准　　　　　D. 男女交叉

三、判断题

1. 就餐时,若不小心打嗝,要立即向周围的人道歉。　　　　　　　　　　(　　)

2. 参加宴会主要是为了社交应酬,所以在就餐时要一边吃一边说。　　(　　)

3. 西餐用餐时,应左手叉右手刀。　　　　　　　　　　　　　　　　　　(　　)

4. 如果不小心把筷子碰掉在地上,可用餐巾擦干净继续使用。　　　　　(　　)

5. 西餐用餐时,如把餐巾置于自己座椅的椅面上离席,即暗示对服务不满。　(　　)

6. 西餐就餐时若取用刀叉,必须由里往外取用。　　　　　　　　　　　　(　　)

四、简答题

1. 宴会有哪些分类?

2. 宴请前需要做哪些准备工作?

3. 中西餐在宴请座次安排上有何不同?

4. 中西餐进餐过程中有哪些礼仪要求?

模块四　仪式综合礼仪

项目七

旅游商务活动礼仪

项目引入

在现代商品经济和市场经济中,旅游企业的商务活动内容极其丰富,涉及的范围也十分宽广。商务活动中的礼仪知识、形式、程序并不复杂,但要办的形式恰当、程序准确,给人留下深刻、良好的印象,这并非一件易事。如果在具体接待或程序安排中稍有不慎,不但会破坏商务活动的正常进行,还会影响企业的形象。因此,要想使商务活动达到预期目的,从业人员就必须掌握相关的礼仪知识,做好充分准备,有序进行安排。

知识目标

能掌握接待礼宾次序和接待工作的一般程序;能熟悉商务庆典活动程序;能了解推销礼仪与谈判礼仪;能了解会议的组织程序和参加会议礼仪。

技能目标

具有接待服务能力,能够按照礼宾次序开展接待工作,参加商务活动时能做到举止得体,高效开展会议服务。

单元一 商务接待礼仪

商务接待是各类旅游组织对外交往过程中常见的工作内容,它既能体现一个组织的管理水平,又能给游客留下良好的第一印象。虽然各类接待工作中的接待对象、接待时间、接待地点各不相同,但接待程序和礼仪却大致相同。要做好接待工作,就应妥善制订接待计划,安排接待程序,遵循接待礼仪,在接待过程中体现热情、周到、礼貌,让游客有受到尊重的感觉,从而更好地树立组织的良好形象,增进友谊,加强合作。

一、商务接待礼仪的特殊性

商务接待礼仪与一般交往礼仪有着许多相同的地方,同时也具有一定的特殊性,其特殊性主要表现在以下几个方面。

(一)性别与等级

在商务接待中,等级观念较重,而男女性别观念很淡漠,等级是根据个人在工作单位的职务(而不是社会地位)而定的。在处理上下级关系时,对待上级,在有来访者或顾客在场的情况下,无论如何不要提出反对意见;对待下级,则应以礼相待和尊重;对待同级,更应保持良好的关系。此时,人们的尊卑定位主要取决于级别,而非性别。在一般社交活动中,男士在女士进屋时要站起来,在就餐时帮助其就座,并在她离开时为她开门。但在商务接待中,女性下级和男性上级在一起时,男士却不必这样。同时,在商务接待中,职业女性也更愿意受到和其他男性一样的礼遇,尤其是级别较高的女性更愿意其他人像对待一位男性上级一样对待她。

(二)介绍

商务接待中的介绍与一般社交场合的介绍也有所不同。在主客双方之间,应先把主方的成员介绍给客方;在身份等级差别的个体之间,要先介绍身份等级高的人或长者,再依"身份从高至低、年龄由长而少"的原则逐一介绍其他人。

(三)馈赠

在商务交往过程中,礼品的馈赠除表示增进友谊和联络感情的愿望之外,更主要的是表示对合作成功的祝贺以及为能再度顺利合作所做的促进。所以在馈赠时,除了一般馈赠应讲究的礼仪之外,还应根据游客及双方合作的具体情况,注意所送礼物的价值及送礼的时机等问题。

二、商务接待的礼宾次序

礼宾次序是指对参加社交活动的国家、团体、个人按照一定的国际礼则和惯例进行排列的先后次序。礼宾次序体现了接待方对被接待方所给予的礼遇。为体现接待方对宾客的礼貌和尊重,接待方在接待工作中必须遵守接待礼宾的次序。

(一)位次的排列

位次是座位本身的尊卑排序。一般情况下,以右为大、为长、为尊;以左为小、为次、为偏;前为尊,后为次。如:两人并坐,右为尊;三人并坐,中为尊,右为次,左为再次。主席台的位次排列,一般应按照台上就座者职务的高低排列,以职务最高者居中,然后根据"先左后右"的原则向两边排开(国际惯例以右为尊,国际交往中一般以右为上,坐在右面的为高职位者,而在国内政务交往中往往采用中国的传统做法以左为尊)。如果在主席台就座的人员是单数,那么最高职位者居中间,其他按先左后右排列;如果在主席台就座的是双数,那么职位排在1、2位的居中间,然后按"先左后右"的顺序排列,以保持两边人数的均衡。主席台的座次方案要送有关领导审定后再行安排。

(二)位次对象的排序

位次本身是固定的,但位次的对象却会随着活动内容的不同而有所变动。在重要的礼仪场合,位次对象的排定一般有以下三种方法。

1.按身份与职务的高低顺序排列

这是礼宾次序排列中最主要的排列方法。在一般的官方活动中,通常是按身份与职位的高低,由高职到低职顺序进行排列。至于参加者的真实身份和职务,一般以得到确认的材料或对方提供的正式通知为依据。对于不同组织间由于部门设置不同造成的同一称谓职务高低不尽相同的情况,应先排清级别再进行安排,不能凭主观印象或单凭参加者自己的"填报",否则可能会出现差错,从而造成不良影响。

2. 按字母或笔画顺序排列

多边活动的各方或参加者不便按身份与职务的高低排列的,可采用按字母顺序或笔画顺序排列的方法。这是一种在大型活动中经常采用的可以使参加者人人平等的排序方法。按字母顺序排列,就是将所有参加活动的组织或个人的英文名称的第一个字母按英文的 26 个字母的顺序进行排列,如 China 排在 Japan 之前,Beijing 排在 Shanghai 之前;Pat 排在 Tom 之前。如果第一个字母相同,则依第二个字母;第二个字母相同,则依第三个字母,以此类推。在联合国召开联合国大会的席次也按英文字母排列,但为了避免一些国家总是占据前排席位,因此每年抽签一次,决定本年度大会席位的开始字母以便体现各国平等。如果参加活动的都是中国人,一般是按照汉字的笔画顺序排列。一般以组织或个人姓名的第一个字为准,笔画少的排前面,笔画多的排后面。如"丁"字两划,"王"字四划,"丁"字应排在"王"字前面。假如笔画相同,可按照"一 丨 丿 乀 、 乛 乚"的笔画先后排列,如"李"字与"肖""张"三字均为七划,"李"字的第一笔是横,而"肖"字的第一笔是竖,"张"字第一笔是横折,因此"李"字排在"肖"字之前,"张"字排在"肖"字之后。第一笔的笔画相同,可按第二笔,以此类推。假如两个姓的笔画相同,笔顺又相同,则按字形结构排列,先左右结构,后上下结构,再整体结构。应该注意的是:同姓的两字名排在三字名之前,如"王军"应排在"王大军"之前。

3. 按通知或抵达的时间先后排列

这种排列方法多见于对团体的排次。常有按派遣方通知代表团组成的日期先后排列,按代表团抵达活动地点的时间先后排列,按派遣方决定应邀派遣代表团参加活动的答复时间的先后排列三种排法。

以上三种排列方法并不是相互排斥的,多数情况下,这三种排列方法经常交叉结合使用。在安排礼宾次序时,还应考虑组织之间的关系、活动的性质和内容、参加者对活动的贡献大小以及参加者的社会威望和资历等。如身份级别相同的,就团体排位而言,按通知和抵达时间的先后确定;就个人而言,要把威望高的排在前面。

三、商务接待的迎送规格

确定商务接待的迎送规格,主要依据来访者的身份和访问目的,同时应考虑主客关系、各方关系平衡和接待惯例(对以前接待过的游客,接待规格最好参照上一次的标准),通常有以下三种情况。

(一)对等接待

对等接待是指接待方的最高职位者与来宾的最高职位者平级,同时双方主管的业务对口。这是接待工作中经常采用的接待规格。

(二)高格接待

高格接待是指接待方的最高职位者比来宾的最高职位者职位高。高格接待表明接待方对来宾的重视与友好,以下情况需要高格接待:上级领导派工作人员到基层了解情况时;接待方非常重视的组织和来宾来访时,同时当对方的来访事关重大或主人一方非常希望发展与对方的关系时,往往用高格接待。

（三）低格接待

低格接待是指接待方的最高职位者比来宾的最高职位者职位低的接待。如上级领导或主管部门领导到基层视察时，一般使用低格接待。另外，如应对等出面接待的组织最高领导出差或生病时，只能采用低格接待；但遇到这类情况时，应主动向游客解释和道歉。

四、商务接待程序

（一）制订接待计划

接到来宾来访的信息后，要及时了解来宾来访的目的，并事先掌握来宾的基本情况，如：来宾单位的全称、业务范围、发展态势，来宾的人数、姓名、性别、身份、民族（国籍）、宗教信仰；以及来宾的爱好、性格、特长等。然后，制订接待计划，考虑接待预算经费，对接待的形式、内容等制定出切实可行的规划和具体安排。一般情况下，制订的接待计划主要包括以下内容。

1. 确定接待规格

接待的规格应大体遵循对等接待的原则，但也应考虑游客的身份、访问的目的以及双方的关系，然后综合平衡，确定恰当的接待规格。如果在安排接待时，由于各种原因（如正职不在或身体不适）不能进行对等接待时，可灵活变通，由副职出面接待，但一定要向游客进行解释，以免产生误会。

2. 安排接待日程

接到接待游客的工作任务后，要尽可能详细地了解游客的基本情况，弄清楚其来访目的，以及到达的日期、时间和地点。然后，细致周密地安排接待日程，并报请有关领导审定。游客到达后，应及时告知接待日程安排，并及时了解游客对日程安排的意见。日程安排包括从游客到达后至游客返回前的所有活动安排，主要包括安排迎接、拜会、宴请、会谈、参观、游览、送行等事宜。日程安排既要注意时间上的紧凑，又应考虑让游客劳逸结合。

3. 做好生活安排

根据游客的职务、性别、习俗、宗教等特点，安排好游客的住宿、饮食、游览、娱乐活动以及就医保健工作，并协助安排游客在当地的私人拜会活动，让宾客"高兴而来，满意而回"。

4. 落实交通工具

游客如自备有交通工具时，应协助做好服务工作，尽量提供便利条件。如无交通工具，一定要做好游客用车及接待工作用车的准备，并保障游客来访期间所用车辆的相对固定。组织好游客的游览、娱乐和体育活动，提前做好返程车、船、机票的预订工作。

5. 确定接待人员

接待计划中还有一项重要的工作就是接待人员的选拔。接待人员的素质和接待服务水平直接关系到接待工作的成功与否。通常，应选择那些仪表端庄、服务周到、经验丰富的工作人员来担当接待任务。接待人员确定后，要进行明确分工，并进行相应培训。

（二）征求来宾意见

接待日程安排完毕之后，可以事先用电话、传真和电子邮箱的方式征求来宾的意见，也可在来宾到达后征求意见。只要不违反本单位规定和利益，应尽量尊重来宾的意见，对日程及接待计划进行调整。但对于实在难以办到的要求,应及时礼貌地解释清楚。

(三)各部门沟通协调实施接待计划

将征求来宾意见后确定的日程安排及接待计划报请领导审定后,接待部门应及时与接待计划中涉及的其他部门进行沟通协调,告知各方接待的时间、内容、地点、人员等,对接待计划予以实施。在接待工作进行当中,可能会出现如天气原因、突发事件等,不能按原计划进行时,应根据实际情况及时调整,灵活实施。

五、商务接待礼仪原则和要求

在接待工作中,每一位接待人员都代表着组织的形象,其仪表形象、言谈举止都影响着宾客的情绪。

(一)接待的原则

1. 热情诚恳

热情诚恳是接待工作的出发点。热情的笑脸,诚恳的话语,会使游客如沐春风,备感亲切。

2. 讲究礼仪

接待工作是一项重要的交际活动,应讲究礼仪,礼貌待人。接待礼仪主要包括以下几个方面:仪表方面,要面容清洁、衣着得体、和蔼可亲;举止方面,要稳重端庄、态度和蔼、从容大方;言语方面,要声音适度、语气温和、礼貌文雅。

3. 细致周到

接待工作的内容具体而琐碎,涉及众多的部门和人员。要想把工作做得面面俱到、细致入微、有条不紊、善始善终,必须一丝不苟地做好每一件事。

4. 平等相待

在接待工作中,来访的宾客有职位高低之分或有贫富地区的差异。对待这些不同身份、不同职位、不同国籍的游客,应一视同仁,平等相待,不能厚此薄彼,"嫌贫爱富"。

5. 厉行节约

从某种意义讲,接待工作是一项消费活动,需要人力、物力、财力的投入。在接待工作中,还应奉行节俭的原则,不搞铺张浪费和形式主义。

6. 保守秘密

在做好接待工作的同时,接待人员应做到照章办事,保守秘密;如涉及国家机密、组织商业秘密等,应注意分寸,严守机密。

(二)接待的要求

热情周到、讲究礼仪是对每一位接待人员的基本要求,具体应做到亲切迎客、热忱待客、礼貌送客。

1. 亲切迎客

游客到来时,应立即放下手中的工作,面带微笑,热情而亲切地问候对方"您好!"或"您好,欢迎光临!"然后,对来访者提出的问题礼貌地进行解答,并根据其要求为其办理相关手续或通知相关部门。

来访的宾客一般有两类：提前预约或没有预约。对于预约游客，接待人员在其来访之前，一定要有所准备，事先记准对方的姓名、职位；当其来访时，应礼貌而恰当地称谓对方，并热情地为其服务，或引领到会议室，或向上司请示。对预约游客迎接的地点也有两种情况：一种是组织负责人在单位或宾馆等候，派副职或办公室人员到机场、车站迎接。另一种是组织负责人为表示对游客的重视亲自到机场或车站迎接。

对于没有预约的游客，接待人员也应热情友好，根据情况灵活处理。如果其要求在正常工作程序之内，可直接为其办理；如果需要上司接待，应及时联络上司是否愿意或是否有时间接待。假如上司正在开会或正在会客，并同意见客，可请游客稍等。如果上司没时间接待，接待人员应礼貌地向宾客解释，并请其另约时间。

对上司不能或不愿接待的突然来访者，接待人员应代为挡驾，应对方式一般有以下两种方式。

(1) 请示上司可否派人代理接见游客。如果上司同意派人代理，你可以告诉游客："对不起，总经理正在主持一个重要会议，我请负责这项工作的副总经理和你谈，好吗？"

(2) 以既热情又坚定的态度告知上司确实无法接待来访者，"对不起，总经理外出不在。""对不起，总经理今天没有时间。"

在接待工作过程中，接待人员应注意使用恰当的称谓和问候礼节，注意使用文明礼貌用语，如"您好""对不起""请问你有什么事情？""请您稍等"等。

2. 热忱待客

在接待工作中，接待人员应"视宾客如上帝"，从语言、表情到动作都应热情礼貌，让宾客有一种"宾至如归"的感觉。

在为来访者引路时，应配合对方的步幅，在游客左侧前方一米处引导，身体稍微侧向来访者，可一边走一边向来访者介绍环境。要转弯或上楼梯时，要以手示意，让对方明白下一步的方向。

到达办公室或会议室前，应礼貌地说："这是办公室（会议室），请进！"并正确开门。如果门是向外开的，用右手按住门，让游客先进入；如果门是向内开的，应自己先进入，转身面向游客，用一只手按住门，再用另一只手做出"请"的动作，请宾客进入。

游客进门后，应把游客让到合适的座位上。如果是会议桌旁的座位，应把游客让在面对门的一面就座；如果是沙发，应把游客让到面对门的长沙发上就座；如果只有两只单人沙发，那么应把游客让到右边的沙发就座。游客就座后，应为游客送上茶水。

3. 礼貌送客

"迎三送七"是迎送游客的基本要求。当游客提出告辞时，应热诚挽留对方。游客告辞时，从言语上应表达"再见"的愿望，然后等游客起身后自己再站起。自己先站起，并在游客之前走出门外，这种做法是很不礼貌的。主人应以慢半拍的节奏来表示行动上对游客的挽留。送客时，要把游客送出大门以示对对方的礼貌和尊重。

当游客带有较多或较重的物品，送客时应帮游客代提重物。与游客在门口、电梯口或汽车旁告别时，要与游客握手，目送游客上车或离开，不能急于返回；应挥手致意，目送游客远去之后再返回。对于重要的游客，应将其送到机场或车站；如果组织负责人工作忙，可请副职代替送到机场或车站。

单元二　商务庆典仪式

商务庆典礼仪是商务活动中礼节和仪式的总称,是一些社会组织及团体为了扩大知名度、提高美誉度、围绕重大事件而举行的庆祝活动仪式。一般来讲,商务庆典仪式中的礼仪都是互相效仿、约定俗成的。作为旅游服务接待企业人员,应熟悉和掌握商务庆典礼仪内容,严格按照礼仪规范与惯例的程序服务,才能赢得活动举办方的认可,树立本企业良好的企业形象。

一、准备阶段

(一)确定嘉宾名单发出邀请

组织庆典活动,一方面是为了扩大社会影响,展示组织良好形象;另一方面也是借机进行沟通,广结良缘,为日后的发展打下坚实的基础。所以,在确定嘉宾名单时,应进行认真全面地考虑。一般邀请的对象包括:与组织有关的政府领导、行政上级、知名人士、社区公众代表、同行业代表、新闻媒介人士、组织内部领导和员工等。

参加庆典的嘉宾名单确定后,应于庆典活动之前的一周之内发出请柬,在请柬中写明活动事由、方式、时间、地点等。活动前三天,应电话核实嘉宾是否收到请柬,并在电话中再次发出邀请。对于重要宾客,应在庆典活动举办的前一天电话核实其是否前来。

(二)选定致辞人员并事先通知

根据实际情况和来宾的身份、地位,事先确定并经领导审定嘉宾中致贺词的人员和本单位致答谢词的人员,并事先通知其做好准备。

(三)制定活动程序

针对不同的庆典活动内容,按照庆典活动礼仪要求制定活动的程序,并通知相关人员以便做好各项准备工作,如音响的调试(在活动开始之前,应把麦克风及功放等设备调试好,以避免活动开始后,麦克风发出"吱吱"的噪声而影响活动的正常进行。音响的连线尽量放在地毯下面,或者整理整齐,避免绊倒他人)以及新闻媒体记者的邀请等。

(四)场地的布置

庆典活动的场地有室内、室外之分。开业典礼、剪彩仪式一般在室外进行。签字仪式在室内进行。为了使活动场地显得热烈而隆重,应悬挂庆典会标以及庆祝或欢迎的标语条幅,来宾站立处和剪彩处应铺设红地毯,会场两边可放置来宾赠送的花篮,四周可悬挂彩球和彩带。

(五)参加人员的安排和接待事宜

在庆典活动开始之前,应事先安排签到、接待、摄影、摄像、扩音等有关工作人员。入场、签到、留言等活动都要有专人指示和领位。

(六)贵宾留言册和礼品的准备

准备数本红色缎面高级留言册和毛笔、碳素笔等放在来宾签到处,以备来宾签字留言。为了加深庆典活动留给人们的印象,可以准备一些能够突出组织形象的纪念品,如印有组织名称和标志的产品模型、手提袋等小礼品,在庆典活动结束后送发给参加人员,使庆典活动产生持久的传播效果。

二、庆典仪式

(一)签字仪式

(1)双方参加签字仪式的级别、人数应大致相当。除双方谈判代表外,有时还要请各自的上级领导参加仪式。除非双方都要求第三方作为见证人参加签署,否则,一般不邀他人参加仪式。

(2)筹备签字仪式时,应做好待签的合同文本的翻译、校对、印刷、装订等事务性与技术性的工作。待签的合同文本应以精美的白纸印制而成,按大八开的规格,装订成册,并以高档质料,如真皮、金属、软木等作为其封面。同时,要备好签字桌椅以及签字笔、吸墨器等签字时所用的文具、国旗等必要物品。

(3)要以庄重、整洁、清净的原则布置好签字厅。签字厅有常设专用的,也有临时以会议厅、会客室来代替的。一间标准的签字厅,应当在室内满铺地毯,除了必要的签字用桌椅外,其他一切的陈设都不需要。

(4)签字台桌的设置和座席的安排,必须按礼宾规矩进行,一般有三种情况:第一种情况,是签字大厅内设置长条台桌,台桌下根据需要设座席,可两席,也可多席。主座在左,客座在右。座前的台桌上放置各自的谈判文本,并分别设置备用签字的文具。在涉外谈判签字仪式时,台桌中央还要设置所在国国旗,以示庄重和象征意义。签字仪式的参加者按主宾各方,并依其身份顺序分站于己方签字人的身后,如图7-1(a)所示。第二种情况,是签字大厅内设置长条台桌为签字桌,参加签字仪式人员落座于签字桌前方两边,双方所在国国旗挂在签字人的后面,如图7-1(b)所示。第三种情况,是签字大厅内设两张或多张台桌为谈判签字桌,主座桌在左,客座桌在右,双方签字人各坐一桌,小国旗分别悬挂在各自的签字桌上。参签人员按主客各在一边,并依其身份顺序分坐于己方签字人对面,如图7-1(c)所示。

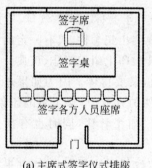

(a)主席式签字仪式排座

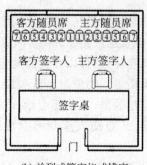

(b)并列式签字仪式排座

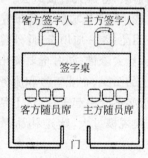

(c)相对式签字仪式排座

图7-1　签字仪式排座

(5)按照规定,在出席签字仪式时,签字人、助签人以及随员应当穿着具有礼服性质的深色西装套装、中山装套装或西装套裙,并且配以白衬衫与深色皮鞋。男士必须系上深色领带,以示正规。在签字仪式上露面的礼仪人员、接待人员,可以穿自己的工作服,或是旗袍式的礼仪服装。

（6）有关各方人员进入签字厅，在既定的位次上坐好。签字者按照"主居左、客居右"的位次入座，对方其他陪同人员分主客两方以各自职位、身份高低为序，自左向右（客方）或自右向左（主方）排列站于各签字人之后，或坐在己方签字者的对面。签字时，双方一般都陪有助签人员，各方助签人员应站于己方主签人外侧，协助翻揭文本，指明签字处，并为已经签署的文件，吸墨防洇。

（7）签字人签署文本通常的做法是，先签署己方保存的合同文本，然后由助签人互换文本，在对方保存的文本上落签，这一做法在礼仪上称为"轮换制"，它的含义是在位次排列上轮流使双方有机会居于首位一次，以显示机会均等，双方平等。签字后由双方签字人正式交换已经双方正式签署的文本，交换后签字人应热烈握手，互致祝贺，并相互交换自己方才使用过的签字笔，以示纪念，这时全场人员应鼓掌表示祝贺。

（8）签字仪式完毕后，通常礼宾小姐会用托盘端上香槟酒，有关人员，尤其是签字人当场干杯以增添喜庆色彩；另外，还可举办其他必要的庆祝活动，如摄像留念、记者招待会、会餐、互赠礼品等。接着，请双方最高领导者及客方先退场，然后东道主再退场。

（二）开业庆典仪式

开业庆典是指在单位开业、项目落成、某一建筑物正式起用、某工程正式开始之际，为了表示庆贺和纪念而按照一定程序隆重举行的仪式。开业庆典仪式一般包括开幕仪式、奠基仪式、开工仪式、落成仪式、下水仪式和开通仪式。开业庆典仪式应能提高组织的知名度和美誉度，塑造良好的组织形象，吸引社会各界对组织的重视与关心，筹备和举行开业仪式应始终按照"热烈、隆重、节约、缜密"的原则进行。

（1）开业庆典之前，必须运用传播媒介，广泛刊登广告，以引起广大公众的注意；应以请柬的方式邀请上级领导、知名人士、各职能部门的负责人或代表，以及关系密切的团体、事业单位、个人及新闻媒介方面的人士参加。请柬要精美、大方，形状和大小可根据请柬的内容而定。请柬写好后，应放入信封内，提前2周邮寄给有关单位和个人。对于重要人物的请柬，应派人直接送去。

（2）开业庆典的现场布置应能起到烘托气氛的作用。对于会标、彩带、气球、鞭炮等喜庆用品，要一应俱全；此外，应慎重选择纪念礼品。礼品要突出纪念性，具有一定的纪念意义，让人珍惜，同时也要突出其宣传性，可以在礼品的包装上印上组织标志、庆典开业日期、产品图案、企业口号和服务承诺等。物质准备既要隆重，又要得体。因为如果过于简单，势必不会引起重视，达不到宣传效果，甚至还会给人以匆匆开业、草草了事的印象；如果庆典规模过大，赠送礼品昂贵，又会使人感到哗众取宠、铺张奢侈，同时也有损企业形象。

（3）在开业庆典前，应拟好开幕词、致答词的提纲，确定致贺词的宾客名单，并提出相应的要求。开幕词、贺词、答谢词等均应言简意明，热情庄重，起到密切感情，增进友谊的目的，同时还要安排好摄影、录音、录像的工作。

（4）开业庆典仪式的现场可以是正门之外的广场，也可以是正门之内的大厅。在现场应悬挂开业仪式的会标、庆祝或欢迎词语等。由于开业仪式是站立举行的，所以要在来宾站立处铺设红色地毯，以示尊敬和庄重。来宾赠送的花篮、镜匾等，一定要摆放或者悬挂在适当的显著位置,以示尊重。

(5) 宾客到来之前,要安排好负责人和迎宾人员在规定的位置上恭候来宾光临;对重要来宾的接待,应有组织负责人亲自完成。要安排专门的接待室,接待室要求茶杯洁净,茶几上放置烟灰缸,如不允许吸烟,应用礼貌标语标牌放置在接待室中,提示来宾;要准备好来宾的签到处,准备贵宾留言簿,最好是红色或金色锦缎面高级留言册。为了便于来宾了解组织的情况,可以印刷一些材料,内容包括:庆典活动的内容、意义,来宾名单和致辞,组织经营项目和政策等。

(6) 开业庆典开始时,主持人应介绍重要来宾,然后由组织负责人首先向来宾简短致辞,向来宾及祝贺单位表示感谢,并简要介绍本企业的经营特色或本工程建设意义等;接着,可请上级领导和来宾代表致辞祝贺。为了增强气氛,在宣布开业庆典正式开始时,可以请乐队奏乐或播放节奏明快的乐曲,在非限制燃放鞭炮的地区可燃放鞭炮庆贺。

(7) 开业庆典完毕后,主人可引导来宾到进行参观,并征询来客意见,以融洽与来宾的关系。此外,还可以请来宾到会议室进行简短座谈,请来宾在留言簿上签字、合影留念等。

(三) 剪彩仪式

工程项目的奠基、竣工,纪念物的落成,商店开业,展览会开幕等,都常举行剪彩仪式。

剪彩仪式据说起源于美国中部的一个小城。有一家商店即将开业。为了表示商店尚未开业、不能进入,老板就用一条彩色纸带拦在了门口。不料,老板的小女儿和她的小狗从里面跑出来,小狗从彩带下边钻了过去,跟着小狗跑的女孩不小心撞断了彩带。店外的顾客便以为这家商店开业了,纷纷涌了进来,老板虽然弄了个措手不及,也只好将错就错地开业了。但之后,这家小店的生意一直很兴隆,人们便认为是店主的女儿撞断彩带带来了好运。于是,人们便纷纷仿效这种做法,形成了剪彩仪式。剪彩仪式的礼仪规范和运作主要有以下几点。

(1) 剪彩仪式的准备工作,与开业庆典准备工作的内容大致相同,所不同的是要注意对剪彩者的特别邀请和对礼仪小姐的训练。剪彩者一般是上级领导、主管部门负责人或者某一方面的知名人士,因此应当郑重邀请。邀请时,可由主办单位领导亲自出面邀请,也可委派代表专程前往邀请。若是邀请几位剪彩者同时剪彩,要事先征得每位剪彩者的同意,以表示对剪彩者的尊重。

(2) 剪彩礼仪小姐是剪彩时扯彩带、递剪刀、接彩球的服务人员,是剪彩仪式中的重要角色,其仪容、仪表、仪态要文雅、大方、庄重、优美。剪彩礼仪小姐确定后,要经过必要的分工和演练。此外,还要准备好彩带、剪刀、托盘等用品和适当的纪念品。

(3) 剪彩会场一般选在展览会、展销会门口;如果是新建设施、新安装设备竣工、启用,剪彩会场一般都安排在新设施、新设备前面空地处。会标上要写出"××剪彩典礼",或者"××剪彩大会"等字样;会场四周可插彩旗,悬挂气球。座席一般只安排剪彩者和来宾座位,本企业主要领导和部门负责人陪坐。座席两旁可摆放花篮、花盆,座席前方由剪彩礼仪小姐扯起彩带。

(4) 仪式的主持人在宣布剪彩仪式开始后,应鼓掌向与会者表示谢意。如有必要,还应向到会者介绍一下参加剪彩仪式的领导、负责人与知名人士,并同时向他们表示谢意。

剪彩仪式应安排简短的发言。发言人一般是举办展览会、展销会、新设施、新设备单位的主要负责人。发言内容主要是介绍此次展览会、展销会的目的、宗旨或者新设施、新设备建成安装投入使用后的意义,并对有关筹备、筹建过程进行简要汇报,对有关协助、支持的单位和个人表示谢意,请与会者参观指导、多提建议等。主人发言后,也可根据情况,安排来宾作祝贺发言。祝贺发言结束后,即宣布进行剪彩。

(5) 剪彩时,剪彩者应起立,稳步向彩带走去;多位剪彩者时,应让中间主剪者稍在前走,其他剪彩者紧随其后,向自己应处的剪彩位置走去。彩带一般用红绸制作,剪彩者主要是主宾和主人。剪彩前,要准备好剪刀和托盘,由礼仪小姐拉好彩带,端好托盘;待正式剪彩时,剪彩者用剪刀将彩带上的花朵剪下,放在托盘里。剪彩时,主席台上的人员一般要在剪彩者之后 1~2 米处。

(6) 作为剪彩者,应注意仪容服饰。剪彩者是剪彩仪式的中心人物,其仪容服饰,不仅关系到剪彩者本人的形象,还关系到仪式的效果。因此,剪彩者应仪容整洁,服饰端庄、挺括,以求给人一种精干和文明的好印象。

(7) 剪彩者应注意使自己保持一种稳重的姿态,走向剪彩的绸带时,要步履稳健、面带微笑。当礼仪小姐用托盘呈上剪彩用的剪刀时,可用微笑来表示谢意。然后,聚精会神地把彩带一刀剪断。如果有几位剪彩者,处在外端的剪彩者应用眼睛余光注视中间的剪彩者的动作,力争同时剪断彩带;同时,还应注意与礼仪小姐配合,使彩球落于托盘内。剪彩完毕后,剪彩者应转身向四周的人们鼓掌致意,并与主人进行礼节性的谈话,但忌无休止的高谈阔论或纵情谈笑。

(8) 剪彩仪式结束后,一般应组织参观或聚会。展览会、展销会应由举办单位主要负责人陪同参观;新设施、新设备可正式启用,向来宾介绍性能、优点等。剪彩仪式结束后,可根据实际情况向来宾赠送纪念性礼品或组织小型座谈会,以表达主人的谢意。

剪彩仪式是工程项目奠基开工、竣工交接,各种展览会、博览会、交易会开幕时的一项重要的礼仪仪式,但不是唯一的方式。比如,工程开工仪式,可以由领导人铲土奠基或植树纪念。现场还可以准备签名簿,请领导人和来宾题词或签名留念。再如,纪念物揭幕仪式,可由领导人象征性地拉开幕帘或揭去覆盖物。一些组织机构的建筑物开始使用,也可以请领导人揭去组织机构牌匾上的彩绸。对于规模较小的展览会等,则可视情况只举行简单的开幕式,请有关方面的负责人或社会知名人士出席参观,由主办人陪同讲解,准备留言簿供来宾签名留念即可。

单元三 商务谈判与推销礼仪

谈判与推销是旅游企业常见的商务活动,其礼仪规范也是旅游从业人员在相关工作中必须遵守的。

一、商务谈判礼仪

(一)商务谈判前的准备

(1) 在双方谈判之前,要就谈判议程进行周密的安排,对"谈什么,何时谈,何地谈,如何谈,希望达到什么目的"都要进行计划和准备,以免在礼仪上有不周之处。例如,谈判地点的安排不同,对礼仪要求就不尽相同。如谈判地点选择在己方进行,作为东道主必须注重礼貌待客,邀请、迎送、接待、谈判的组织等必须符合礼仪要求;如谈判地点选择在谈判对手所在地,就必须入境随俗,了解当地的风俗人情,并要审时度势,灵活反应,争取主动。对安排好的谈判约定,必须以信义为本,守时、守约;如遇到特殊情况不能如约前往,必须用礼貌的方式事先致歉。

（2）在谈判时要注意座位安排。一般谈判以圆桌或长桌为宜,双方人员各自在桌子的一边就座。如谈判桌为圆形,则谈判者依次围坐,辅助谈判人员分坐主谈人两边,如图 7-2（a）所示;如谈判桌为长桌,则双方主谈人分居长桌两侧中间（客方居右,主方居左）,副手或翻译坐在主谈人员右边的第一个座位,其他辅助谈判人员以职位高低为序依次而坐,如图 7-2（b）所示。对于小规模的谈判,可不放谈判桌,在室内摆放几把沙发或圈椅,按"以右为尊"的原则,客右主左,就座即谈,也可以交叉而坐,以增添合作、轻松、友好的气氛。

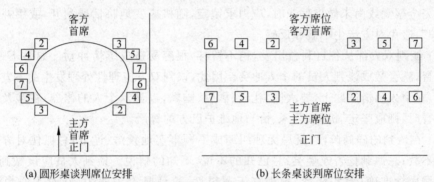

(a) 圆形桌谈判席位安排　　　　　(b) 长条桌谈判席位安排

图 7-2　谈判席位安排

（3）参加谈判者在衣着打扮上要讲究服饰大方,以表示对谈判的重视和准备的充分,同时也可以通过服饰来表现自己的文明、气质与风度,树立良好的第一印象,增强自信心。

（4）要善于与对方交朋友,了解对方不同的个性和爱好。特别要了解和尊重对方的风俗、习惯,注意国家间礼俗和习惯上的不同,避免触及对方的禁忌(包括对方国家或地区的政治、宗教方面的问题)。双方见面后,可略作寒暄,进入正题之前,宜谈些轻松的话题,如旅途经历、季节气候、文体表演、各自爱好或以往合作经历等;但开头的寒暄不宜太长,以免冲淡谈判气氛。

（二）谈判过程中需注意的礼仪

（1）在谈判过程中要注重礼仪,仪表高雅,谈吐轻松自如,举止文雅大方,谦虚有礼,不可拘谨慌张。谈判人员自始至终都应注意自己的一举一动,尤其是在谈判的交锋阶段更应注重体态举止礼仪,否则极易引起误解。例如,双臂交叉于胸前,往往表示防备、疑惑的心理;揉眼睛、捏鼻子、向后仰靠在椅背上,则表示不信任、有抵触或不愿继续谈等。

（2）在谈判中要态度诚恳,无论涉及什么问题,开诚布公、坦诚相见,这是谈判的基本礼仪。谈判双方各自代表本方的利益,担负着不同的使命,在相关的问题上存在分歧和矛盾是十分正常的。双方应心平气和、头脑冷静地进行磋商;同时,注意从对方的立场上回顾己方的要求和条件,寻求彼此都能接受的解决办法并作出适当幅度的让步,以"求大同、存小异"的理念达到谈判的目的。

(3)谈判人员在谈判过程中要注意语言的规范性和灵活性,用语要清晰易懂,口语要尽可能标准,注意使用文明礼貌用语,体现自身的职业道德和商业形象。无论谈判中出现什么情况,都不能使用粗鲁、污秽的语言或攻击性的语言。谈判时,应该注意抑扬顿挫、轻重缓急,避免吐舌挤眼、语句不断、嗓音微弱或大吼大叫。在谈判中,言语不可过多、过滥,应多听取别人的意见,以表示尊重。切记,不可自以为是,不顾别人的存在和感受滔滔不绝。

(4)在谈判中要尊重和谅解对方,尤其是在发现对方失言或有语病时,不要当场加以纠正,更不要表示惊讶;如有必要作出某种表示,可在事后,根据双方关系的疏密程度酌情处理。若发现自己在谈判过程中失言或失态,最可靠的办法是立即向对方道歉,不要力求自圆其说,否则会顾此失彼、漏洞百出,闹出更多的笑话。若失言或失态仅为自我觉察,对方尚未完全察觉或尚未做出反应时,应力求镇定,随机应变地将话题岔开,或用补充说明作"掩护",避免对方产生不满和反感。

(5)谈判双方都从各自利益出发,稍不留神,很容易造成感情冲动。如果不顾礼仪,失去理智,就会酿成谈判人员的个人冲突。因此,谈判双方应理性处理发生的不友好性突发事件,在个人感情问题上,要大度、礼让、洒脱、幽默,以显示个人的修养;在涉及集体立场或荣誉时,则应坚定、机警、艺术、恰当地维护己方的尊严。

(6)在谈判的磋商阶段,最忌无理纠缠或不顾事实地狡辩、诡辩;忌抓住对方的偶尔口误而不放;忌讽刺挖苦或嘲笑;忌已知的不说,不知的瞎说。谈判人员应该做到:对辩论的问题概念准确、事实清楚,推理富于逻辑性,论证具有说服力,让对手心悦诚服地接受。

(7)在谈判中,双方的想法和要求与实际情况差距较大,或差距不算很大但都各持己见形成僵局时,要用礼貌和灵活的方式打破僵局。常用的方式有:先避开僵持不下的问题不谈,留作以后再商谈;或插几句幽默诙谐的谈话,使双方轻松一笑,缓和一下气氛,松弛一下神经,再愉快地进行谈判。对于大型谈判,东道主可以提议暂时休会或休息一下,组织双方人员共同去游览观光或搞些其他文化娱乐活动等,或者在"业余"活动中商谈,或者待情绪转换过来后再坐下来谈等。

(8)"礼让三分"是谈判的基本准则。谈判者应善于用礼仪来调节谈判中的竞争关系,把握不同的谈判对象及其好恶特点,在磋商中加以注意,不能伤和气、失礼节,不能挫伤对方的自尊心,不能失去对方信任。双方的交锋,应对事不对人。在使用谈判技巧时,技巧不能与谈判礼仪相违背。在谈判结束时,即使谈判破裂,也不能有无礼之举。

二、商务推销礼仪

(一)推销前的准备

(1)在旅游产品推销的过程中,推销人员要想顺利地将商品推销出去,首先应取得顾客的好感,获得顾客的信任。这时,其推销访问的第一印象就显得极为重要,其仪表仪容、姿态举止所表现出来的推销形象将为以后的推销奠定良好的基础,使推销工作更加有效。

(2)着装是推销人员树立良好推销形象的重要工具。推销人员应根据推销的具体时间、地点、场合进行确定服装,其总的原则是:既不过分华丽,又要十分潇洒。一般推销人员应该穿西装或轻便西装,服装的式样和颜色应尽量保持大方稳重,不要佩戴代表个人身份或宗教信仰的饰物,最好不要穿流行服装,不要戴太阳镜或变色镜,要让顾客看见推销人员的眼睛,使顾客相信其言行,尽可能不要脱去上装,以维护推销人员的权威和威严。

(3)约见顾客时,如果约见时间由推销人员来决定,则应多替顾客考虑,如被约见者的作息时间、活动规律、家庭条件、交通状况等,尽量选择天气晴朗和对方心情舒畅的时间进行。约见的地点要选择顾客比较熟悉、安全、无其他干扰、离其单位较近、接待条件良好的场所。无论使用电话约见,还是信函约见,都要注意其必要的礼仪。在约见顾客时,推销人员一定要准时赴约,绝不可失约。

(二)推销过程中的礼仪

(1)在与顾客交往的过程中,要保持亲切的微笑,以体现友好、善良、自信的态度。同时,端庄的姿态和自信的步伐能够说明推销人员的愉快和能干;懒散、拖拉则表示一种“我不在乎我在做什么”的态度,即使穿着精致讲究的服装,也会无法得到顾客的信任。

(2)当与顾客初次见面时,顾客对于推销有着拒绝的本能。这种心态造成了顾客的紧张情绪,也使顾客与推销员产生隔阂。为消除顾客的紧张情绪,推销人员在向顾客建议购买时,要首先从言谈举止中寻找与顾客的共同点,如:共同的嗜好甚至是读过相同的小说、看过相同的体育比赛等。然后,再以这些共同点为开端,慢慢地向顾客接近。在此过程中,应避免以其为特定的销售对象,应该叙述他人的例子,同时还要强调“所提供的不仅是商品,也是一份关心,会给对方带来方便或利益”。以此消除顾客的紧张情绪,使其心情放松,进而愿意与你进行商谈。推销人员在与顾客接近时,很容易遭到顾客的拒绝,造成推销员强烈的挫折感。为了避免因认同感受到伤害而痛苦,推销员必须意志坚强,努力提高自身的心理素质,寻找共同点,缩短与顾客的心理距离,以接近顾客。

(3)初次见面时,要注意与顾客的说话技巧,要根据不同顾客的特点决定说话的内容与方式。有些人的好奇心特别强,喜欢吸收各种最新的消息;有些人对利益极为敏感;还有些人则喜欢与人聊聊自己的兴趣。因此,要根据不同类型的人,选择适当的话题。这样,既可消除对方的紧张情绪,又可营造良好的氛围,以便让对方顺利地接受商谈的内容。在与对方交谈时,必须特别认真倾听对方的话,以示对对方的尊重。

(4)被拒绝在推销过程中是不可避免的。面对拒绝,推销人员应用心平气和、从容不迫的良好礼仪来面对。无论遭到何种方式的拒绝,都保持原有姿态,面带微笑,目光正视顾客,说声“谢谢”,然后彬彬有礼地告辞。推销员也要不断总结各种拒绝的理由和方式,准备日后的对策。

(5)说话是推销人员工作中的重要组成部分。推销员谈话时,必须有一种吸引人的魅力,才能打动和说服顾客。因此,在与顾客交谈时,首先要特别注意表情,要面带微笑,表现出开朗、令人信赖的柔和表情;其次要注意姿态,讲究体态的一举一动,配合谈话的内容,达到吸引顾客注意的目的;最后还要充分运用语言技巧,发挥音量、声调、语速和停顿的作用,使自己的语言具有感染力。

（6）推销员应学会运用合理的理由及能打动顾客感情的语言，来增强其购买欲。顾客的心理是多变而捉摸不定的，当其面临任何抉择，都会不同程度地产生犹豫不决、迷惑的心理，此时便是推销人员进行说服顾客的最好时机。这时，推销人员最好不要瞪大眼睛凝视对方；否则，对方必将视线移开，从而使将要产生的购买欲望烟消云散。推销人员应适时地提出适当的忠告、帮助及诱导，以温和的表情、言谈，一步一步地将对方拉进自己的销售程序里来。

（7）在推销过程中，难免会有顾客提出这样或那样的要求，甚至对被推销的商品及推销员提出不同看法或反对意见。此时，推销人员应尊重顾客，认真倾听顾客异议的内容，仔细分析产生异议的原因，弄清顾客的真正需要。推销人员不能一遇到顾客有异议，就满脸不悦、急躁厌烦，甚至认为是无事生非。推销人员应尽量避免与顾客辩论，绝对不允许和顾客争吵；要寻求双方的一致之处，对不太重要的事宜多表示赞同之意；要利用各种事实，将顾客的想法引导到自己的意见上，使顾客异议处理工作顺利进行。

（三）推销结束后的礼仪

（1）在推销结束时应保持正确的成交态度。推销人员应准确把握成交的尺度，既不过分激动，也不乞求顾客；要保持自然的、不卑不亢、不慌不忙的成交态度，心理上不自卑，神态上不紧张，语速、语调适中，动作不紧不慢、沉着有力，以良好的礼仪形象来坚定顾客购买的决心，达成最终的成交。

（2）当推销结束后，顾客到公司来访问时，一定要做好接待工作。接待室的布置要优雅，可以摆放一些花卉、盆景、字画等，同时还要体现公司的风格。顾客来访，要热情欢迎，注意请坐、沏茶和敬烟等细节。对于远道而来的游客，应提前到车站迎候，并提前安排好食宿，给予生活上的关心照顾。在接待中，要自始至终体现热情周到。谈话时，其他人员不要围观、不要乱插嘴，更不能轻视和取笑顾客，以避免引起顾客的不愉快。对顾客的要求，要尽量给予满足，实在解决不了的也要解释清楚，切忌盲目答应或置之不理。顾客购买商品时，要认真介绍商品的性能、使用注意事项，并协助办理一切手续。顾客离开时，要礼貌相送，必要时要派人送上车。

单元四　会议礼仪

会议是人们为了解决某个共同的问题而有组织的会晤、议事的行为或过程，它既有礼仪性又具有实质性。会议作为人们从事各项工作的一种重要手段和方法，其应用范围十分广泛，因此作为会议的组织者、参加者、服务者，掌握会议礼仪都是十分必要的。

一、会议的主要种类

会议的类型多种多样，根据不同的标准，可以分为以下几种。

（1）按会议性质分类：可分为决策性会议和非决策性会议。决策性会议是指拥有立法权或决策权的领导机关或领导层为了制定和颁布法律、法规、政策，或就某些重大问题进行商讨、表决的会议。这类会议主要是研究决定本地区、本部门重大问题，因而是各类会议中最重要的会议。决策性会议包括代表性会议（如各级党代会、人代会、工代会、职代会等)和领导办公会议。非决策性会议是指不产生需要贯彻执行的政策、法律及法规的会议。除决策性会议外,其他各类会议都可以称为非决策性会议。

(2)按召开时间分类:可分为定期会议和不定期会议两类。

(3)按会议议题分类:可分为专业性会议、专题性会议、综合性会议等。

(4)按参加人数规模大小分类:可分为特大型会议(万人以上)、大型会议(千人以上)、中型会议(数百人以上)、小型会议(数十人或数人)。

(5)按会议形式分类:可分为常规会议、广播会议、电话会议、电视会议、网络会议等。

(6)按与会者的国籍及议题的范围分类:可分为国内会议和国际会议等。

二、会议的组织程序

会议的准备及组织,要根据会议的性质、目的、经费预算、参加人员以及预定出席人数来决定。一般组织程序为:会议通知→会场选择→会场布置→会议的准备→会议记录→会议的善后工作等。

(一)会议通知

根据会议内容、性质与需要,选定参加会议的人员名单。参加会议人数的多少,应根据会议内容和会议预期效果、场地条件而定。为深入探讨一些问题而开的会议,与会人数可少些。调查情况、纪念及宣传性的会议,与会人数可多些。举行会议前,原则上要以文字形式进行会议通知;如果邀请外单位人员参加,还要把请对方答复的回执或信函一并发出。在会议通知书上,要写明以下事项:会议名称;会议召开以及结束的预定时间;会议场所(附导向图)和电话号码;会议的议题;参加会议要求;对方回复是否出席的期限;主办者及其联络地址;会议有无停车场和其他事项(如有无会议资料、有无食宿安排等)。

(二)会场选择

选择会场时,首先要考虑与会人数,安排适当宽敞些的地方为好。另外,选定会场时,还要考虑以下因素:地点对与会者来说交通是否方便;会场能否保证必需的使用时间;会场是否有噪声;是否能够保证发言者需要的多媒体设备;会场的照明、空调设备是否完好;是否能够保证必需数量的停车位和食宿要求;会场租用费用是否超过预算;会场是否符合与会者的身份、等级;其他必要的设备是否齐全等。

(三)会场布置

会议开始前,应根据会议的性质、目的、人数、会场的大小等情况布置会场。会场布置应显得庄严隆重、艺术,会标要醒目、准确;会场的多媒体设备、桌椅、茶具都要一一落实。

(1)座位安排。座位安排最好适合会议的整体风格和气氛,主要有以下几种配置方法。

圆形——使用圆桌或椭圆形桌子(图7-3)。这种布置使与会者同领导者一起围桌而坐,可以消除不平等的

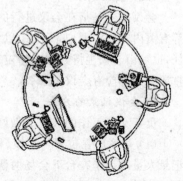

图 7-3 圆桌会议

感觉。另外,与会者能清楚地看到其他人的面容,有利于互相交换意见。这种形式适用于10人左右的会议。

口字形——用长或方桌围成一个很大的口字形(图7-4)。这种形式比圆桌更适用于较多人数的会议。

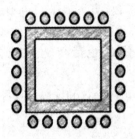

图7-4　口字形会议

I字形、V字形——把桌子摆成I字形,可以使与会者更清楚地看到会议主持人及其后面的黑板。而将桌子排成V字形,更适用于在会议上放映幻灯或录像片的需要。

教室形——把会议布置得如同教室,与会者彼此不熟悉的情况下,使每个与会者面向讲台一排排就座,会议主持人和上级领导坐在讲台一侧。这种形式适用于以传达报告情况为目的,有很多人参加的会议。

(2)参加者的位置。会议参加者应安排在最容易看到会议主持人的位置上。会议主持台的对面墙壁上最好悬挂一个醒目的挂钟,会议记录人可另外使用一张小桌子。另外,在与会者彼此不熟悉的情况下,应在每个与会者的面前摆放名签,以便相互了解、结识。

(四)会议的准备

(1)资料准备。对于有关会议议题的必要资料,应由会议的组织者提前准备,如大会报告、发言材料等。文字资料应使阅读者一目了然。在资料数量较大、需要在会议上作出相关决策时,至少应在会议一周前将资料发送给与会人员。

(2)注意合理安排会议日程,适当安排一些娱乐体育活动,以减轻与会人员的疲劳,活跃会议气氛。

(3)落实好会议人员返回的车票、机票,力争将食宿费等尽早结算清楚。

(五)会议记录

会议记录是指在会议进行的同时,用书面文字的形式将会议的基本情况、议题、决议等有关内容如实地记录下来,以备事后查考的材料。会议记录一般由工作人员或秘书担任,也可由会议主持人临时指定。会议记录是会议现场情况的真实写照,一般会议特别是重要会议都应有会议记录。

1. 会议记录的方法

负责文秘工作的人员应做好会议记录工作,会场记录时要注意以下几个方面。

(1)注意所在位置。规模、种类不同的会议,记录人员的座位也不相同。一般来说,记录人员应该坐在台下会场两侧,能听清发言内容,观察会场全貌的位置上;不能靠得太前,喧宾夺主;也不能太靠后,影响记录。召开例行工作会议、办公会议时,记录人员要坐在旁边,不能盲目乱坐。

(2)记录时注意力要集中。记录人员必须精力高度集中,对发言人的原话,要注意听清、记准、记全。记录时,可将会场气氛记录下来,比如欢迎、鼓掌、笑声等。切忌残缺不全,断章取义,马马虎虎,或记录人误解发言人本意而主观发挥。

(3)记录内容要详细。会议名称、时间、地点、参加人、主持人、发言人、会议内容、形成的决议都要记录下来。同时,要注意格式和先后顺序,字迹要清楚、美观、大方。

(4)传递会议消息。大中型会议期间,为了交流情况、传递信息,记录人员要在会议进行期间迅速及时撰写简报、快报;会议结束后,一般要缩写、印发会议纪要。上述稿件印发前,记录人员要主动送交有关领导、主管部门审批,通过后方能印发。

2. 会议记录的内容

会议记录上应记录会议名称、开会时间、会议地点、出席人、列席人及主持人和记录人等七项内容。如出席人较多时,可只写出席人数。列席人是指没有选举权和表决权的非正式代表。记录内容主要包括主持人的讲话、会议报告、代表们的发言、讲座的问题及会议决议等。记录的简繁程度,应视会议性质等具体情况而定。正式的会议记录,最后要由主持和记录人签名,并写上记录日期。

会议纪要是择要记述会议情况、议程和会议基本精神、决议内容的一种书面材料。纪要以记录为基础提炼加工而成,它既可以作为纪实性材料保存,也可以作为报告性材料上报,还可以作为正式文件下发。纪要的写作要将记录的口头语转化为书面语,使文件条理化、理论化,突出中心和要点。

(六)会议的善后工作

会议结束以后,负责组织会议的人员要有礼貌地将与会者送出会场。另外,还要做好以下善后工作。

(1)收回所有应该收回的会议资料,撤去会场上布置的会标等宣传品,把会议上使用的多媒体等各种设施整理好。然后,认真打扫,使会场恢复原状(要特别注意防火,把烟头集中起来扔到容器里)。

(2)把与会者存放的物品准确无误地还给本人;如果发现会场有遗失物品,要妥善保管并同失主联系。

(3)如果在会议结束后还有宴会,要为游客做好引导。

(4)向会场的主人归还借用的会议室及物品,并致谢意。

(5)会议结束后,要对会议的各类文件材料做好善后工作,需发简报或文件的应从速拟发。各类记录、发言稿、原始材料等,应立案存档。

三、参加会议的礼仪

无论什么类型的会议,要想取得良好的效果,参加会议的各类人员都应讲究礼仪,这是会议取得成功的重要保证。

(一)参会者基本礼仪

在会议举行的整个过程中,所有参加会议的人员都应遵守以下礼仪。

（1）守时。在参加会议时，一般要比规定的会议时间提早五六分钟进入会场，不要迟到，迟到会被视为是对本次会议或是对会议主持人以及其他与会者的轻视与不尊重。如确有特殊原因迟到的，应向主持人及与会者点头致歉。

（2）仪表。与会人员衣着应以正式服装为主，穿着不可过于随便。如果是户外会议，应事先询问主办单位是否可着休闲装。

（3）举止。参加会议时，坐姿应端正，不可东倒西歪或趴在桌子上；不要挠头、掏耳、挖鼻、剔牙、剪指甲，甚至把脚从鞋里抽出来；若室内无烟灰缸，表示不能抽烟。

（4）在会议开始前，可主动向左右邻座的人问候，并且进行自我介绍。

（5）会议进行期间，与会人员应认真倾听报告或发言，择要做好记录。在会议开始前，应将手机予以关闭或调至振动挡。开会过程中，应注意不要出现诸如闲聊、看书报、摆弄小玩意儿、抽烟、吃零食、打瞌睡、频频看表或随意进出会场等不文明行为。

（6）在大型会议上的发言，准备要充分，态度要谦虚。发言开始时，要向听众欠身致意。发言的内容要求，做到中心突出，材料翔实，感情真实，语言生动；力戒自我宣传，自我推销，更不能有对听众不尊重的语言动作和表情。发言者要严格遵守会议组织者规定的时间。发言结束后，要向听众致谢，并欠身施礼。如参加小型的座谈会、研讨会，发言要简练，观点要明确，讨论问题，态度要友好，不要随便打断别人的发言。对不同意见，应求同存异，以理服人；不要嘲讽挖苦，人身攻击。

（7）会议结束后，与会人员要按顺序离开会场，不要拥挤和横冲直撞。

（二）主持人的礼仪

各种会议的主持人，一般由一定职位的人来担任，其礼仪表现对会议能否圆满成功有着重要的影响。

（1）主持人应衣着整洁，大方庄重，精神饱满；切忌不修边幅，邋里邋遢。主持人走上主席台时，步伐应稳健有力，行走的速度因会议的性质而定。

（2）站立主持时，应双腿并拢，腰背挺直。持稿时，右手持稿的底中部，左手五指并拢自然下垂。双手持稿时，应与胸齐平。坐姿主持时，应身体挺直，双臂自然前伸，两手轻放于桌沿。主持过程中，切忌出现搔头、揉眼、抱腿等不雅动作。

（3）主持人言谈时，应思维敏捷，口齿清楚，简明扼要。

（4）主持人应根据会议性质来调节会议气氛，或庄重，或幽默，或沉稳，或活泼。

（5）主持人对会场上的熟人不能打招呼，更不能寒暄闲谈，在会议开始前或会议休息时可点头、微笑致意。

（三）主席台就座者礼仪

主席台就座者进入主席台时，应井然有序；若此时参加会议者鼓掌致意，主席台就座者也应该微笑着鼓掌回应；如座位上或主席台上已摆好名签，应按照会议工作人员的引导准确入座。会议进行中，主席台就座者应该认真倾听发言人发言，一般不要再与其他就座者交头接耳，更不能擅自离席；确有重要和紧急的事情需提前离开会场时，应同主持人打招呼，最好征得其同意后再离席。只要走上主席台，就要关闭手机或设置成振动模式，不能再接打手机。

（四）会议发言人的礼仪

会议发言有正式发言和自由发言两种，前者一般是领导报告，后者一般是讨论发言。正式发言者应衣冠整齐地走上主席台，应步态自然，刚劲有力，体现出一种成竹在胸、自信自强的风度与气质。发言时，应思路清晰，口齿伶俐，讲究逻辑，简明扼要。如果是书面发言，要时常抬头扫视一下会场，不能旁若无人、只顾低着头读稿。发言完毕，应对听众的倾听表示谢意。

自由发言则较随意，但也应注意以下几个方面：发言者应讲究顺序和秩序，不能争抢发言；发言应简短，观点应明确；与他人有分歧时，应以理服人，态度平和，听从主持人的指挥，不能只顾自己。如果有会议参加者对发言人提问，应礼貌作答；对不能回答的问题，应机智而礼貌地说明理由；对提问人的批评和意见应认真听取，即使提问者的批评是错误的，也不应失态。

（五）来宾礼仪

对会议邀请的来宾来说，应遵守"客随主便"的习俗，听从会议组织者的安排，做到举止端庄、行为有度。交谈时要照顾到来宾中的每个人，不能因为自己是来宾就不遵守会场纪律，也不能有"高人一等"的表现。

讨论案例 1

某酒店副总经理李洪刚到机场迎接所属管理公司检查团一行，接到游客后，李总安排检查团团长张总监坐小车。当他拉开后排右门时，张总监却执意要坐到司机旁边的位置，几番争让后，张总监很不情愿地坐在了后排右座，一路无话。看出张总监一脸的不高兴，李副总非常尴尬，心想：后排右座是上座，我是按礼宾次序安排的，他为什么不高兴呢？

分析提示

在接待游客时，一定要按照接待礼仪的规范去做，体现主动、热情、礼貌；但在某些时候还应灵活掌握，尽量尊重游客的非原则性的选择。比如，乘坐轿车时确实有些人喜欢前排视野好、空间大，喜欢坐前排。遇到这样的情况，接待人员可以灵活处理，不必非让游客再移动，只需提醒游客系好安全带即可。

讨论案例 2

送客的佳话

在迎来送往方面，周总理非常注意细节。在刚解放时，毛主席邀请宋庆龄从上海到北京参加政协会议，会议结束后，宋庆龄准备返回上海。周总理到前门火车站为她送行，周总理恭敬地把宋庆龄送上火车，然后站立在正对车窗的月台上。火车开动了，周总理就跟着车子走；车开得快了点儿，周总理就急步走；再快一点儿，周总理就小跑。火车越开越快，周总理一直跑到月台的尽头，仍在向宋副主席挥手。直到看不到了，周总理才离开车站。这让宋庆龄和在场的人都非常感动。后来，她终于答应搬到北京居住。

分析提示

周总理的欢送礼仪展示的不仅仅是细节，更展示了国家领导人对宋庆龄的尊重、真诚。在接待礼仪中,热情、真诚、尊重、主动从来不是一句空话,而是要融于自己的具体实践中,用实际行动展示出来。

课堂演练

使用媒体网络演示各种庆典活动及大、中、小型会议的召开,注意其程序及礼仪规范。

实训操作

1. 剪彩仪式礼仪

实训内容及操作要求见表7-1。

表7-1　剪彩仪式礼仪的实训内容及操作要求

实训内容	操作要求
签到	准确安排来宾签到,对VIP游客请其留言
接待	来宾签到后,准确引到相应的地点休息,并介绍给主办方的领导
典礼开始	主持人宣布典礼开始,音响奏乐,准确介绍主席台上的嘉宾及到场的来宾
致辞	贺词、答谢词都应言简意赅、庄重热烈
剪彩	奏乐,在剪彩前介绍剪彩者。剪彩者面带微笑、落落大方;把彩带一刀两断;剪彩完毕,剪彩者转身向四周的人鼓掌致意。待剪彩者退场后,礼仪小姐列队由右侧退场
参观	组织来宾参观有序,组织形象宣传到位
纪念品颁发	纪念品送发给所有的来宾

注意事项如下。

(1)将学生分为接待方和来宾,扮演不同级别的角色。事前通知学生,并做好各项剪彩准备,如所需场地、剪彩物资。

(2)迎接游客时,服饰要整洁、大方、明快,与主题相协调。

(3)由级别相当的人员对口迎客,特别是对特邀前来的领导人、社会名流、新闻工作者、外宾等应专程迎接,专门陪伴。

(4)要为在场的人逐一介绍。

实训地点:教室或校园内某一空地。

实训课时:2学时。

2. 签字仪式礼仪

实训内容及操作要求见表7-2。

表7-2　签字仪式礼仪的实训内容及操作要求

实训内容	操作要求
布置好签字厅	签字厅的布置庄重、整洁、清净,符合礼仪规范
安排好签字时的座次	签署合同时,签字各方代表的座次排定合乎礼仪程序
预备好待签的协议文本	待签文本是正式的、不再进行任何更改的标准文本,装订成册,涉外协议语言使用规范

续表

实 训 内 容	操 作 要 求
签字仪式开始	签字者按照主居左,客居右的位置入座,双方其他陪同人员按礼宾次序就位。双方助签人分别站在己方签字者的外侧,协助翻揭文本,指明签字处,并为已签署的文件吸墨防洇
签字人签署文本	签字人先签署己方保存的协议文本,后签署他方保存的协议文本
交换协议文本	双方签字人正式交换已经由有关各方正式签署的文本,交换后各方签字人热烈握手,互致祝贺,并相互交换各自才使用过的签字笔以示纪念。此时,全场人员鼓掌表示祝贺
共同举杯庆贺	交换协议文本后,礼宾小姐端上红酒或香槟酒,有关人员尤其是签字人当场干杯以示祝贺
按顺序退场	请双方最高领导者及客方先退场,然后东道主再退场

注意事项如下。

(1) 将学生分为谈判签字的主客方,并扮演不同的级别角色。双方参加签字仪式的级别、人数应大致相当。

(2) 签字台桌的设置和座席的安排,必须按礼宾规矩进行。

(3) 按照规定,签字人、助签人以及随员在出席签字仪式时,应当穿着具有礼服性质的深色西装套装、中山装套装或西装套裙,并且配以白衬衫与深色皮鞋。男士必须系上深色领带,以示正规。

(4) 签字仪式完毕后,请双方最高领导者及客方先退场,然后东道主再退场。

实训地点:教室或会议室。

实训课时:2学时。

课外思考

一、多选题

1. 礼宾次序的排列方法有(　　)。

　　A. 按照身份与职务高低排列

　　B. 按字母顺序排列

　　C. 按通知代表团组成的日期先后排列

　　D. 按关系好坏排列

2. 剪彩仪式要求的东西有(　　)。

　　A. 红绸带　　　　　B. 剪刀　　　　　C. 白手套　　　　　D. 托盘

3. 旅游产品推销者应该(　　)。

　　A. 以赚钱为目的　　　　　　　　B. 如果顾客有异议,要严词反驳

　　C. 说出合理的理由,打动顾客　　　D. 保持态度的亲切

4. 下列有关剪彩仪式的准备工作,说法错误的是(　　)。

　　A. 环境要干净、整洁

　　B. 为了取得更好的宣传效果,人数越多越好

　　C. 剪彩的工具要准备妥当

D. 要确定好剪彩人员

二、判断题

1. 剪彩时,应该聚精会神,把彩带一刀剪断。　　　　　　　　　　　（　　　）

2. 谈判时,要不惜一切代价地压倒对方。　　　　　　　　　　　　　（　　　）

3. 庆典礼仪的效果和请来的人员的名气和人数相关,因此要多找名人来。（　　　）

4. 签署双边合同时,应请客方签字人在签字桌左侧就座。　　　　　　（　　　）

三、简答题

1. 制订商务接待计划时一般应包括哪些内容?

2. 在庆典活动准备阶段,应做好哪些工作?

3. 举行签字仪式时,应注意哪些礼宾次序?

4. 不同的与会人员应注意哪些礼仪?

旅游涉外礼仪

项目引入

随着国际交往的更加深入,来我国进行商务、旅游活动的外国游客越来越多。由于企业商务往来需要,我国的出国人员也越加增多。在和外国人接触时由于文化传统、风俗习惯等方面的差异,各国的礼仪都具有本民族和本土文化的特色,因此应当遵守有关国际交往的惯例,以免使自己陷入尴尬的境地,甚至在交往中寸步难行。

涉外礼仪是指在国际交往活动中,用以维护自身和本国形象,并向外宾表示尊重、友好、谦让、礼貌的各种礼节、仪式及其惯用形式。它是在长期的国际交往中逐步形成的,是国际通用的礼仪规范。

我们在涉外交往中既要维护本国的利益和尊严,又要尊重他国的利益和尊严。"外事无小事。"在参与涉外活动时,每一个人都应意识到:自己的一举一动、一言一行,都代表着国家和民族。在涉外活动中,一定要注重个人的礼仪。根据不同场合,确定接待形式和规格,严格遵循礼宾次序,提供热情周到的服务。涉外人员应仪容整洁,仪表大方,熟悉各国各民族风俗习惯,言行举止符合礼仪要求。涉外迎送、交谈拜访、会见、会谈、参加各种活动时都应符合相应的礼仪规范。

知识目标

能理解涉外活动的重要性,了解涉外活动的要求内容,在服务中明确服务流程和要点,掌握出国旅行礼仪要求。

技能目标

具有能够在涉外活动中保持个人礼仪和服务礼仪的能力;能够在涉外活动中保持良好个人形象和国家形象。

单元一 礼炮鸣放与国旗悬挂

一、鸣放礼炮

鸣放礼炮的礼仪最早起源于英国海军。当时,英国的殖民地遍及全球,为了显示其强大实力和地位,英国要求其他国家在其海军进港或经过他国炮台时鸣炮。由于这种鸣炮形式纯属礼仪性质,因此叫"礼炮"。后来随着西方习俗的广泛普及,逐渐演化成国际惯例,成为各国盛大庆典和迎宾仪式上的一种礼节待遇。据说从 1730 年开始，英国海军向国王和王后鸣放了 21 响礼炮。1875 年，美国国务院与英国驻美公使达成协议，规定根据惯例，把鸣放礼炮作为迎宾的最隆重礼节，21 响最隆重，19 响次之（因为当时认为双数不吉利）。1984 年 2 月，中国政府决定为外国国家元首和政府首脑访华举行欢迎仪式时恢复鸣放礼炮。现代鸣放炮数的多少，代表着两国关系和对对方的尊敬程度。

礼炮响数的多少依据受礼人的身份高低而定。现在国际通行的惯例是：21 响为迎送国家元首或其他相应级别的人；19 响为迎送政府首脑或其他相应级别的人；17 响为迎送副总理级官员；此外还有 15 响和 13 响礼炮。在国际交往中，主要使用的还是前两种，而且部分国家的区分也不是这么严格。鸣炮的时间一般是在贵宾到达或离开时进行。

二、国旗的悬挂

国旗是国家的一种标志，是国家的象征。人们往往通过悬挂国旗，表达对本国的热爱或对他国的尊重。但是，在一个主权国家的领土上，一般不得随意悬挂他国国旗。不少国家对悬挂外国国旗都有专门的规定。在国际交往中，还形成了悬挂国旗的一些惯例，为各国所公认。

（一）国旗悬挂的场所

（1）按国际关系准则，一国元首、政府首脑在他国领土上访问，在其住所及交通工具上悬挂国旗（有的是元首旗）是一种外交特权。东道国接待来访的外国元首、政府首脑时，在隆重的场合，在贵宾下榻的宾馆、乘坐的汽车上悬挂对方（或双方）的国旗（或元首旗），这是一种礼遇。此外国际上公认，一个国家的外交代表在接受国境内有权在其办公处、官邸，以及交通工具上悬挂本国国旗。

（2）在国际会议上，除会场悬挂与会国国旗之外，各国政府代表团团长也按会议组织者有关规定在一些场所或车辆上悬挂本国国旗（也有不挂国旗的）。有些展览会、体育比赛等国际性活动，也往往会悬挂有关国家的国旗。

（3）在为进行国际经济的重要合作项目而举行的庆典仪式上，或国际经济合作项目实施地，也会悬挂有关国家的国旗。

（二）国旗悬挂的要求

（1）在建筑物上，或在室外悬挂国旗，一般应日出升旗，日落降旗。如遇需悬旗志哀，通常的做法是降半旗，即先将旗升至杆顶，再下降至离杆顶相当于杆长 1/3 的地方。降旗时，先将旗升至杆顶，然后下降。也有的国家不降半旗，而是在国旗上方挂黑纱志哀。升降国旗时，服装要整齐，要立正脱帽，行注目礼，不能使用破损和污损的国旗。国旗一定升至杆顶。

（2）按国际惯例，悬挂双方国旗，以右为上，左为下。两国国旗并挂，以旗本身面向为准，右挂客方国旗，左挂本国国旗。汽车上挂旗，则以汽车行进方向为准，驾驶员左手为主方，右手为客方。所谓主客，不以活动举行所在国为依据，而以举办活动的主人为依据。例如，外国代表团来访，在东道国举行的欢迎宴会上，东道国为主人；在答谢宴会上，来访者是主人。

（3）国旗不能倒挂。即便一些国家的国旗出于文字和图案的原因，也不能竖挂或反挂。有的国家明确规定，竖挂需另制旗，将图案转正。例如朝鲜民主主义人民共和国国旗竖挂时，五角星的星尖依然朝上。有的国家则无明确规定。因此，正式场合悬挂国旗，宜以正面（即旗套在旗的右方）面向观众，不示以反面。如果旗是挂在墙壁上，要避免交叉挂法和竖挂。如果悬空挂旗，则不成问题。

（4）各国国旗的图案、式样、颜色、比例均由本国宪法规定。不同国家的国旗，如果比例不同，用同样尺寸制作，那么两面旗帜放在一起时，就会显得大小不一。例如，同样六尺宽的旗，三比二的就显得较二比一的大。因此，并排悬挂不同比例的国旗，应将其中一面略放大或缩小，以使旗的面积大致相同。

单元二　迎送礼仪

在国际交往中，对外国来访的游客，通常均视其身份、访问性质以及两国关系等因素，安排相应的迎送活动。对应邀前来访问者，无论是官方人士、专业代表团，还是民间团体、知名人士，在他们抵离时，均应安排相应身份人员前往机场（车站、码头）迎送。对长期在本企业工作的外国专家等，到他们离任时亦应安排相应人员迎送。

一、确定迎送规格

对于来宾的迎送规格，各国做法不尽一致。迎送规格主要依据来访者的身份和访问目的来确定，适当考虑两国关系，注意国际惯例，多方面综合平衡。主要迎送人通常都要同来宾的身份相当，但由于各种原因（例如国家体制不同，当事人年高不便出面，临时身体不适或不在当地等），不可能完全对等。遇此情况，可灵活变通，由职位相当的人士或由副职出面。总之，主人身份总要与游客相差不大，同游客业务对口、身份对等为宜。当事人不能出面时，无论做何种处理，应从礼貌出发，向对方做出解释。其他迎送人员不宜过多。有时，也可以从发展双方关系需要出发，破格接待，安排较大的迎送场面。然而，为避免造成厚此薄彼的印象，非有特殊需要，一般都按常规办理。

二、掌握抵达和离开的时间

准确掌握来宾乘坐飞机（火车、船舶）抵离时间，及时通知全体迎送人员和有关单位。如有变化，应及时告知。由于天气变化等意外原因，飞机、火车、船舶都可能出现不准时的情况。在大城市里，机场一般离市区又较远，因此既要顺利地接送游客，又不过多耽误迎送人员的时间，就要准确掌握抵离时间。

迎接人员应在飞机（火车、船舶）抵达之前到达机场（车站、码头）。送行时，则应在游客登机之前抵达（离去时如有欢送仪式，则应在仪式开始之前到达）。如游客乘坐班机离开，应通知其按航空公司规定时间抵达机场，办理有关手续（身份高的游客，可由接待人员提前前往代办手续）。

三、献花

如安排献花,须用鲜花,并注意保持花束整洁、鲜艳,忌用菊花、杜鹃花、石竹花、黄色花朵。有的国家习惯送花环,或者送一两枝名贵的兰花、玫瑰花等。通常在参加迎送的主要领导人与游客握手之后,由儿童或女青年将花献上。有的国家由女主人向女宾献花。

四、介绍

游客与迎接人员见面时,互相介绍。通常先将前来欢迎的人员介绍给游客,可由礼宾交际工作人员或其他接待人员介绍,也可以由欢迎人员中身份最高者介绍。游客初到,一般较拘谨,主人宜主动与游客寒暄。

五、陪车

游客抵达后,从机场到住地,以及访问结束,由住地到机场,有的安排主人陪同乘车,也有不陪同乘车的。如果主人陪车,应请游客坐在主人的右侧。如是三排座的轿车,译员坐在主人前面的加座上;如是二排座,译员坐在司机旁边。上车时,最好游客从右侧门上车,主人从左侧门上车,避免从游客座前穿过。遇游客先上车,坐到了主人的位置上,则不必请游客挪动位置。

六、对一般游客的迎接

迎接一般游客时,无官方正式仪式,主要是做好各项安排。如果游客是熟人,则可不必介绍,仅向前握手,互致问候;如果游客是首次前来,又不认识,接待人员应主动打听,主动自我介绍;如果迎接大批游客,也可以事先准备特定的标志(如小旗或牌子等),让游客从远处就能看到,以便游客主动前来接洽。

七、迎送工作中的注意事项

(1)迎送身份高的游客,事先在机场(车站、码头)安排贵宾休息室,准备饮料。

(2)安排汽车,预定住房。如有条件,在游客到达之前将住房和乘车号码通知游客。如果做不到,可印好住房、乘车表,或打好卡片,在游客刚到达时,及时发到每个人手中,或通过对方的联络秘书转达。这样既可避免混乱,又可以使游客心中有数,主动配合。

(3)指派专人协助办理入出境手续、机票(车、船票)和行李提取或托运手续等事宜。重要代表团的人数众多,行李也多,应将主要游客的行李先取出(最好请对方派人配合),及时送往住地,以便更衣。

(4)游客抵达住处后,一般不要马上安排活动,应稍作休息,起码给对方留下更衣时间。

单元三　涉外活动礼仪

一、会见与会谈礼仪

会见与会谈是十分重要的交往方式,它既有礼仪性,又具有实质性。

（一）会见与会谈的类型

1. 会见

在国际上，会见一般称接见或拜会。凡身份高的人士会见身份低的，或是主人会见游客，这种会见，一般称为接见或召见。凡身份低的人士会见身份高的，或是游客会见主人，这种会见，一般称为拜会或拜见。拜见君主，又称谒见、觐见。我国内不作上述区分，一律统称为会见。接见和拜会后的回访，称回拜。

就其内容来说，会见有礼节性的、政治性的和事务性的，或兼而有之。礼节性的会见时间较短，话题较为广泛。政治性会见一般涉及双边关系、国际局势等重大问题。事务性会见则有一般外交交涉、业务商谈等。

2. 会谈

会谈是指双方或多方就某些重大的政治、经济、文化、军事问题，以及其他共同关心的问题交换意见；会谈也可以是指洽谈公务，或就具体业务进行谈判。一般来说，会谈的内容较为正式，政治性或专业性较强。

东道主一般均根据来访者的身份及来访目的，安排相应领导人和部门负责人会见。来访者亦可根据双方关系、本人身份、业务性质，主动提出拜会东道主某些领导人和部门负责人。一般来说，礼节性拜会时，身份低者去见身份高者，来访者去见东道主。如是正式访问或专业访问，则应考虑安排相应的会谈。

（二）座位的安排

1. 会见的座位安排

会见通常安排在会客室或办公室，宾主各坐一边。某些会见还有其独特礼仪程序，如双方简短致辞、赠礼、合影等。我国习惯在会客室会见，游客坐在主人的右边，译员、记录员安排坐在主人和主宾的后面。其他游客按礼宾顺序在主宾一侧就座，主方的陪见人员在主人一侧就座。座位不够时，可在后排加座。

2. 会谈的座位安排

双边会谈时，通常用长方形、椭圆形或圆形桌子，宾主相对而坐，以正门为准，主人坐背门一侧，游客面向正门，主谈人居中。我国习惯把译员安排在主谈人的右侧，但有的国家亦让译员坐在主谈人的后面，一般应尊重主人的安排。其他人按礼宾次序左右排列。记录员可安排在后面，如参加会谈人数少，也可安排在会谈桌就座。小范围的会谈，也可以不用长桌，只设沙发，双方座位按会见座位安排。

（三）会见、会谈时应注意的问题

（1）提出会见要求时，应将要求会见人的姓名、职务以及会见什么人、会见的目的告知对方。接见一方应尽早给予回复，约妥时间。如因故不能接见，应婉言解释。

（2）作为接见一方的安排者，应主动将会见（会谈）时间、地点、主方出席人、具体安排及有关注意事项通知对方。作为前往会见一方的安排者，则应主动了解上述情况，并通知有关的出席人员。

（3）准确掌握会见、会谈的时间、地点和双方参加人员的名单，及早通知有关人员和有关单位做好必要安排。主人应提前到达。

（4）国际的正式会谈，要在会场挂两国国旗或在会谈桌上放置双方小国旗，会见、会谈场所应安排足够的座位，桌子上还应放一些纸、笔。如双方人数较多，厅室面积大，主谈人说话声音低，宜安装扩音器。会谈如用长桌，应事先排好座位图，现场放置中外文座位卡，卡片上的字体应工整清晰。

（5）如有合影，应事先排好合影图，人数众多时应准备架子。合影图一般由主人居中，按礼宾次序，以主人右手为上，主客双方间隔排列。第一排人员既要考虑人员身份，也要考虑场地大小，即能否都摄入镜头。一般来说，两端均由主方人员把边。

（6）游客到达时，主人应在门口迎候，可以在大楼正门迎候，也可以在会客厅门口。如果主人不到大楼门口迎候，则应由工作人员在大楼门口迎接，引入会客厅。如有合影，宜安排在宾主握手之后，先合影再入座。会见结束时，主人应送至车前或门口握别，目送游客离去后再回室内。

（7）领导人之间的会见或是会谈，除陪见人和必要的译员、记录员外，其他工作人员安排就绪后均应退出。如允许记者采访，也只是在正式谈话开始前采访几分钟，然后统统离开。谈话过程中，旁人不可随意进出。

（8）会见时招待用的饮料，各国不一。我国一般只备茶水，夏天时加冷饮。如会谈时间过长，可适当上咖啡、茶及小点心等。

（9）如果是礼节性的会见，一般不要逗留过久，半小时左右即可告辞，除非主人特意挽留。如果是日常交往，那么在游客来访，相隔一段时间后，应予回访。如果游客为祝贺节日、生日等喜庆日来访，则可不必回访，而在对方节日、生日时前往拜望，表示祝贺。

二、谒墓仪式

许多国家首都建有已故领导人陵墓或无名英雄（革命烈士）纪念碑。谒墓、献花圈，是对被访国人民友好亲善的表示，也是对该国先烈的敬意。前往谒墓或向纪念碑献花圈时应注意以下几点。

（1）各国安排的谒墓（或向纪念原先献花圈）仪式大同小异。一般的做法是，现场安排仪仗队、军乐队，并派官员陪同。仪式开始时，乐队奏乐，花圈由东道国礼兵（或谒墓者的随行人员）抬着走在前列，仪仗队分列两旁，向来宾致意，谒墓人随行于后。搁置花圈时，谒墓人往往要上前扶一下，有的还整理一下花圈上的飘带。然后，谒墓人稍退几步，肃立默哀，绕陵墓（纪念碑）一周。信仰宗教的谒墓人，有的还为死者祈祷。

（2）国际上，有时出于某种原因，特别是由于墓（碑）的政治背景等因素，而不参加这类活动。所以，在国外访问期间，如欲谒墓或向某纪念碑献花圈，应先将其政治历史背景了解清楚。

（3）谒墓的整个过程充满庄严肃穆的气氛，参加仪式人员应穿着素色服装（有的国家要求着礼服），谒墓时应脱帽（军人若不脱帽，应行举手礼）。

（4）谒墓式和程序应事先扼要地通告对方。在国外谒墓（碑），应事先向对方了解谒墓程序和其他习惯做法；花圈、飘带等物需早做准备，飘带上的题词要书写恰当。

（5）有些国家的陵墓建在寺院内，谒墓也有其独特的宗教仪式。不信教者前往谒墓，对于宗教仪式中的一些动作，可不仿效，但应遵守对方的风俗习惯。如进入清真寺，要脱鞋,妇女需用头巾包住头发等。

三、参观游览

为来访的外宾适当安排一些参观游览活动,既可以使其领略我国的自然风光、历史文化、风土民情,又可以增进双方的友好合作关系,丰富外宾的业余文化生活。

(一)游览项目的选定

参观游览项目的选择,主要考虑以下几个方面。

(1)了解外宾来访的目的和性质,使参观游览的安排有一定的针对性。

(2)考虑外宾的意愿、兴趣,结合其专业特点,提出相应的方案。

(3)参观游览方案的安排,应考虑到当地的客观条件,做到力所能及、切实可行,并综合考虑安全、保密设施、接待能力等。

(二)日程的安排

选定参观地点后,就要制定出详细的日程安排。计划要周密,包括参观顺序、何时用餐、是否座谈、停留时间、出发时间、交通工具等。日程表制定完毕,要在参观游览之前提供给外宾。

(三)陪同

按国际交往的礼仪,外宾前往游览时,一般都要有身份相当的人员陪同。陪同人员不宜多,根据需要安排翻译、导游、保安等人员。在陪同参观过程中,应及时向外宾介绍情况,并注意有关保密事项。

(四)翻译

接受陪同任务的翻译,应事先做好充分准备,要学好时事政治,遵守外事纪律,熟悉业务内容,并对一些可能用到的专业术语、历史典故、风俗习惯等事先进行学习以备用。

(五)摄影留念

外宾每到一处景点都喜欢拍摄留念。对于一般的拍摄活动,不要干涉;但对于不准外国人拍摄的项目(如某些文物、保密措施、专利设备等),应事先向外宾说明,以免产生误解。如果要拍摄外宾活动的镜头,应现场抓拍,不可干扰其正常活动。此外,要认真做好途中用餐、安全保卫和后勤保障工作,让外宾乘兴而来、满意而归。

四、涉外文艺晚会

邀请外国朋友观看文艺演出或体育表演,也是一种对外活动的形式。对游客来说,这种活动形式是一种艺术享受和娱乐活动;而对本国人员来说,则是一种对外宣传本国文化、艺术和体育成就的方法。所以,当有外国朋友来访时,按惯例都会邀请其观看演出。在西方国家,往往把观看演出作为一种隆重高雅的娱乐活动,特别是在大剧院的演出,观众要像出席正式宴会一样进行着装。此外,电影招待会要求观众在放映时保持安静;而观看体育表演则较为随便。

为外宾组织专场的演出活动,对于精选节目、印制节目单、座位安排、发出邀请、演出入席及退出、摄影和演出秩序等各个方面,都有一定的要求。

(一) 精选节目

从活动的目的着眼,针对游客的兴趣与实际的可能,精选好节目。一般可安排游客观看具有本国风格的节目,例如民族歌舞或戏剧、地方戏等;体育可考虑武术、体操或球赛等。同时,对节目的内容应进行预审,以免因政治、宗教信仰或风俗习惯等原因引起不愉快的问题(同样,被邀观看对方演出或表演时,也应了解节目内容,以免被动)。组织专场晚会时,还应尽可能安排一些来宾所属国家的节目,用以表示对来宾的尊重与友好。

(二) 印制节目单

组织专场的文艺节目或体育表演,都应备有节目单,并用主客双方使用的文字印成。而且,要提前把节目单或剧情简介提供给游客,使游客对本场节目的内容有所了解。

(三) 座位安排

凡是请重要的外宾观看专场文艺演出,一般应把最佳的席位安排给外宾。在剧场中,以七八排的座位观看效果最好,可作为贵宾席。通常,由陪同人员陪同主宾并按礼宾顺序入席就座。其中,要穿插安排好翻译员的席位,以便主人和主宾能随时交谈并为游客适当解释演出节目的内容。其他游客则可按预先排定的座位或在贵宾区自由入座。如为对号入座,可将座位号与请柬一同发出。

如安排外宾去剧场观看非专场演出时,应注意尽可能选择较佳的席位,原则上应该按票对号入席。

安排外宾观看电影,也应该注意选择较佳的席位。在普通影院观看电影,一般以十五排前后为最好。如果是宽荧幕影片,则以稍后一些的位置为好。

(四) 发出邀请

当演出的时间、地点、内容、座位等定好后,应向被邀请方发出邀请,发邀请书信或请柬的具体工作与宴会活动大体相同。

(五) 演出入席及退场

专场演出的入席,一般是我方普通观众先入席,外国游客则在开幕前由主人陪同入场。入场时,应安排普通观众有礼貌地起立鼓掌,表示欢迎。演出结束时,我方可与游客一起起立鼓掌,向演员表示感谢。演出过程中,我方观众无特殊情况不得退场。终场退场时应待游客先走,然后我方观众再离去。

(六) 摄影

演出中如要拍摄或录音,尤其是现场转播,应事先征得剧团同意。许多国家为了保证演出效果和维护剧团专利,常常禁止在演出中拍摄。在我国为招待国宾而组织的专场演出中,一般可以拍摄新闻照片和电视,但不能因拍照而随意增加灯光。

(七) 演出秩序

为了保证演出的顺利进行,必须要保持舞台和观众大厅的良好秩序。工作人员一般应保持场内安静,不允许观众在舞台前随意走动。演出过程中,尽量不牵动观众大厅内的帷幕,并避免发出声响。

在演出进行中,观众不允许离座外出,以保持剧场肃静;不要鼓掌,不要叫好吹口哨,不要与人谈话,不要大声咳嗽或打哈欠,更不能打瞌睡;剧场内禁止吸烟,不能吃瓜子和零食。观看节目之前,主人需对剧情略做介绍,然后即让游客自行欣赏。翻译员声音也要轻。在外国看演出,如果不是专场,应事先了解好节目内容或情节梗概,请翻译员大略翻译几句,尽量减少说话,以免引起周围观众的不满。节目结束时,一般都要鼓掌,不可公开表示不满和失望。

在演出结束时,为了表示对演员的祝贺和感谢,许多国家都有向演员献花和献花篮的习惯做法。对此,一般都是主随客便,即主宾可由主人陪同登台向演员致谢。我们国家目前的习惯做法是,在专场晚会或首次演出结束时,向演员献花束或花篮;但在我国代表团出国访问中,可以视当地的习惯以及两国关系决定是否赠送花束或花篮。如当地有献花的习惯,我国出国访问团应主动提出献花。如果献花而不登台,则也应客随主便;但是不献花而登台,则是没有的。

五、对外文书

对外文书是对外交往的书信形式,是进行对外交涉和礼仪往来的一种重要手段。各种文书均体现国家的对外方针政策和有关法规,所以起草和发送对外文书是政策性很强的工作。即使是一件纯属礼节性的函件,如果格式与行文不合常规,也可能引起收件人的误解和不愉快;如果文内有其他错误,则会造成更为严重的后果。因此,书写对外文书时,要求文字严谨、精炼、准确,客套用语要合乎惯例,格式要美观大方,打印要整洁。

收到各类文书后,要尽快处理,切勿拖压;尤其是外交上的文书往来,收下回复或不予置理以至拒收退回,都反映出一种政治态度。因此,对外文书处理要十分慎重。一般情况下,除某些纯属通知性的文电之外,应以相应的文书进行答复或复谢。

(一)对外文书的种类

1. 照会

照会分正式照会和普通照会两种。

正式照会由国家元首、政府首脑、外交部部长、大使、代办、临时代办等人签名发出,并用第一人称写成,一般不盖机关印章。普通照会由外交机关或外交代表机关发出,行文用第三人称,加盖机关印章,一般不签字。但有的国家要求,加盖印章后再由使节或授权的外交官签名。正式照会和普通照会的区别还在于它们的使用范围不同。正式照会用于以下场合。

(1)重大事情的通知。如国家领导人的变更,大使、领事的更换,承认、断交、复交等事项的正式通知。

(2)重要问题的交涉。如建议缔结或修改条约,建议召开双边、多边国际会议,互设领事馆,委托代管本国财产,国家元首、政府首脑的访问以及其他有关政治、军事、经济等重要问题的交涉。

(3)隆重的礼仪表示。如表示庆贺、吊唁等。

(4)为了表示对某一件事的特别重视,也有使用正式照会的。

普通照会用于进行一般交涉、行政性通知、办理日常事务、交际往来。由于外交文书日趋简化,普通照会的使用范围也越来越广,甚至政府之间关于重要国际问题的来往也多使用普通照会。

2. 对外函件

对外函件形式简便,使用范围较广,各组织写给外国相应人员与机构的书信都可采用这种形式。根据内容情况,凡属重要者,视为正式函件;凡属事务性者,视为便函。一般说来,领导人之间的亲笔签名信即属外交函件。

3. 备忘录

备忘录是用来说明就某一事件、问题进行交涉时在事实上、立场上、法律方面的细节,或用来重申外交会谈中的谈话内容。备忘录可面交或送交对方,无客套语、致敬语,开头就叙述事实。在会谈或交涉中为了便于对方记忆谈话的内容或避免误解,可预先写成备忘录面交对方;也可在谈话后,将要点用备忘录送交对方。为了叙述事实或陈述、补充自己的观点、意见或驳复对方的观点、意见,如果用照会过于郑重时,也可使用备忘录。有时为了提醒某一件事,作为一种客气的催询,也可送交备忘录。备忘录还可以作为正式照会或普通照会的附件。面交的备忘录,不编号、不写抬头、不盖章;送交的备忘录则要有编号、写抬头、要盖章,有的还要标上"备忘录"三字。

4. 电报

各部门和机构也常用电报同外国相应人员及单位进行文书往来。电报多用于祝贺、慰问、吊唁及各种事务性联系。抬头应写清受电人的国名、地名、职衔、姓名,发电人亦应写明职衔、全名或机构名称。

(二) 使用对外文书应注意的问题

1. 格式

使用对外文书时,首先要注意格式,不要用错。如非外交代表机构使用对外函件,不要用照会格式等。

2. 人称

人称要与文书格式相适应。正式照会、外交函件、电报均是以签署人的口气用第一人称写成。以机构名义书写的对外函件,宜用第三人称书写。

3. 签署者与受文者要相适应

签署者与受文者要相适应,是指人对人、单位对单位。在个人对个人的外交文书中,要讲究身份对等。

4. 客套用语

客套用语要与格式相适应。如普通照会开头的"×××向×××致意",这一客套用语不能用作个人函件中的开头语,非外交机关发的对外文书也不用这一套语。使用照会结尾的致敬语时,要注意与双方的身份、关系和场合相适应。

5. 称呼

文书抬头即受文人的职衔、姓名等要写全称。文中第一次出现的职衔、姓名要用全称,第二次出现时则可用简称。由于各国、各民族的语言不同,风俗习惯各异,社会制度不一,因而在称呼与姓名上的差别很大。如果称呼错了,姓名不对,不但会使对方不高兴,引起反感,甚至还会闹出笑话,出现误会。

6. 国名

文书信封和文中的抬头的国名等,均用全称。文中第一次出现时用全称,以后可用简称。但有些国家由于情况特殊,须事先确定能否使用简称。有些国家由于发生革命、政变或其他原因,国名可能改变,须随时注意,不要写错。

7. 译文

对外文书一般以本国文字为正本。但为了使收件人能够确切理解文件的实质内容,往往附有收件国文字或通用的第三国文字的译文。在本国向外国常驻代表机关发送事务性函件时,也可仅用本国文字,不附译文。较为重要的文书则附以译文为好。各国的套语用法以及行文格式与中文不同,翻译时应注意符合各种文字的用法。一般函电也可用接受国文字或通用文字书写。

单元四　出国旅行礼仪

根据工作和商务往来的要求,旅游从业人员有时需要出国进行商务活动或带团出国旅游,因此掌握出国旅行礼仪是非常必要的。

一、出国前的准备

(一) 护照

护照是主权国家发给本国公民出入境和在国外的身份证件。凡出国人员均持有护照,以便有关当局检验时出示。任何国家都不允许没有护照的人进入其国境。各国对护照的检验也较严格,防止持有过期、失效、伪造护照的人进入该国国境。

我国的护照分为:外交护照、公务护照和普通护照。普通护照又分为因公普通护照和因私普通护照。外交护照主要发给具有一定职级的人员和具有外交官身份的驻外人员。公务护照和因公普通护照主要发给因公出国工作、访问学习的人员。因私普通护照发给侨民、留学生和因办理私人事情而出国的人员。

因公出国人员的护照,由外交部或由外交部授权的机关办理。因私出国人员的护照,由公安部授权的有关机关办理。

拿到护照后,应核查姓名、出生年月、地点是否填写正确,并在签字格上签名。出国前,要凭护照去办理所去国家和中途经停国家的签证,凭护照购买国际航班机票和车船票等。在国外,要凭护照住酒店,办理居留手续等。

出国前应注意核对护照的有效期,期满或过期要办理相关手续。

护照必须妥善保管,不得污损、涂改,严防遗失。

(二) 签证

签证是一国官方机构对本国和外国公民出入国境或在本国停留、居住的许可证明。签证均做在护照或其他身份证件上。如前往未建交国,则用单独的签证,称"另纸签证",与护照同时使用。签证的等级分为外交、公务和普通签证。入出国境的签证分为入境、入出境、出入境、过境签证。另外,还有居留签证。

出国前,必须办妥必要的签证,也就是办理所去国家的入境或入出境签证和中途经停国家的过境签证。如持中国因私普通护照,还须向发照单位申办我国签证。办外国签证,须向有关国家驻华使领馆申请办理。如果在我国没有使、领馆,也没有第三国使馆代办签证业务的,则前往有办理该国签证机关的国家办理。在国外,如需办理签证,可请我驻外使领馆协助。

有些国家规定,凡停留不超过 24 小时或一定期限的,可以免办过境签证。有些国家之间订有互免签证的协议,则可不办签证。

各国的签证内容大体相同,都规定有效期和居留期限等。如途经一国的过境签证,有效期为 1 个月,过境逗留时间限 3 天。也就是说,在有效期间的任何日子里均可入出该国国境,但只能逗留 3 天。又如,前往某国的入出境签证有效期为半年,居留期限为 1 个月,入出境 1 次,即在有效期半年内可入境,并可在签证有效期内逗留 1 个月。如超过 1 个月,则须向有关单位再办理延长签证的手续。

去任何国家都要注意签证问题,否则会带来很多麻烦。

(三) 黄皮书

黄皮书即预防接种书。为防止国际某些传染病的流行,各国都对外国人进入本国国境所需某些接种作出规定,主要有种牛痘、防霍乱和防黄热病的接种等。这些接种的有效期限是:牛痘自初种后 8 日,复种后当日起 3 年内有效;预防霍乱自接种后 6 日起,6 个月内有效;预防黄热病自接种后 10 日起,10 年内有效。

根据不同时期、不同地区和疫情的分布情况,各国对预防接种的要求也有所不同。如天花,目前在世界范围内已基本得到控制,因此很多国家已开始不要求必须接种牛痘了。有时某一地区发现霍乱,凡出入该地区的人必须注射防霍乱疫苗。所以说,出国人员办理接种手续前,应做必要的了解。

(四) 预购机票(车、船票)

出国前,应根据实际情况,选择方便、经济、合理的路线。各国航空公司给长途旅客24 小时以内转机提供食宿的方便,因此在选择换乘飞机的时间、地点时,要考虑这一因素。

购买机票,可通过旅行社代办,也可直接到所乘班机的航空公司、营业处购买。购买机票的同时,要确认机座。拿到机票后,应检查机票填写的飞机班次、日期、途经城市、到达城市是否正确,座位是否确认(即"OK")。只有机座得到"OK",才可搭乘飞机。

如旅行人持联程(或往返)机票,即使购票时全程机座均已办妥(OK),但因某些航空公司对联运衔接的时限规定不尽相同,如果搭乘续程(或回程)飞机的间隔时间超过其规定的时限,须在续程(或回程)地点提早办妥机座"再证实"(reconfirm)手续,否则就等于自动放弃已确认的机座,承运部门可以合法地将机座让予其他旅客。这一点往往被人们忽视。因此,要特别注意了解有关机场及航空公司的规定,以免给旅行造成困难。另外,机票上都注有姓名,不可转让。

(五) 行李

乘飞机,一般可免费托运行李 20 公斤(头等舱机票可托运 30 公斤)。有少数航空公司规定,可托运 30 公斤。行李超重部分要付超重费。近年来,某些航空公司为提高竞争能力,对超重行李收费方面做法灵活,有时甚至不收超重费。但在满员飞行的情况下,则要求严格。所以准备行李时,以不超重为好。

行李箱最好是用轻便牢固的旅行箱,便于搬运,不怕碰压。个人的行李应有明显的标记,写上中外文姓名、到达的目的地等。集体的行李可用统一标记,以便识别。

出国旅行往往还要添置衣物,可事先了解一下所去国家的气候条件、风俗习惯等情况,以便置装时参考。

二、入出境手续的办理

各个国家(地区)对入出境旅客均实行严格的检查手续。办理这些手续的部门一般设在口岸和旅客入出境地点,如机场、车站、码头等。

(一)边防检查

在很多国家,这项检查由移民局(外侨警察局)负责。入出境者要填写《入出境登记卡片》(有时航空公司代发卡片,可提前填写),交验护照和签证。卡片的内容有姓名、性别、出生年月、国籍、民族、婚否、护照种类和号码、签证种类和号码、有效期限、入境口岸、日期、逗留期限等。护照、签证验毕,加盖入出境验讫章。

(二)海关检查

海关检查人员一般仅询问有否需申报的物品,但有的国家要入出境者填写《携带物品申报单》。海关有权检查入出境者所携行李物品,有的海关对个人日用品、衣物等的检查并不严格,对持外交护照者可以免验。各国对入出境物品管理规定不一,烟、酒、香水等物品常常按限额放行。文物、武器、当地货币、毒品、动植物等为违禁品,非经允许,不得入出国境。有些国家还要求填写《外币申报单》,出境时还要核查。

(三)安全检查

近年来,对登机的旅客采取安全检查措施越来越普遍,手续也日趋严格,主要目的是保障乘客和飞机的安全。检查方式包括:过安全门、用磁性探测器近身检查、检查手提包、搜身等。我国也实行国际上通用的安全检查方法。安全检查往往根据当时的局势、国际的状况以及其他方面的各种因素而定,所以有时较严,有时较松。

(四)检疫

交验黄皮书。很多国家对来往某些国家、地区的旅客,免验黄皮书。但对发生疫情地区,则检查特别严格。对未进行必要接种的旅客,则会采取隔离、强制接种等措施。

三、乘飞机需注意的礼仪

(1)抵达机场后,应先办理乘机手续。将机票交所乘航空公司机场验票口查验,同时将随身托运的行李过磅,并将重量填到机票上。航空公司撕下由其承运段的一联后,将机票与行李卡、登机卡一并交还乘客。乘客凭登机卡上飞机,凭行李卡到目的地机场领取行李。

(2)上、下飞机时,航空小姐站在机舱门口迎送乘客,旅客应有礼貌地点头致意。

(3)机内分一等舱和二等舱(经济舱)。一等舱位于飞机前部。无论是否对号入座,都不要抢占座位。购二等舱票的乘客,不能坐到一等舱座位上去。

（4）随身携带物品可放在头顶上方的行李架上,较重物品可放在座位下面,但不要把东西放在安全门前或出入通道上。

（5）飞机起飞和降落时,不准吸烟,不得上厕所,要系好安全带,座椅要放直。这时,航空小姐常常发给乘客糖果等,在飞机升降过程中咀嚼,以免因气压变化而引起耳膜疼痛。

（6）在飞机上不要大声喧哗,以免影响他人,特别是在晚间睡眠时间。自己不能入睡时,可看书报,但不要与他人闲谈。在飞机上也应注意坐卧姿势,不要影响他人坐卧。

（7）飞机上的一切用品均不得拿走,如厕所内的卫生用品、座椅背篓中的刊物、餐用杯盘刀叉,以及小毛毯、小垫枕等。

（8）如某一代表团人数较多,上下飞机时应清点一下人数。但是,不要列队而行,不吹哨集合,不喊口令,不喧哗吵闹。

（9）下机后,如行李一时找不到,可通过机场行李管理人员或有关航空公司查询,并填写申报单交给航空公司。如行李遗失,航空公司照章赔偿。

（10）不要随意触动飞机（包括火车、轮船、汽车）上的设备,如各式各样的灭火装置、安全设施以及火车上的紧急制动阀钮等。有的国家规定,无故按动紧急制动装置者,要判处徒刑或罚款。

四、入住酒店的礼仪

国外酒店的等级差别很大,有设备很现代化的高级酒店,也有设备较差的一般酒店。无论哪类酒店,大多分为:单间一室一床、一室二床,套间二室一床、二室二床,有的还可为小孩加床。少数酒店还有数间相通的套间,以及设备豪华、租金昂贵的超级房间。入住酒店时,一般应注意以下几个方面的礼仪。

（1）事先预订房间。酒店房费从预订住宿之日算起。预订房间后,如不住,要立即退掉,以免造成经济损失。抵达酒店后,要办理住宿登记,并交验护照。一般不预付房费,离酒店前一天结账付费。

（2）国外酒店一般不供应开水。有的酒店房间设有冰箱,摆有酒水等各种饮料;如饮用,则要付款。有的酒店酒水一拿出冰箱,即自动记账。有的酒店房间设有自动出售各种饮料、小食品的装置,只要按动开关,食品、酒水自动出来,同时自动记账,结算时统一付款。如要喝热饮料,可向服务员索取,但要付现金及小费。有的酒店房间备有电热壶、速溶咖啡、茶、牛奶、食糖等,可自己动手煮热饮料。

（3）进出房间时,应随手关门。在室内休息可穿睡衣,但不要穿着睡衣、拖鞋、背心或裤衩到走廊或酒店公共场所闲逛。不论在房间里听收音机或看电视,声音要轻,不要影响别人。如有人敲门,先问清楚来客身份;如到别的房间找人,则应轻敲房门,不可高声喊叫,待主人允许后方可进入。

（4）旅客应保持室内卫生,不要乱放衣物、鞋袜,废纸、糖果纸、果皮等要扔入垃圾桶。用淋浴洗澡时,注意不要弄得满地水。不要损坏房间里的一切设备。吸烟者特别要注意,不要烧坏地毯、家具等设备。

（5）不允许在房间里洗大量衣物。一般是填好《洗衣单》，将要洗的衣物装入专门的洗衣袋，由服务员送洗衣房。如自己洗少量小件衣物，可在卫生间晾干。

（6）酒店房间一般均有电话，但电话的使用方法各不相同，因此使用前，可先看电话使用说明或询问服务人员。

（7）酒店大都设有餐厅，用餐时间规定不一，所以要了解开饭的时间。餐厅一般供应西餐、份饭、快餐，既经济又实惠，还节省时间；点菜的价格较贵，一般点二道菜为宜。

（8）酒店房间内备有各种零星用品，如毛巾、浴巾、拖鞋、鞋拔子、香皂、牙具、洗衣粉、去污粉、手纸、卫生纸和装这些东西的塑料袋，以及桌子上的办公用品、室内的其他用品等，仅供在酒店内使用。

（9）有些酒店设有室内或室外的游艺室、游泳池、网球场等。这些设施一般均收费。如要游泳，须到游泳池附设的更衣室更衣；如要打网球，应换上运动装、运动鞋，才可进入场地。

讨论案例

2006年8月，中央文明办、国家旅游局（原）针对国人出行中"不修边幅、不讲卫生、不懂礼仪、不守秩序、不遵法规、不爱护环境和公共设施、喧哗吵闹"这七大不文明行为，开始实施提升中国公民旅游文明素质行动计划。拟制订《中国公民出境旅游行为指南》和《中国公民国内旅游行为公约》，并于8月中旬联合发布了征集"中国公民旅游不文明行为表现"和"提升中国公民旅游文明素质建议"的公告。这些举措得到了社会各界的热烈响应。仅仅半个月，便收到海内外民众来信来函、电子邮件、留言等3万余件，相关网站页面浏览量达300万人次以上。9月23日，国家旅游局（原）公布了"中国公民旅游不文明行为表现"：随处抛丢垃圾、废弃物，随地吐痰、擤鼻涕、吐口香糖，上厕所不冲水，不讲卫生留脏迹；无视禁烟标志，想吸就吸，污染公共空间，危害他人健康；乘坐公共交通工具时争抢拥挤，购物、参观时插队加塞，排队等候时跨越黄线；在车船、飞机、餐厅、宾馆、景点等公共场所，高声接打电话、呼朋唤友、猜拳行令、扎堆吵闹；在教堂、寺庙等宗教场所，嬉戏、玩笑，不尊重当地居民风俗；大庭广众之下脱去鞋袜、赤膊袒胸，把裤腿卷到膝盖以上，跷"二郎腿"，酒足饭饱后毫不掩饰地剔牙，在卧室以外穿睡衣或衣冠不整，有碍观瞻；说话脏字连篇，举止粗鲁专横，遇到纠纷或不顺心的事大发脾气，恶语相向，缺乏基本的社交修养；在不打折扣的店铺里讨价还价，强行拉外国人拍照、合影；涉足色情场所，参加赌博活动；不消费却长时间占据消费区域，吃自助餐时多拿浪费，离开宾馆、饭店时带走非赠品，享受服务后不付小费，贪占小便宜。

分析提示

随着时代的发展、社会的进步，国际交往日益频繁。每一个人在参与国际交往时，都必须意识到：自己在外国人的眼里，不是仅仅代表着个人，而是代表着自己的国家，代表着自己的民族。我国素有"礼仪之邦"的美誉。自古以来，讲"礼"重"仪"在华夏子孙的社会生活中，就一直处于至关重要的地位。所以，在进行涉外活动时，我们应处处注意自己的言行，纠正不文明行为，体现出"礼仪之邦"的风范和气节。

课堂演练

通过影像资料,演示礼炮、国旗悬挂、授勋及谒墓的礼节。

实训操作

本实训的主题为迎送礼仪,实训内容及操作要求见表 8-1。

表 8-1 迎送礼仪的实训内容及操作要求

实训内容	操 作 要 求
迎送礼仪	(1) 了解迎宾规格 (2) 外宾与迎送的主领导人介绍、握手 (3) 献花时,注意保持花束的整洁和鲜艳,并注意外宾对花的禁忌 (4) 送客时,为宾客开启车门。一手将车门打开,另一手手指并拢伸直,置于车门框上沿,两脚稍分开站立,上体微有前倾,两眼余光注视车的上沿,轻声提醒游客小心 (5) 替游客关上车门时,要先看清游客是否已经坐好,切忌过急关门

注意事项如下。

(1) 接待人员中应该有一个在左前方带路,其余人员按尊卑顺序在左侧陪同来宾一起前进。

(2) 宾主见面握手寒暄后,接待人员可以退场。

(3) 会见、会谈结束后,主人送游客到门口告别。

实训地点:教室。

实训课时:2 课时。

课外思考

一、单选题

1. 下半旗时,应该(　　)。

　　A. 直接使国旗落地

　　B. 将国旗慢慢降下,不可落地

　　C. 先将国旗升直杆顶,然后降到相当于旗杆全长的 1/3 处

　　D. 先将国旗升直杆顶,然后降到相当于旗杆全长的 2/3 处

2. 迎送国家元首应放礼炮(　　)响。

　　A. 21　　　　　　B. 20　　　　　　C. 19　　　　　　D. 15

3. 会见外国游客时,按照国际惯例,主宾应坐在主人的(　　)。

　　A. 左侧　　　　　B. 右侧　　　　　C. 中间　　　　　D. 前面

4. 升国旗时应肃立站好,如旁边人与你交谈,你应该(　　)。

　　A. 与他交谈　　　B. 立即制止　　　C. 不予理睬　　　D. 大声呵斥

二、判断题

1. 在官方迎送时,接待员要严肃,以表示郑重其事,不可以笑。　　　　　　　(　　)

2. 民间外交不用讲究国际礼仪。　　　　　　　　　　　　　　　　　　　　(　　)

3. 官方迎送工作要事先安排好汽车,预订住房。　　　　　　　　　　　　　(　　)

4. 迎送仪式的地点一定要在国宾馆。　　　　　　　　　　　　　　　（　　）

三、简答题

1. 礼炮的鸣放响数有哪些等级规格？

2. 悬挂国旗的场所有哪些？

3. 谒墓的一般做法是什么？

4. 在陪同外国游客参观游览和观看文艺晚会时,应注意哪些涉外礼仪？

5. 出国旅行时,应注意哪些方面的问题？

模块五　知识拓展

项目九　中国主要节日与习俗

项目九

中国主要节日与习俗

项目引入

习俗是指各民族在居住、饮食、服饰、婚姻、丧葬以及信仰、禁忌等方面的不同的习惯风俗。中国的节日习俗主要是指各民族庆祝国定节日和传统节日时所表现出的特定的习惯风俗。中国地域广阔,民族众多,在旅游服务过程中会接触到来自不同地区、不同民族的人们。了解其习俗与禁忌,这对体现相互尊重的礼仪原则、减少在服务过程中的误会和障碍是非常必要的。

知识目标

能掌握中国的主要节庆习俗;能了解中国主要少数民族的习俗与禁忌。

技能目标

能够开展对中国节庆习俗的介绍;能够在与少数民族交往时展示礼仪修养。

单元一 法定节日

一、元旦

在现代,元旦是指公元纪年的岁首第一天,即每年的 1 月 1 日。

自公历传入我国以后,"元旦"一词便专用于新年,传统的旧历年则称春节,而在此之前,元旦一直是指农历岁首第一天的。元是"初""始"的意思,旦指"日子",元旦合称即是"初始的日子",也就是一年的第一天。辛亥革命以后,我国开始采用公元纪年。为了区别农历和公历两个"年节",又因为农历二十四节气的"立春"恰好在农历年前后,所以就把农历年改称"春节",而把公历年叫作"元旦"。1949 年 9 月 27 日,中国人民政治协商会议第一届全体会议决议:"中华人民共和国纪年采用公元纪年法",正式将公历的 1 月 1 日定为新年,称作"元旦"。1949 年 12 月 23 日政务院发布、1999 年 9 月 18 日国务院修订发布的放假办法中规定,每年 1 月 1 日放假一天。

节日期间机关单位通常都要装饰门面,挂彩灯、彩旗,张贴"欢庆元旦"等横幅于大门之上,内部可举办内容各异、参加人士不同的茶话会,有的还举办迎新年舞会,组织一些游艺活动,人们还互赠贺年片以示庆贺。

二、妇女节

妇女节又叫"三八节",全称是"三八国际妇女节",为每年的 3 月 8 日。

妇女节是世界各国劳动妇女为争取和平民主、妇女解放而斗争的节日,它源于美国的芝加哥女工示威游行。1909 年 3 月 8 日,美国芝加哥女工为争取自由平等而举行了声势浩大的罢工和示威游行,得到广大劳动妇女的热烈响应。1910 年 8 月,在丹麦哥本哈根举行的第二次国际社会主义妇女代表大会上,通过了领导会议的德国社会主义革命家蔡特金的建议,以每年 3 月 8 日为国际妇女节。1911 年,为了纪念第一个"三八节",德、奥、瑞典、丹麦等国的劳动妇女都举行了示威游行。从此,"三八节"流行于全世界。我国于 1924 年在广州召开了第一次群众性的"三八节"纪念活动。1949 年 12 月,中央人民政府政务院正式规定公历 3 月 8 日为妇女节。1949 年 12 月 23 日政务院发布、1999 年 9 月 18 日国务院修订发布的放假办法中规定,每年 3 月 8 日妇女放假半天。

在妇女节期间,各单位为妇女组织各类娱乐活动以表示祝贺和慰问,同时在节日期间还举办"三八红旗手"等各类评选表彰活动。

三、植树节

植树节为每年的 3 月 12 日。

1979 年 2 月,中国第五届全国人大常委会第六次会议决定,将每年的 3 月 12 日定为中国的植树节。1981 年 12 月,在邓小平同志的倡议下,五届全国人大四次会议又通过了《关于开展全民义务植树运动的决议》,国务院于次年颁布了全民义务植树运动的具体实施办法。将每年 3 月 12 日作为植树节,还有纪念孙中山先生的意义。孙中山先生一生十分重视植树造林。1893 年,他在《上李鸿章书》的政治文献中就提出"中国欲强,必须急兴农学,讲究树艺"。1924 年,他在广州演讲《三民主义》时反复强调:"防止水灾和旱灾的根本方法都是要造林植树,要造全国大规模的森林"。1925 年 3 月 12 日,孙中山先生逝世。1928 年,为纪念孙中山逝世三周年,举行植树仪式,并将 3 月 12 日定为植树节。1979 年,我国以法律的形式将 3 月 12 日确定为植树节。

在植树节前后,各地都会集中组织植树造林活动。

四、劳动节

劳动节又称"五一节""国际劳动节""五一国际劳动节",为每年的 5 月 1 日。

劳动节是全世界无产阶级、劳动人民的共同节日,此节源于美国芝加哥城的工人大罢工。1886 年 5 月 1 日,芝加哥的 21.6 万余名工人为争取实行八小时工作制而举行大罢工,经过艰苦的流血斗争,终于获得了胜利。为了纪念这次伟大的工人运动,1889 年 7 月,在巴黎召开的第二国际成立大会上,决定以象征工人阶级团结、斗争、胜利的 5 月 1 日定为国际劳动节。这一决定立即得到了世界各国工人的积极响应。1890 年 5 月 1 日,欧美各国的工人阶级率先走向街头,举行盛大的示威游行与集会,争取合法权益。从此,各国工人每年在这个节日都举行游行集会等活动。中国工人阶级第一次大规模纪念此节日是在 1920 年,当时在北京、上海、广州、九江、唐山等地都举行了群众性的集会和示威游行活动。中华人民共和国成立后,中央人民政府政务院于 1949 年 12 月正式规定 5 月 1 日为法定劳动节,并且全国放假一天。1999 年 9 月 18 日,国务院修订为全国放假 3 天。

节日期间,人们举行各种以歌颂劳动和劳模为主旋律的文艺晚会之类的活动,并表彰对国家和社会做出突出贡献的劳动者。

五、青年节

青年节又叫"五四青年节""中国青年节",为每年的 5 月 4 日。

青年节是为了纪念五四运动,继承和发扬五四运动以来中国青年光荣的革命传统而设立的节日。五四运动是一次群众性的反帝国主义、反封建的运动。它标志了中国人民的新觉醒,是从旧民主主义到新民主主义革命的转折点。1919 年年初,美、英、法、日、意等帝国主义国家在巴黎召开"和平"会议。中国作为战胜国,也派代表参加。"巴黎和会"无理拒绝了中国代表的要求。4 月 29 日,控制和会的"五强"正式决定由日本继承德国在山东的特权。消息传到北京,立即引起了广大学生和各阶层人民的愤慨。5 月 4 日下午,北京大学等各校学生 3000 多人,汇集到天安门举行游行示威,高呼"取消二十一条""拒绝和约签字""外争主权,内惩国贼"等口号,军阀政府派出军警镇压学生运动,掀起了"五四"风暴。为了纪念这个青年人觉醒的日子,1939 年,陕甘宁边区西北青年救国联合会规定 5 月 4 日为中国青年节。中华人民共和国成立后,1949 年 12 月,中央人民政府政务院正式宣布这一节日。1949 年 12 月 23 日政务院发布、1999 年 9 月 18 日国务院修订发布的放假办法中规定,每年 5 月 4 日 14 岁以上的青年放假半天。

青年节期间所举行的庆祝活动多适合青年特点,除组织一些革命传统教育活动外,青年座谈会、演唱会、朗诵会、舞会等也是常用的庆祝形式。

六、护士节

护士节是为纪念为护理事业做出巨大贡献的南丁格尔而设立的节日,为每年的 5 月 12 日。

弗劳伦斯·南丁格尔(1820 年 5 月 12 日—1910 年 8 月 13 日),生于意大利中部历史名城佛罗伦萨的一个富有移民家庭,后来随家迁居英国。做一个好护士,是南丁格尔一生的唯一夙愿。1844 年,她从英国出发开始欧洲大陆的旅行,对各国的医院进行了考察。1850 年,她到德国一所女护士学校,接受了医护训练。1853 年,她受聘担任伦敦患病妇女护理会的监督职位。在 1854 年到 1856 年之间的克里米亚战争中,南丁格尔主动提出申请志愿,前往战地,担任看护工作。1856 年,南丁格尔任陆军医院妇女护理部总监,战后回国,被尊为民族英雄。1857 年,她促成皇家陆军卫生委员会的建立,同年还开办了陆军军医学校。1860 年,南丁格尔用英国政府奖励的 4400 英镑进行公众捐款,在英国圣托马斯医院内创建了世界上第一所正规护士学校——南丁格尔护士学校,随后又创办了助产士及济贫院护士的培训工作。她对医院管理、部队卫生保健、护士教育培训等方面,都做出了卓越的贡献,被后世誉为"现代护理教育的奠基人"。1901 年,南丁格尔因操劳过度,双目失明。1907 年,英国颁发命令,授予南丁格尔功绩勋章,成为英国历史上第一个接受这一最高荣誉的妇女。她逝世后,遵照她的遗嘱,未举行国葬。但世人为了表示对她的崇敬与敬仰,把她 5 月 12 日的生日作为国际护士节。

在此节日期间,各地尤其是各医护行业的单位都举行各种类型的活动进行庆祝。

七、儿童节

儿童节也称"六一节""国际儿童节""六一国际儿童节",为每年的 6 月 1 日。

儿童节是为了悼念全世界所有在法西斯侵略战争中死难的儿童,保障全世界儿童生存、保健、受教育等权利,反对虐伤、毒害儿童而建立的国际性的纪念节日。1949 年 11 月,国际民主妇女联合会在莫斯科召开执委会,正式决定每年 6 月 1 日为全世界少年儿童的节日,即国际儿童节。中华人民共和国成立后,中央人民政府政务院于 1949 年 12 月 23 日规定"六一"国际儿童节为中国儿童的节日。1950 年 6 月 1 日是中华人民共和国第一个国际儿童节。2019 年 8 月 1 日,人力资源和社会保障部官网发布《法定年节假日等休假相关标准》,在儿童节(6 月 1 日)当天,不满 14 周岁的少年儿童放假一天。

节日期间,各地方、学校、幼儿园都举行各种适合儿童的游艺活动,庆祝方式有演节目、做游戏、游园等,各电视台、电台也播放许多丰富多彩的儿童喜欢的节目。

八、建军节

建军节又称为"八一建军节",为每年的 8 月 1 日。

建军节是纪念中国人民解放军成立的节日。1927 年 8 月 1 日,周恩来、朱德、贺龙、叶挺、刘伯承等领导的北伐军 3 万余人,在江西南昌举行武装起义,打响了武装反抗国民党反动派的第一枪。从此,代表社会进步和文明发展方向、代表全中国广大人民利益的中国人民解放军登上了中国革命的舞台。"八一"南昌起义,是中国共产党独立地领导武装革命的开始。1933 年 7 月 11 日,中华工农民主共和国中央政府做出决定,规定 8 月 1 日为我军建军节。

节日期间,各地举行各种以歌颂中国人民解放军的丰功伟绩为主题的庆祝活动,并广泛开展拥军爱民活动等。

九、教师节

教师节为每年的 9 月 10 日。

中华人民共和国成立后,我国教育部和全国教育工会曾于 1951 年宣布废除 1932 年国民党政府规定的 6 月 6 日教师节,改用"五一国际劳动节"同时为"教师节";但由于节日期间教师没有单独活动,没有特点,实际上有名无实。1984 年 12 月 9 日,中国科学院院士王梓坤教授把"教师应该有自己的节日"的想法告诉《北京晚报》。第二天,《北京晚报》刊出文章《王梓坤校长建议开展尊师重教月活动》,引起读者的强烈反响。12 月 15 日,北师大钟敬文、启功、王梓坤、陶大镛、朱智贤、黄济、赵擎寰联名,正式提议设立教师节。1985 年 1 月 21 日第六届全国人民代表大会常务委员会第九次会议正式通过国务院关于建立教师节的议案,决定 9 月 10 日为教师节。将教师节定在 9 月 10 日,这是考虑到全国大、中、小学新学年开始,学校要有新的气象。新生入学伊始,即开始尊师重教,可以给"教师教好、学生学好"创造良好的气氛。

节日期间,各地都举行一系列慰问教师、为教师和学校办实事等活动,同时表彰优秀人民教师,全国教育战线的各个单位还举行各种游艺活动表示庆祝。

十、国庆节

国庆节为每年的 10 月 1 日。

国庆节是纪念中华人民共和国成立的节日。1949 年 10 月 1 日,中华人民共和国中央人民政府主席毛泽东在天安门城楼上向全世界宣布了中华人民共和国的成立。同年 10 月 9 日,中国人民政治协商会议第一届全国委员会第一次会议在北京举行。会议选举毛泽东为政协第一届全国委员会主席。会议通过决议,规定每年的 10 月 1 日为中华人民共和国的国庆纪念日。1999 年起,国庆节成为中国内地的"黄金周"假期。国庆的法定休假时间为 3 天,再将前后两个周末调整在一起休假,共计 7 天。

国庆节是全国人民的盛大节日。节日期间,各单位装饰门面、挂彩旗、彩灯及"欢度国庆"的横幅。在清晨,要举行升国旗仪式,进行爱国主义教育。各地方还举行各种庆祝活动,如召开表彰会、座谈会、茶话会,举办文娱活动等。电视台、电台一般有专门的国庆晚会。每逢大庆,国家还要在天安门广场举行大型庆典活动,在天安门广场举行大型阅兵活动。

单元二　传统节日

一、春节

农历正月初一是春节,又叫农历年,俗称"过年"。这是我国民间最隆重、最热闹的一个古老传统节日。春节是汉族最重要的节日,除汉族外,还有满、蒙古、瑶、壮、白、高山、赫哲、哈尼、达斡尔、侗、黎等十几个少数民族也有过春节的习俗。春节的历史很悠久,它起源于殷商时期年头岁尾的祭神祭祖活动。有关年的传说也很多。古代的春节叫"元日""元旦""新年"。辛亥革命后,才将农历正月初一正式定名为春节。

春节是个亲人团聚的节日,离家的孩子会不远千里回到父母家里。过年的前一夜叫除夕,又叫团圆夜、团年。在团圆夜里,家家户户阖家欢聚,叙旧话新,互相祝贺鼓励。我国北方地区在此时有吃饺子的习俗,饺子的做法是先和面,"和"字的谐音字是"合",饺子的"饺"和"交"谐音,合和交有相聚之意,又取更岁交子之意,所以用饺子象征团聚。而南方有吃年糕的习惯,象征生活步步高。漫长的历史岁月使年俗活动内容变得异常丰富多彩,守岁达旦,喜贴春联,敲锣打鼓,张灯结彩,送旧迎新的活动热闹非凡。

传统的庆祝活动从除夕一直持续到正月十五元宵节,喜庆气氛则会持续一个月之久。

二、元宵节

农历正月十五日,是中国的传统节日——元宵节。正月为元月,古人称夜为"宵",而十五日又是一年中第一个月圆之夜,所以称正月十五为元宵节。

中国民间的传统庆祝方式主要有观灯、猜灯谜、吃元宵等。自汉朝时,元宵节已有燃灯的风俗。唐朝时,对元宵节倍加重视,在元宵节燃灯更成为一种习俗。唐朝大诗人卢照邻曾在《十五夜观灯》中这样描述元宵节燃灯的盛况:"接汉疑星落,依楼似月悬。"元宵节燃灯的习俗经过历朝历代得以传承下来,节日的灯式越来越多,有镜灯、凤灯、琉璃灯等。元宵节除燃灯之外,还放烟花助兴。

"猜灯谜"又叫"打灯谜",是元宵节后增的一项活动,最早出现在宋朝。

元宵节还有吃元宵的习俗。元宵古称"浮圆子""米圆子",又叫"汤圆""汤团"。吃元宵象征家庭像月圆一样团圆,寄托了人们对未来生活的美好愿望。

随着时间的推移,元宵节的活动越来越多,不少地方在节庆时还增加了耍龙灯、耍狮子、踩高跷、划旱船、扭秧歌、打太平鼓等活动。

三、清明节

清明节是我国的传统节日,一般在每年四月五日,是中国二十四个节气之一。

清明节最突出的习俗就是扫墓祭祖。清明节的扫墓祭祖活动在我国由来已久。在这一天,家家户户都要到郊外去祭祀祖先,为墓地除草,替坟墓加土,好好清扫修整一番。

除了扫墓祭祖外,清明节还有诸如放断鹞、射柳、打秋千等传统游戏活动。

四、端午节

端午节是我国民间三大节日(春节、端午、中秋)之一,端午节在每年农历的五月初五,又称端阳节、重五节、重午节。"端"即事物的边缘或开始的意思;"午"是十二地支之一,由于"五"与"午"同音,这样五月五日就作为"端午节"了。又因为"午月"和"午日"两个"午"字重复,所以又叫"重午'"。古人常把"午时"当作"阳辰",于是端午又称"端阳"。到了唐代,因唐玄宗八月五日生,宋憬为讨好皇帝,避讳"五"字,将"端五"正式改为"端午"。

传统说法认为,端午节源自于纪念屈原的活动。屈原被楚怀王流放以后,秦国攻陷楚国都城,屈原忧愤交加,于农历五月五日投了汩罗江,以身报国。传说,当地人民听到这个不幸的消息时,争先恐后地划着船去抢救,因不忍看到这位伟大的爱国诗人被鱼吃掉,所以把米包成粽子投到江中喂鱼。后人敬仰和怀念屈原,便把他投江这一天定为端午节。闻一多先生认为端午是一个龙的节日,他在《端午考》一文中指出:端午节最重要的两项活动——竞渡和吃粽子,都和龙有关,而龙是吴越民族的图腾,认为端午节是古代吴越民族举行图腾祭祀的节日。

五、中秋节

中秋节是我国民间传统节日,在每年农历的八月十五。根据我国的历法,农历八月在秋季中间,为秋季的第二个月,称为"仲秋";而八月十五又在"仲秋"之中,所以称"中秋"。中秋节的别称也很多,如"八月节""八月半""月节""月夕"等;因为中秋节的主要活动都是围绕"月"进行的,月亮圆满,象征团圆,并且古时又有媳妇归宁的习俗,因而又叫"团圆节"。早在商代时期,我国就有"秋暮夕月"的习俗(夕月,即祭拜月神);到了周代,每逢中秋夜都要举行迎寒和祭月;到唐朝初年,中秋节成为固定的节日;宋朝时,中秋节开始盛行起来。到明清两朝,中秋节已与元旦齐名,是我国仅次于春节的第二大传统节日。

六、重阳节

重阳节在每年农历九月初九,二九相重,称为"重九"。又因为在我国古代,九是阳数,因此重九就叫"重阳"。古代,民间在该日有登高的风俗,所以重阳节又叫"登高节"。

单元三　部分少数民族节日

一、歌墟节

歌墟节是壮族民间的传统歌舞节日,流行于广西、云南等地,一般在每年农历的正月十五、三月初三、四月初八、五月十二日举行。每逢节日,方圆十里的男女青年盛装打扮的向"歌墟"涌去,争相亮开歌喉对唱,歌声此起彼落。节日期间,不但有欢歌笑语,还有抢花炮、耍鸡技、舞龙舞凤、演壮戏等各种文娱活动,同时,还举办各种庙会活动,形成商品集散盛会。"三月三"歌墟节还被壮族男女青年视为他(她)们的"情人节",有以歌传情择偶的风俗。

二、三月节

三月节是云南大理白族人民盛大的传统节日,也是滇西北具有浓郁民族特色和乡土风味的少数民族物资交流盛会,每年农历三月十五日至二十一日为会期。中华人民共和国成立后,为了丰富人民群众的生活,三月节除保留传统的赛马活动之外,还增加了民族文艺会演和民族体育比赛活动。"三月节"每年都按时在苍山东麓、大理城西举行。节日期间,"诸商云集,环货山积"。除本地人外,还有从川、藏赶来的商人在这里进行贸易活动。各族人民都把最好的工艺品,土特产拿到街上出售。在整个大街上,贸易布棚鳞次栉比,各色彩旗迎风招展,身着民族服装的各族群众前呼后拥、人山人海。欢乐的各族群众打着霸王鞭,敲着金钱鼓,载歌载舞。此外,人们还举办灯展、花展,组织射弩、秋千、赛马、赛龙舟等活动,以欢度民族节日。

三、火把节

火把节是彝、白、傈僳、纳西、哈尼、拉祜、基诺等彝语民族传统节日,流行于云南、四川、贵州等地。各地的火把节节期不一,各民族的庆祝内容和形式也有所不同,即便是彝族各支系也有差异。云南彝族、白族等民族一般在每年六月二十四日前后,节期3～7天。每逢节日,家家门前要竖一个火把,村口竖一个高四、五丈的大火把,通常选一松柱,拿松枝和干柴层层围成巨大的宝塔,上面插花挂果。晚饭后,锣声、号声一响,男女汇集广场,点燃火把,并用松香粉扑撒向火把,顿时光焰冲天,欢呼声此起彼落。身穿节日盛装的青年男女在篝火旁载歌载舞,尽情欢唱。然后,人们挥动着火把,绕山串田,意为"烧死田里的害虫,迎来光明,迎来丰收"。在云南路南、圭山等地的彝族,同时还举行摔跤、斗牛。武定、禄劝等地的彝族,还开展射箭、赛马、打秋千等活动。四川的彝族节目更丰富多彩,除了赛马、斗牛和摔跤外,还有选美活动。傈僳族则有火把节出猎的习俗。

四、那达慕大会

那达慕大会是居住在内蒙古、甘肃、青海、新疆的蒙古族人民一年一度的传统节日,在每年夏秋季(农历七八月)水草丰茂、牲畜肥壮、秋高气爽的黄金季节择日举行。"那达慕"在蒙语中有娱乐或游戏之意。节日期间,男女老少身着盛装,带上蒙古包,赶来参加盛会。那达慕大会的内容主要有摔跤、赛马、射箭、赛布鲁、套马、下蒙古棋等民族传统项目,其中前三项俗称为"男子三项那达慕",有的地方还有田径、拔河、排球、篮球等体育竞赛项目。此外,那达慕大会上还有武术、马球、骑马射箭、乘马斩劈、马竞走、乘马技巧运动、摩托车等精彩表演。夜幕降临,草原上飘荡着悠扬激昂的马头琴声,篝火旁男女青年尽情歌舞,人们沉浸在节日的欢快之中。

五、泼水节

泼水节是傣、阿昌、布朗、德昂等民族的传统节日,流行于滇西、滇南一带,一般在傣历六月中旬(即农历清明前后十天左右)举行,距今已有700多年的历史。泼水节为傣历新年,一般为期3~5天,头两天送旧,最后一天迎新。节日期间,家家户户的门框、窗户上都贴上各式各样的剪纸,城镇的主要街道上搭着牌坊,顶端站立着象征幸福吉祥的金孔雀。泼水分文泼与武泼。文泼是对长者,舀一勺清水,一边说着祝福的话,一边拉开对方的衣领,让水沿着脊梁往下流;而被泼者则高兴地接受祝福,不得跑开。武泼是对平辈或晚辈,没有固定形式,也没有固定工具,互相追逐,泼水越多,表明祝福也就越多。泼水节的庆祝形式,除泼水外,还有赛龙舟、斗鸡、跳孔雀舞、丢包、放高升、放孔明灯等活动。

六、雪顿节

雪顿节是藏族历史悠久的传统节日之一。"雪"藏语为酸奶子,"顿"藏语为宴的意思,"雪顿"节就是吃酸奶的节日,后来由于雪顿节的活动内容逐渐演变为以藏戏会演为主,所以也有人把它称为"藏戏节"。节日期间主要有晒大佛、藏戏表演和过林卡等活动。

课堂演练

以音像资料演示我国特色节日习俗内容。

实训操作

本实训主题为接待少数民族游客。

实训内容:将学生分为若干小组,其中一组扮演接待人员,一组扮演少数民族游客,设计一套按照其所扮演人员的习俗入住酒店并实训接待时的礼仪规范。

操作要求:按照课程讲授的礼仪进行,注意习俗中的禁忌内容。

实训地点:教室。

实训课时:2课时。

课下实训

通过查阅资料,撰写一份关于当地少数民族情况的调查报告。

课外思考

一、单选题

1. 下列是传统节日的是(　　)。

    A. 元旦　　　　　　　B. 清明节　　　　　　C. 劳动节　　　　　　D. 教师节

2. 食用干鲜瓜果人均每年达到 50～100 公斤的少数民族为(　　)。

    A. 回族　　　　　　　B. 维吾尔族　　　　　C. 壮族　　　　　　　D. 彝族

3. 蒙古族的传统盛会是(　　)。

    A. 古尔邦节　　　　　B. 那达慕　　　　　　C. 圣纪节　　　　　　D. 圣诞节

4. (　　)的人数最多。

    A. 回族　　　　　　　B. 壮族　　　　　　　C. 彝族　　　　　　　D. 藏族

二、多选题

1. 中秋节又称为(　　)。

    A. 仲秋节　　　　　　B. 团圆节　　　　　　C. 八月半　　　　　　D. 以上都对

2. 关于对壮族的表述,正确的有(　　)。

    A. 我国少数民族中人数最多　　　　　　B. 房屋建筑特色为吊脚楼

    C. 特色食品为五色糯米饭　　　　　　　D. 结婚时哭嫁

三、判断题

1. 在藏族人家里做客,对于主人递给的青稞酒,可以接过来就喝。　　　　　(　　)

2. 尊重少数民族的习俗习惯是我国的少数民族政策内容之一。　　　　　　(　　)

3. 在传统节日中,国庆节的放假时间最长。　　　　　　　　　　　　　　(　　)

四、简答题

1. 我国的法定节日有哪些?

2. 我国的传统节日有哪些?

3. 简述蒙古族礼仪禁忌。

4. 查询你比较熟悉的少数民族的礼仪风俗。

5. 简述与少数民族交际时的注意事项。

参 考 文 献

[1] 胡静.实用礼仪教程[M].武汉:武汉大学出版社,2003.

[2] 陈刚平,周晓梅.旅游社交礼仪[M].北京:旅游教育出版社,2003.

[3] 孙艳红.旅游礼宾原理与实务[M].郑州:郑州大学出版社,2004.

[4] 陈平.社交礼仪[M].北京:中国电影出版社,2005.

[5] 杨宏建.酒店服务礼仪培训标准[M].北京:中国纺织出版社,2006.

[6] 朱彩云.旅游服务礼仪[M].郑州:郑州大学出版社,2006.

[7] 胡静.礼仪学[M].武汉:华中师范大学出版社,2006.

[8] 杨莊,王刚.礼仪师培训教程[M].北京:人民交通出版社,2007.

[9] 张晓梅.晓梅说礼仪[M].北京:中国青年出版社,2008.

[10] 李丽.现代旅游服务礼仪[M].北京:机械工业出版社,2008.

[11] 伍海琳.旅游礼仪[M].长沙:湖南大学出版社,2009.

[12] 王琦.旅游礼仪服务实训教程[M].北京:机械工业出版社,2009.

[13] 孙素,陈萍.旅游服务礼仪[M].北京:北京理工大学出版社,2010.

[14] 陈丽荣.旅游接待礼仪[M].2版.北京:人民邮电出版社,2010.

[15] 雷晶.旅游礼仪[M].武汉:武汉理工大学出版社,2010.

[16] 李晓阳.旅游礼仪[M].北京:旅游教育出版社,2011.

[17] 王明景.旅游服务礼仪[M].2版.北京:科学出版社,2011.

[18] 金丽娟.旅游礼仪[M].天津:天津大学出版社,2011.

[19] 李旭香,刘军华.旅游服务礼仪[M].北京:北京师范大学出版社,2011.

[20] 吕欣.旅游接待礼仪[M].北京:旅游教育出版社,2011.

[21] 李丽.旅游礼仪[M].北京:中国轻工业出版社,2012.

[22] 谢彦波,冯玥.旅游服务礼仪[M].哈尔滨:哈尔滨工程大学出版社,2012.

[23] 张立玉.实用商务涉外礼仪[M].北京:北京理工大学出版社,2009.

[24] 陈姮.旅游交际礼仪[M].大连:大连理工大学出版社,2005.

[25] 金正昆.涉外礼仪教程[M].2版.北京:中国人民大学出版社,2005.

[26] 张立玉.实用商务涉外礼仪[M].北京:北京理工大学出版社,2009.

[27] 刘维俭,王传金.现代教师礼仪教程[M].南京:南京师范大学出版社,2006.

[28] 叶文学,陈岸涛.现代教师礼仪[M].广州:广东世界图书出版公司,2008.

[29] 梁兆民.现代实用礼仪教程[M].西安:西北工业工大学出版社,2010.

[30] 朱彩云.旅游服务礼仪[M].郑州:郑州大学出版社,2010.

[31] 国英.现代礼仪[M].北京:机械工业出版社,2011.

[32] 李庆本.外文化比较与跨文化交际[M].北京:北京语言大学出版社,2014.

[33] 黄双蓉.财经法规与会计职业道德[M].北京:经济科学出版社,2014.

[34] 王瑜.旅游服务礼仪[M].北京:高等教育出版社,2015.

[35] 袁平.旅游礼仪实务[M].郑州:河南人民出版社,2016.

[36] 吴良勤.营销礼仪[M].北京:清华大学出版社,2016.

[37] 纪亚飞.服务礼仪标准培训[M].2版.北京:中国纺织出版社,2016.

[38] 丁广惠.中国传统礼仪考[M].哈尔滨:黑龙江教育出版社,2016.

［39］王丹,周雅颂.服务礼仪[M].北京:航空工业出版社,2018.

［40］张国成,崔会军.试论加强旅游职业道德建设[J].河北旅游职业学院学报,2001.

［41］蒋璟萍.礼仪教程[M].北京:清华大学出版社出版,2021.

［42］陈吉瑞.旅游职业道德[M].重庆:重庆大学出版社,2008.

［43］魏凯,曹常玲,宿翠萍.旅游职业道德[M].北京:中国旅游出版社,2021.

［44］申佳川.对加强我国旅游职业道德建设问题的思考[J].商业故事,2015.